Kern/Niemann
Theologische Erkenntnislehre

W0012748

Leitfaden Theologie 4

Walter Kern
Franz-Josef Niemann

Theologische Erkenntnislehre

Patmos Verlag Düsseldorf

CIP-Kurztitelaufnahme der Deutschen Bibliothek

Kern, Walter:
Theologische Erkenntnislehre / Walter Kern;
Franz-Josef Niemann. – 2. Aufl. – Düsseldorf:
Patmos Verlag, 1990
(Leitfaden Theologie; 4)
ISBN 3-491-77251-6
NE: Niemann, Franz-Josef:; GT

© 1981 Patmos Verlag Düsseldorf
Alle Rechte vorbehalten. 2. Auflage 1990
Umschlaggestaltung: Ralf Rudolph
Gesamtherstellung: Clausen & Bosse, Leck
ISBN 3-491-77251-6

Inhalt

Vorwort

Der vorliegende Leitfaden enthält die leicht überarbeitete einstündige Vorlesung, die wir während der Sommersemester 1980 und 1981 gemeinsam hielten. Zwar verantworten wir miteinander das Ganze, aber da die verschiedene Verfasserschaft den betreffenden Partien anzumerken ist, kann auch gleich mitgeteilt werden, daß die Kapitel(teile) 1.1, 1.2, 3 und 5 von W. Kern, 1.3, 1.4, 2 und 4 von F.-J. Niemann stammen. Für den Professor ist es jedenfalls eine Freude, daß die vierjährige Zusammenarbeit mit Assistent lic.bibl.Dr.theol. Franz-Josef Niemann sich hier wenigstens für ein Stück derselben gedruckt dokumentiert.

Wir konnten und wollten keineswegs ein Standard- oder Säkularwerk schaffen. (Ein solches ist nur von der Kooperation vieler Fachleute zu erhoffen.) Wir sind es vielmehr hoch zufrieden, wenn die folgenden Seiten für einige wenige Jahre da oder dort nützlich sind als eine Studienhilfe, die wir auf Bedürfnis und Kapazität der mittleren Semester abzustimmen suchten.

Innsbruck, den 10. Juli 1981   Die Verfasser

Zur 2. Auflage

haben wir Literatur nachgetragen.

Innsbruck / München,
im Februar 1990   Die Verfasser

Abkürzungen

Die jedem Kapitel beigefügte Literatur wird in den Anmerkungen nur mit dem Verfassernamen zitiert.

DS   Enchiridion symbolorum, definitionum et declarationum de rebus fidei et morum, hrsg. von H. Denzinger/ A. Schönmetzer, Freiburg [32]1963.

CGG   Christlicher Glaube in moderner Gesellschaft, hrsg. von F. Böckle u. a., 30 Bände, Freiburg 1981–1983.

HDG   Handbuch der Dogmengeschichte, Freiburg 1951ff.

HFth   Handbuch der Fundamentaltheologie, hrsg. von W. Kern, H. J. Pottmeyer und M. Seckler, 4 Bände, Freiburg 1985–1988.

LG   II. Vatikanum, Dogmatische Konstitution über die Kirche »Lumen Gentium« (vom 21. 11. 1964)

LThK   Lexikon für Theologie und Kirche, 10 Bände und 1 Registerband, Freiburg [2]1957–1967.

NR   J. Neuner/ H. Roos, Der Glaube der Kirche in den Urkunden der Lehrverkündigung, neubearbeitet von K. Rahner/K. H. Weger, Regensburg [9]1971.

PG   Patrologia Graeca, hrsg. von J. P. Migne, 161 Bände, Paris 1857–1866.

PL   Patrologia Latina, hrsg. von J. P. Migne, 221 Bände und 5 Supplementbände, Paris 1844–1864 und 1958–1974.

QD   Quaestiones Disputatae, hrsg. von K. Rahner/ H. Schlier, Freiburg 1958ff.

RGG   Die Religion in Geschichte und Gegenwart, 6 Bände und 1 Registerband, Tübingen [3]1957–1965.

Schriften   K. Rahner, Schriften zur Theologie, 14 Bände, Einsiedeln 1954–1980.

S.th.   Thomas von Aquin, Summa theologiae.

0 Standortbestimmung der theologischen Erkenntnislehre

Die theologische Erkenntnislehre hat keinen ganz eindeutig fest-
gelegten Platz im Ganzen der Theologie. Von ihrer Entstehung her
– bei Melchior Cano im 16. Jahrhundert (siehe unten S. 49 ff) –
steht sie in besonderer Beziehung zur später so genannten Dogmatik. Vor allem im Bereich der evangelischen Theologie wird sie bis
heute unter dem Titel »*Prolegomena der Dogmatik*« abgehandelt.[1]
Auch die über 500seitige »Theologische Erkenntnislehre« von
M. J. Scheeben, die noch durchaus lesenswert, wenn auch nicht in
jedem Punkt maßgeblich ist, erschien 1874 als 1. Band seines
»Handbuchs der katholischen Dogmatik«[2]. Dennoch geht es der
theologischen Erkenntnislehre um die Klärung von Grundfragen
und Vorgangsweisen der Theologie überhaupt, nicht nur der Dogmatik, obwohl sie zunächst und zumeist auf die systematische
Theologie hin orientiert ist, deren theoretisches Hauptstück die
Dogmatik ausmacht.

Im Studienbereich und in den Handbüchern der katholischen
Theologie tritt die Erkenntnislehre heute meistens als ein, und
zwar als der letzte *Traktat der Fundamentaltheologie* auf.[3] Die Fundamentaltheologie hat auf argumentative Weise nach den vernünftigen Gründen der Entscheidung für den christlichen Glauben zu
fragen. Die theologische Erkenntnislehre weitet diese Fragestellung aus auf die Grundlagen der Glaubenswissenschaft, das ist: der
Theologie. Diese Grundlagenforschung hat einen so fundamental
theologischen Charakter, daß ein ihr gewidmetes Buch des evangelischen Erlanger Theologen Wilfried Joest mit dem Untertitel
»Theologische Grundlagen- und Methodenprobleme« ihr einfach-

---

1 Ein neueres Beispiel: *H. G. Pöhlmann*, Abriß der Dogmatik, Gütersloh ²1975, 13 bis
80.
2 Neuausgabe: Freiburg 1948, 570 S.
3 Vgl. besonders, worauf hier im folgenden oft Bezug genommen wird: *A. Lang*,
Fundamentaltheologie, Bd. 2, München ⁴1968, 197–327: Die Vermittlung der göttlichen Offenbarung (Theologische Erkenntnislehre).

hin den Titel »Fundamentaltheologie«[4] reservierte. Das wird dadurch verständlich, daß sich für die evangelische Theologie, die sich fraglos auf den Boden des von ihr vorausgesetzten christlichen Glaubens stellt, von diesem ihrem Ansatz her die kritische Begründungsfrage reduziert auf die Glaubens*wissenschaft*. Für die katholische Theologie kann, entsprechend der umfassenderen Tragweite ihres Warum-Fragens, die Erkenntnislehre nur einen Teil der Aufgabe der Fundamentaltheologie abdecken. Insofern auf den Glauben die Theologie und auf die Theologie die theologische Erkenntnislehre reflektiert, ist diese Reflexion zweiter Stufe; und sie könnte, als (Meta-)Theorie der Theologie, auch *Theologik* genannt werden. (Der Ausdruck »Fundamentale Theologie«, der an sich auch geeignet wäre, die theologische Erkenntnislehre zu bezeichnen, wird besser vermieden: er wird von seinen Erfindern auf einen weiteren Gegenstandsbereich, zum Beispiel die allgemeinen Strukturen von Offenbarung, bezogen und läßt sich ohnehin, nach Namen und Sache, nur mit Willkür von der Fundamentaltheologie unterscheiden.)

Von den Haupt-Topoi, den wesentlichen Lehrstücken einer theologischen Erkenntnislehre her ergibt sich ein weiterer Hinweis auf ihre Charakterisierung und ihre Einordnung ins theologische Studium. Unser Traktat beschäftigt sich mit der Heiligen Schrift (Schwerpunkte: Kanonbildung und Inspirationsbegriff) und mit der kirchlichen Überlieferung nebst dem strittigen Verhältnis der Tradition zur Schrift, mit dem Verständnis von Dogma und Dogmenentwicklung sowie mit dem Lehramt und seiner Beziehung zur Theologie und zur gesamten Glaubensgemeinschaft, schließlich – oder wie in diesem Leitfaden an erster Stelle – mit der Theologie, ihrem Begriff und der sie kennzeichnenden Spannung zwischen Kirchlichkeit und Wissenschaftlichkeit (wozu an sich auch eine Vorstellung der hauptsächlichen Methoden heutigen Theologietreibens gehören würde: aber dieses schwierige Thema wird wohl besser Sondervorlesungen oder dem Aufbaukurs überlassen). Es geht bei den genannten Problemen darum, wie das eine

4 Stuttgart 1974 (260 S.). Dazu u. a.: *M. Seckler* in: Theol. Quartalschrift 155 (1975) 281–299.

Gotteswort in den vielen Menschenworten so vermittelt wird, daß Menschen zum Glauben zu gelangen und ihren Glauben zu entfalten vermögen in der Kirche Jesu Christi. Da die Kirche der Bezugspunkt jener verschiedenen Vermittlungsweisen von Glauben ist als dessen all-eines Medium (= Raum und Mittel), stellt die theologische Erkenntnislehre den *zweiten Teil der fundamentaltheologischen Ekklesiologie* dar (die in ihrem ersten Teil vor allem die kirchlichen Leitungsstrukturen, ihr geschichtliches Werden und ihre Wesensbestimmung erörtert).

K. Rahner[5] meint:»Thematisch ausgebildet ist innerhalb einer katholischen Theologie eine theologische Erkenntnislehre noch nicht.« Aber das ist eine ›Untertreibung‹. Es liegen vielfache Materialien für sie vor. Allerdings muß sie je neu entworfen werden, entsprechend der allgemein wissenschaftlichen und der speziell theologischen Bewußtseinslage der jeweiligen Zeit. Sie soll auch nicht nur beschreiben, was die Theologie faktisch treibt, sondern muß auch kritisch-normativ auszumachen versuchen, wie diese ihrem Auftrag nachkommen soll. Dies zu leisten hat neuerdings der 1988 erschienene »Traktat Theologische Erkenntnislehre« des von W. Kern, H. J. Pottmeyer und M. Seckler herausgegebenen »Handbuchs der Fundamentaltheologie« (IV 25–277) unternommen; darin werden die Hauptthemen in acht von verschiedenen Mitarbeitern verfaßten Kapiteln abgehandelt.

Inwiefern dieser Leitfaden zu seinem Teil einen Beitrag dazu leistet, soll sich nun noch verdeutlichen durch die Abhebung von verwandten Fragestellungen und Zielsetzungen in die Theologie einführender deutschsprachiger Literatur.

Den traditionellen Stil und Inhaltsumfang der »Einführung in die katholische Theologie« kennzeichnet die Schrift von A. Kolping (Münster ²1963, 211 Seiten) durch ihren Untertitel »Geschichtsbezogenheit, Begriff und Studium«. Auf sehr verschiedene Weise zielen eine mehr existenzielle Einführung in den theologischen Denkhabitus an: G. Söhngen, Philosophische Einübung in die Theologie. Erkennen, Wissen, Glauben (Freiburg ²1964, 156 S.)[6], K. Hemmerle, Vorspiel zur Theologie. Einübungen (Freiburg 1976, 159 S.), W. Beinert, Wenn Gott zu Wort kommt. Einführung in die

5 Theologische Erkenntnis- und Methodenlehre, in: Sacramentum Mundi IV (1969) 885–892, hier 887.
6 Vgl. von *G. Söhngen* auch: Die Weisheit der Theologie durch den Weg der Wissenschaft, in: Mysterium Salutis, Bd. 1, Einsiedeln 1965, 905–980.

Theologie (Freiburg 1978, 224 S.), und P. Eicher, Theologie. Eine Einführung in das Studium (München 1980, 254 S.). Diese Schriften dienen dem Zweck einführender Vorlesungen, wie sie früher unter dem Titel »*Theologische Propädeutik*« gehalten wurden und wie sie das Zweite Vatikanische Konzil mit erweiterter Aufgabe als »Einführung in das Heilsmysterium« wünschte.

Im letzten Jahrzehnt wurde das Selbstverständnis der Theologie als Wissenschaft in Frage gestellt und zum Gegenstand ausgreifender *wissenschaftstheoretischer Untersuchungen* gemacht: so vor allem von W. Pannenberg, H. Peukert, G. Sauter und R. Schaeffler.[7] Wissenschaftstheoretisch orientiert ist auch K. Schwarzwäller, Die Wissenschaft von der Torheit. Evangelische Theologie im Schnittpunkt von christlichem Glauben und kritischer Vernunft (Stuttgart 1976, 377 S.). Die Problemstellung dieser Bücher bringt es mit sich, daß sie meistens zugleich die verschiedenen für die Theologie als Wissenschaft in Frage kommenden Methoden (transzendentaler, analytischer, hermeneutischer, praxisorientierter oder »handlungstheoretischer« Art) erörtern, also eine *theologische Methodenlehre*[8] entwerfen.

Zum Teil erfüllen die genannten Schriften[9] auch die Funktion einer *theologischen Enzyklopädie*, die eine Erstinformation über die verschiedenen theologischen Disziplinen bietet, die oftmals von den jeweiligen Fachvertretern in einer Einführungsvorlesung nacheinander vorgestellt werden. Die letzte eigene Schrift dieser Art von seiten evangelischer Theologie: G. Ebeling, Studium der Theologie. Eine enzyklopädische Orientierung (Tübingen 1975, 190 S.).[10] Katholischerseits ist ein Sammelband zu nennen: Was ist Theologie?, hrsg. von E. Neuhäusler und E. Gössmann (München 1966, 450 S.). Und ein Lesebuch, das 19 Texte zeitgenössischer deutscher Theologen enthält: P. Knauer/ F. Mennekes (Hrsg.), Katholische Theologie (Ratingen 1975, 256 S.).

Eine für das Verständnis heutiger Theologie nützliche und wohl auch notwendige Erkenntnisquelle ist die Geschichte des letzten – ganzen oder halben – Jahrhunderts der Theologie, sagen wir: die *theologische Zeitgeschichte*, über die ›reifere‹ Semester sich orientieren mögen bei J. Sperna-Wei-

---

7 Vgl. die zum 1. Kapitel hier S. 53 f aufgeführte Literatur der Genannten; ferner: *A. Grabner-Haider*, Theorie der Theologie als Wissenschaft, München 1974 (231 S.); *W. Pannenberg u. a.*, Grundfragen der Theologie – ein Diskurs, München 1974 (128 S.); *G. Sauter u. a.*, Wissenschaftstheoretische Kritik der Theologie. Die Theologie und die neuere wissenschaftstheoretische Diskussion. Materialien, Analysen, Entwürfe, München 1973 (362 S.).

8 Hierzu: Theologische Berichte VIII: Wege theologischen Denkens, hrsg. von J. Pfammatter/ F. Furger, Einsiedeln 1979 (189 S.).

9 *Schwarzwäller* (s. oben im Haupttext) 249–358; *Pannenberg* (s. unten S. 53) 349 bis 442; *Grabner-Haider* (s. hier Anm.7) 159–209. Ferner: *F. Mildenberger*, Theorie der Theologie. Enzyklopädie als Methodenlehre, Stuttgart 1972 (164 S.).

10 Zu vergleichen auch, von sieben Autoren: Einführung in das Studium der evangelischen Theologie, hrsg. von *R. Bohren*, München 1964 (183 S.).

land (Orientierung. Neue Wege in der Theologie, Hamburg 1968, 230 S.), M. Schoof (Der Durchbruch der neuen katholischen Theologie, Wien 1969, 343 S.) oder – neuestens und bestens – G. Becker (Theologie in der Gegenwart, Regensburg 1978, 253 S.).

Eine originelle und anregend-hilfreiche Kombination von Einführung in die wichtigsten theologischen Fächer und von methodischer Einübung *anhand exemplarischer Sachfragen* findet sich in diesen beiden Büchern: J. Wohlmuth/H. G. Koch, Leitfaden Theologie. Eine Einführung in Arbeitstechniken, Methoden und Probleme der Theologie (Einsiedeln 1975, 156 S.), und G. Sauter/ A. Stock, Arbeitsweisen Systematischer Theologie. Eine Anleitung (München / Mainz 1976, 178 S.).

Die letzte Sparte dieser Literaturhinweise gilt der »*Einführung in das wissenschaftliche Arbeiten* und in die theologische Buchkunde«, wie der Untertitel lautet von: A. Raffelt, Proseminar Theologie (Freiburg [4]1985, 192 S.) – und diese schlichteste, technische Hilfeleistung ist am wenigsten entbehrlich!

Zum wissenschaftstheoretischen Status der theologischen Erkenntnislehre vgl. die Artikel von M. Seckler in Theol. Quartalschrift 163 (1983) 40–46 und 168 (1988) 182–193 (hier ist 184, Anm. 4, geringfügig irrtümlich betreffs Entstehung des vorliegenden Bändchens).

1 Die Theologie

Der letzte Satz einer Monographie des Jahres 1926 lautet: »Theologia est necessaria ad humanam salutem.«[1] Nun: inwieweit Kirche heilsnotwendig ist, ist schwierig zu sagen; schwierig auch, wenngleich ganz gewiß, daß der Glaube notwendig ist zum Heil! Aber die Theologie? Thomas von Aquin jedenfalls meinte gegen Lebensende, wohl um Neujahr 1273: »Alles, was ich geschrieben habe, kommt mir wie Stroh vor im Vergleich zu dem, was mir offenbart worden ist.«[2] Aber der Lehrer, der »doctor communis« der Kirche *hat* viel geschrieben *und* gedacht, und er hat *geschaut*...
Eine vermittelnde Aussage stammt von dem Tübinger Theologen Johann Sebastian Drey[3] (1777–1853): Der Beruf des Christen geht weiter als der des Theologen, denn auf den Christennamen »verschafft das bloße Wissen und Reden von Ideen des Christentums noch keinen, der Glaube nur einen halben, das Sein und Tun erst den ganzen Anspruch«; vor allem muß der Theologe bereit sein, »sich selbst als würdige Offenbarung Gottes ... darzustellen«.
Das Spannungsfeld, in dem die Theologie steht, ist mit ihrem Bezug zur Kirche, mit ihrer »*Kirchlichkeit*«, erst einseitig gekennzeichnet. Der zweite Pol der Spannung ist gegeben mit dem *Wissenschafts*charakter der Theologie. Die beiden Qualifikationen der Theologie – Kirchlichkeit und Wissenschaftlichkeit – sind verschiedenartig. Daß sie insofern aber gleichwertig sind, als sie in keinem Fall gegeneinander ausgespielt werden können, das wird zu zeigen sein. Ihr Strukturverhältnis steht zur Frage.
Die Frage nach der Kirchlichkeit und Wissenschaftlichkeit der Theologie wird wohl subjektiv entschärft und entlastet, aber zugleich auch objektiv schärfer und gewichtiger, wenn wir sie sozusagen eine Ebene tiefer legen: indem wir zuerst nach dem Verhältnis

---

1 *K. Eschweiler,* Die zwei Wege der neueren Theologie, Augsburg 1926, 260.
2 *J. Weisheipl,* Thomas von Aquin, Graz 1980, 294.
3 Kurze Einleitung in das Studium der Theologie (1819) §§ 36.96; vgl. *Seckler* 178 bis 198.

des *Glaubens* zu Kirche und Wissen fragen. Denn daß der Glaube, wie Reflexionsgegenstand so Ursprungsgrund und Zielsinn der Theologie, maßgeblich für ihre Eigenart und ihre Wesenseigenschaften ist (so sehr, daß Glaube selbst nicht ideologisch sein kann, wohl aber das Glaubensverständnis bzw. – in diesem Falle – Glaubens*miß*verständnis von Theologen[4]): das wollten eingangs die drei Zitate andeuten, und das soll aus dem folgenden erhellen. Dazu wäre die Theologie des Glaubens, die als (kleiner) Traktat der Dogmatik behandelt zu werden pflegt, vorauszusetzen: sie ist von großer fundamentaltheologischer Relevanz. Einige ihrer Hauptmomente seien hier, gewiß sehr unvollkommen, vorweg angerissen.

1.1 Glauben als Grund-Paradigma (für das innertheologische Verhältnis von Kirchlichkeit und Wissenschaftlichkeit)

1.1.1 Was heißt »glauben«?

Glauben besagt nicht in erster Linie das Fürwahrhalten von Sätzen – das besagt es auch, aber sekundär, und nur infolge seiner primären Wesensbestimmung. Primär bedeutet christlich glauben: die Übereignung der ganzen Existenz des Menschen an Gott. Glauben ist personaler Vorgang kat'exochen. Ich glaube nicht erstlich *etwas*, eine Aussage oder Sache, und seien es so wichtige Glaubenswahrheiten wie Trinität, Inkarnation, Eucharistie; ich glaube erstlich *jemandem*, dem personalen Gegenüber Gott. Und indem ich vollends *an* Gott glaube, übereigne ich mich ihm: Nicht mehr ich selber allein bin mit meinem Denken und Wollen mein eigentliches Zentrum für mich – Gott ist es, in mir und durch und für mich. Insofern ist Glaube nach Struktur und Funktion ex-zentrisch, ja ek-statisch, ohne daß sich mit diesen Worten die landläufige Bedeutung von überspannt oder schwärmerisch verbindet. Glaube ist demnach eine Art Ich-Verlagerung, Selbst-Entäußerung, Existenz-Übergabe. Der Vorgang der Selbsttranszendenz, der alles

---

4 Vgl. *W. Kern*, Disput um Jesus und um Kirche, Innsbruck 1980, besonders 168–178.

Lebendige kennzeichnet (vgl. dessen Wachstum) und sich in jedem geistigen Phänomen, besonders im Lernen, nachweisen läßt, erreicht im christlichen Glauben seine unüberbietbare Höchstform: Der Mensch überschreitet sich selbst auf Gott hin, in dessen unendliche Wahrheit hinein (Gott ist »die subsistierende Wahrheit« [Thomas von Aquin], die Wahrheit in ihrer personalen, ›unbändigen‹ Wirklichkeits- und Lebensfülle) ... Mit diesem existenziellen Verständnis des Glaubensvollzugs als Kommunikation, ja als tendenzielle Identifikation mit dem Leben, der Weisheit und der machtvollen Güte Gottes, ist dann sekundär auch gegeben, daß ich auf Gottes Autorität hin seinem Offenbarungswort, das mir als solches glaubwürdig bezeugt wird durch Jesus, seine Apostel, die Kirche ..., unbedingt vertrauenden Glauben schenke; und zunächst und zumeist realisiert sich dieses Glauben als Bekenntnis unseres Credo mit seinen »Glaubensartikeln«.

Besser als abstrakte Beschreibungsversuche dies können, belehrt uns das Beispiel großer Glaubender darüber, was »glauben« heißt. Paulus stellt uns in Röm 4 und Gal 3 *Abraham* als Vater des Glaubens, auch und gerade als Vater von uns Christen, vor Augen; und in Hebr 11 ragt Abraham heraus aus der langen Reihe alttestamentlicher Glaubensgestalten. »Abraham gehorchte und zog aus an den Ort, den er als Erbe in Besitz nehmen sollte, weil er im Glauben gerufen war. Und er zog aus, nicht wissend, wohin er komme« (Hebr 11, 8f). Nur dem Ruf Gottes im Glauben gehorchend, nicht das einzelne nach Warum und Wozu wissend, bringt Abraham es über sich, aus der Heimat auszuziehen in ein fernes, fremdes Land; dort »in Zelten« zu wohnen, von Ort zu Ort wandernd, auf den verheißenen Erben zu warten, obwohl er schon alt und seine Frau Sara über die Zeit des Kinderkriegens hinaus war; und schließlich den einzigen Sohn Isaak, auf dem die Verheißung der Nachkommenschaft ruhte, auf Gottes unbegreiflichen Befehl »im Glauben« zu opfern ... (Hebr 11,8–19; vgl. Gen 12–22). – *Mose* bietet das zweite große Beispiel für Glaubensgehorsam – und das Stichwort zur Charakteristik des Glaubens: Exodus (als wichtigere, biblische Variante zu Ekstase und Exzentrizität). Mose führt »im Glauben« nach dem Willen Jahwes, gegen den Willen des übermächtigen Pharao, sein Volk aus der Knechtschaft Ägyptens

heraus, durch die Schicksale des langen Wüstenzuges hindurch in das von Gott gelobte (=verheißene) Land (Hebr 11,23–31; vgl. das 2. Mose-Buch »Exodus«!). – Hebr 11 weist noch auf andere Gestalten aus der Schar der Richter Altisraels und seiner Propheten. *Elija* baute darauf, angesichts von 450 um ihre Opfertiere tanzenden Baalspriestern, daß Jahwe sein Opfer annehmen werde ... Vielleicht macht Elija besonders deutlich, daß Exodus Auszug nicht so sehr aus einem Lande – Ur in Chaldäa oder Ägypten – bedeutet, sondern zuletzt und zumeist: aus sich selber, aus der eigenen Furcht und Verlassenheit in die Glaubenshoffnung Gott. – Der Hebräerbrief (12,1–3; vgl. Röm 4,23–25) beschließt seine Revue der Glaubensbeispiele aus dem Alten Testament so: »Da wir denn eine solche Wolke von Zeugen vor Augen haben, so laßt uns alles Bedrückende abtun! ... Mit Ausdauer laßt uns das vor uns liegende Stück des Stadions zu Ende laufen: den Blick auf *Jesus* gerichtet, den Ursprung und Vollender des Glaubens. Er hat das Kreuz anstatt der ihm zu Gebote stehenden Freude auf sich genommen und sitzt nun zur Rechten des Thrones Gottes. Denkt daran, welch heftigen Widerstand von seiten der Sünder er auf sich nahm, damit ihr nicht müde werdet und schlaffen Herzens!« Jesus, der sich auf Gott verlassen hat bis in den Schrei der Gottverlassenheit hinein (»Mein Gott, warum hast du [!] mich verlassen«: Mk 15,34), ist der Anführer unseres Glaubens. Er bahnt den Weg, schlägt die Bresche ... In ihm ist am stärksten verwirklicht und dargestellt, daß das all-eine Zentrum des Glaubenden Gott ist: »Meine Speise ist es, den Willen dessen zu tun, der mich gesandt hat« (Joh 4,34). In Jesus ist, durch seine Konstitution der hypostatischen = personalen Union mit Gott, für uns vorgemacht (!), was die Verankerung des Menschen in Gott durch den Glauben zu ihrem Sinnziel und Ursprungsgrund hat. Und deshalb ist auch die ganze Theologie, als Reflexion auf den christlichen Glauben, nichts anderes als eine Paraphrase (ein Drumrum-Reden) um den so glaubend sich auf Gott verlassenden Jesus von Nazaret. Sie sagt ihre kleinen logoi zu dem menschgewordenen, am Kreuz gestorbenen, im ›Himmel‹ für uns eintretenden LOGOS, der Wort und Grund (Logos besagt beides) – und Abgrund – des Glaubens ist.
Nach dem Versuch einer globalen Besinnung auf den ›exodalen‹

Grundzug des christlichen Glaubens bleibt noch etwas näher zu reflektieren auf das Verhältnis Glauben–*Kirche* und das Verhältnis Glauben–*Wissen*.

1.1.2 Glauben und Kirche

Nicht erst in der Theologie, auch schon im Glauben ist Gottes Wort unvermeidlicherweise in Menschenworten da (und der menschliche Glaubensausdruck des göttlichen Offenbarungsanspruchs ist auch immer schon Theologie-im-Ansatz und steht somit in der Gefahr, im Sog ideologischer Verzerrung). Auf verschiedenen Ebenen, in verschiedener Weise, auch mit verschiedener Kraft, Dichte, Verbindlichkeit erscheint das Gotteswort der Offenbarung in Menschenworten, die glaubend auf es eingehen, in deren Glaubensantwort vielmehr es sich einläßt: in den Menschenworten der Heiligen Schrift, der kirchlichen Tradition, der Konzilien und ihrer Definitionen, der Lehre von Bischöfen und Papst, der Forschung der Theologen... »Gotteswort in Menschenworten« könnte deshalb auch das Generalthema dieser theologischen Erkenntnislehre lauten. Ist das nur eben faktisch so, wobei wir den Ist-Befund der katholischen Kirche zum Soll-Stand des Christlichen überhaupt hochstilisieren? Oder muß das von Grund auf im wesentlichen so sein? Das zweite trifft zu – insoweit jedenfalls, als Glaube, wann und wo immer er vollzogen wird, als antwortend-ausgesprochener lebt. Auch der (nehmen wir es an) zunächst isolierteste Offenbarungsempfänger könnte nicht anders als sich über das Empfangene verständigen, indem er – mit Gott? mit sich selber? – *spricht*. Glauben ist auf Sprechen bezogen, Sprechen auf Gemeinschaft. Sprache und Gemeinschaft stehen im Wechselbezug. Sprache entsteht aus Gemeinschaft, und Sprache stiftet Gemeinschaft; und beides läßt sich umgekehrt, mit Subjektvertauschung, formulieren; es gibt keine Priorität. ›Sprache‹ und ›Gemeinschaft‹ sind – fast? oder geradezu? – Synonyme. Unter dem Stichwort »Immanenz des Menschen« versucht die anthropologische Grundlegung der Fundamentaltheologie (als Theorie geschichtlicher Offenbarung) das menschliche Wesen und Leben zu orten in seiner Verwiesenheit in materielle Welt, in deren Dimensionen Raum und Zeit, in deren konkrete Gestalten Gemeinschaft und Geschichte, schließlich in Institutionen und Traditionen als einzelne Realisierungsweisen wiederum dieser letzteren... Dabei ist die Sprache der ... sprechendste Index des Gemeinschafts- und Geschichtsbezugs des Menschen (wie sie auch kraft ihres Negierenkönnens die Möglichkeitsbedingung einer Gott nicht verdinglichenden Offenbarungsmitteilung ist). Nur durchs Angesprochenwerden, durch sprachliche Kommunikation wird der Mensch ein Mensch. Ohne das kann er physisch nicht oder kaum existieren. Alternative: Wolfskinder. Erst recht vollzieht sich die »zweite Geburt« des Menschen, seine seelisch-geistige Menschwerdung durch Erziehung und Bildung – als Austausch mit der und in tendenzieller Angleichung an die Bildungsgeschichte der Menschheit – im Medium und durch das Vehikel der Sprache. Sprache ist der am stärksten, am innigsten subjektivierte »objektive Geist« der Kultur. Sie rettet die vergangene kollektive Geschichte der menschlichen Bildung hinein in das gegenwärtig die Individuen verbindende Netz von Austausch und Mitteilung, in dessen grammatikalische, stilistische usw. Maschen der Schatz jener Geschichte eingefangen, genauer: ebendiese »Maschen« bildend eingegangen ist ...

Wenn ein Kind sprechen lernt, geschieht mit ihm jener Prozeß der Selbsttranszendenz, auf den wir hinwiesen: Es wächst mit Hilfe anderer Menschen mehr und mehr hinein in eine gemeinsame Sprachwelt, darin gehen ihm Augen und Ohren auf, und es wird dadurch mehr und mehr es selbst. Indem das Kind von Mutter und Vater – und später auch von Lehrern und Freunden – erfährt und annimmt, daß etwas so und so heißt, zum Beispiel »Tisch« oder »Baum«, setzt es einen noch so primitiv ursprünglichen, dabei doch fundamentalen naturhaften – und personbezogenen! – Glaubensakt. Es akzeptiert und assimiliert vertrauensvoll eine vorgegebene Sprachregelung. Das ist eine Urfunktion menschlichen Miteinanders! Die Angleichung-an und Einfügung-in die gemeinsame wache Welt vernünftiger Sprache überwindet die Isolierung von Traum und Wahn. Heraklit[5]: Der logos ist das koinon. (Daß diese menschenbildende, von Gemeinschaft erzeugte und sie er-

5 Ed. Diels I[7] B 2.89.113.

zeugende Konformierung auch der Aus- und Aufbrüche von Non-konformismen bedarf, steht auf einem wichtigen anderen Blatt.) In noch ausgeprägterem Maße als die natürliche Sprachwelt erschließt sich uns nur in und durch Gemeinschaft mit anderen Menschen die übernatürliche Welt der *Glaubens*sprache. Das Fragen des Kindes danach, wie dieses und jenes Ding heiße, wird angestoßen durch die greifbare Gegenwart von Tisch oder Baum, und es hat daran seinen bleibenden äußeren Halt; die Antwort wird dadurch immer wieder ganz selbst(!)verständlich er-innert. Mit den ›Dingen‹ des Glaubens verhält es sich so einfach nicht. Gott – und was immer zu seiner Welt gehört – ist unsichtbar. Um dem Kind zum Bewußtsein zu bringen, was die Worte »Tisch« oder »Baum« bedeuten, brauche ich nur auf die vorhandenen Gegenstände hinzuzeigen, indem ich sage: »Das da ist ein Tisch«, usw. Auf diese ursprüngliche Weise – deiktisch, wie die Fachleute sagen (von deíknymi = ich zeige) – kann die Bedeutung des Wortes »Gott« nicht vermittelt werden; und deshalb meinen auch manche auf ihre Methode fixierte Sprachtheoretiker, dieses Wort sei bedeutungsleer (meaningless), es sei ein unbestimmbares, illusionäres X. Deshalb müssen dem Menschen, der zum Glauben an Gott gelangen soll, erst die Sinne – die Ohren mehr als die Augen – geöffnet werden: durch *andere* Menschen. Sie geben, und sie allein können das anfänglich tun, überhaupt erst ein Zeugnis dafür, daß ›es sowas gibt‹. Das glaubt das Kind der Mutter, dem Lehrer – und beginnt so hineinzuschreiten in das neue Land des Glaubens, in dem Sprachregelung noch notwendiger, weil willkürlicher (oder: freier verfügt) ist als in der natürlichen Welt mit ihren vor Augen liegenden Gegebenheiten und Beziehungen. Man mag noch einmal unterscheiden: Um zur Überzeugung von der Existenz Gottes zu gelangen, dazu bieten dem Denkenden doch auch die Welt und die – freiheitliche – Wesensbestimmung des Menschen selber an und durch sich genügenden Anhalt. Aber wie viele Menschen schaffen das, außerhalb eines zumeist christlich geprägten Traditionsraumes, rein aus sich allein? (Die einzige philosophische Bekehrung zu Gott, von der ich weiß, verdankte sich der Begegnung mit Platon.) Doch wie es damit stehen mag: Der Glaube, nach dessen sprachvermittelndem Gemeinschaftsbezug (Kirchlichkeit) hier gefragt wird, richtet sich nicht auf den Gott der Philosophen, sondern auf den Gott Jesu Christi, der – laut Pascals »Mémorial« – auch »der Gott Abrahams, Isaaks und Jakobs« ist. Was es aber auf sich hat mit dem dreieinen Gott, mit dem fleischgewordenen Wort (Joh 1,14), mit dem Wohnen des Geistes in uns, als Gnade …: das muß uns gesagt werden von Jesus selbst, von den von ihm berufenen Zwölf, von den Lehrern der Kirche; und das mußte die Kirche sich selbst erst zu sagen lernen in den Dogmen ihrer ersten Konzilien, die »formuliertes Kollektivbewußtsein« (P. Eicher) sind, und wir werden je und je von ihr belehrt. Der Gesamtgegenstand des christlichen Glaubens scheint durchaus der ›Definition‹ von Hebr 11,1 zu entsprechen: »Der Glaube ist das Feststehen im Erhofften, die überzeugende Überführung von unsichtbaren Wirklichkeiten« (… elpizoménōn hypóstasis, pragmátōn élenchos u blepoménōn). Der Vorblick in die eschatologische Zukunft des unsichtbaren Verheißenen-Erhofften weist zugleich zurück auf die Traditionskette der menschlich-kirchlichen Überlieferung: »In ihm [diesem Glauben] haben unsere Älteren das Zeugnis empfangen« (en taútē gar emartyréthēsan hoi presbýteroi). Auch Abraham und Mose lebten und wirkten im Glauben und aus Glauben nicht um ihrer selbst willen, sondern auf das künftige, werdende Volk hin; und Jesus sammelte bis in den Tod hinein »die vielen«, die vielen Brüder und Schwestern des Glaubens (vgl. Mk 14,24 Par; Röm 8,29). Dazu, daß der Lernprozeß dieses Glaubens, der verwiesen ist in ausstehende Zukunft, in der allein er sich vollenden wird zur Schau von Angesicht zu Angesicht, höchstgradige »Sprachregelung« ist und sein muß, siehe alle weiteren Punkte dieser theologischen Erkenntnislehre: es geht dabei insgesamt um die Kirchlichkeit von Offenbarungsangebot und Glaubensannahme, um deren universalen Zeugnischarakter, um die (Inter-)Personalstruktur je meines und (besser: als) *unseres* gemeinsamen Ja zum Gott Jesu Christi.

1.1.3 Glauben und Wissen

Daß die Glauben*sentscheidung* kein blinder Sprung sein darf, kein sacrificium intellectus, das bedarf nicht langer Begründung. Der Glaubende muß mit 2 Tit 1,12 sagen können: »Ich weiß, wem ich geglaubt habe« (oída gar hō pepísteuka). Augustinus[6] verallgemeinert: »Nullus quippe credit aliquid, nisi prius cogitaverit esse credendum.« Das Wissen ist ein inneres, konstitutives Moment des Glaubens. Ohne Wissen um seine Begründetheit und Verantwortbarkeit würde Glauben degenerieren zu bloßer Leichtgläubigkeit, zu Aberglauben. Der Wissensausweis ist gefordert um des Subjekts und des Objekts des Glaubens willen. Das menschliche *Subjekt* des Glaubens kann und darf seine kritisch-prüfende »ratio« niemals verabschieden, soll der Glaube ein wirklich menschlicher Akt werden und bleiben, der sich einfügt in den Gesamthaushalt des geistigen und sittlichen Lebens des betreffenden Menschen, aus dem er ja auch erwächst. Wissender Glaube ist aber auch gerade um des ›*Objektes*‹ des Glaubens willen notwendig, das Gott ist. Es geht dabei um die Unverwechselbarkeit Gottes selber. Der Glaubende muß sich dessen gewiß sein, daß er sich an Gott hält und nicht einem selbstgemachten Götzen nachläuft. Gott ›muß‹ um seiner Einzigkeit und Heiligkeit willen seinen Glaubensanspruch der nüchtern-unerbittlichen Prüfung des menschlichen Intellekts unterwerfen! Die Glaubensentscheidung jedes Christen muß in dem Maße, als er mündig wird und ist, durch kritisch-rationales Wissen verantwortet werden. Diese Verantwortung läßt gewiß Grade zu. Sie darf auch ihre Schlagseiten haben. Sie wächst und entfaltet sich mit dem gesamten Dasein, Hand in Hand mit den existenziellen Erfahrungen des einzelnen Glaubenden in und mit seiner Umwelt. Sie ist ein lebenslanger Prozeß.

Auf diese erste Funktion des Wissens auf Glauben hin, innerhalb der Glaubensentscheidung, folgt die Aufgabe des Wissens für die *Auslegung* des Glaubens. Die Inhalte des Glaubens wollen, soweit dies möglich ist, denkend entfaltet und in ihrem inneren Zusammenhang dargelegt werden. Die gläubige Vernunft erwirbt sich das ihr mögliche Verständnis der »analogia fidei« (vgl. DS 3016 = NR 39), der gegenseitigen Entsprechung und damit auch Erhellung der Glaubensmysterien. Ging es zuvor darum, daß »fides supponit rationem« (als Spezialfall des Axioms »gratia supponit naturam«), so jetzt um die »fides quaerens intellectum«.

---

6 De praedestinatione sanctorum 2,5 (PL 44,962).

Schließlich muß ein möglichst vielseitiges Wissen sich mühen um die *Anwendung* des Glaubens in wirklichkeitsgerechtem christlichem Leben. Der Glaube, der in seiner Identität ausgelegt und nach besten Kräften verstanden und ergriffen wurde, soll auch kraftvolle Relevanz erlangen für das tägliche Dasein und für geschichtliche Entwicklungen. Dazu braucht es fundierte Kenntnis der Lebenssituationen individueller und kollektiver Art, philosophischer Denkinstrumente, psychologischer und soziologischer Theorien usw.

Die fundamentale Forderung des Glaubens, daß Wissen in ausreichendem Maße investiert wird in seine Entscheidung, Auslegung und Anwendung, wird auf höherer Reflexionsstufe realisiert in der Theologie. Diese Realisationen sind die theologischen Disziplinen Fundamentaltheologie (früher: Apologetik), Dogmatik und Pastoraltheologie (Kerygmatik: Katechetik, Homiletik ...).

Auf der höheren Reflexionsstufe der *Theologie* stellt sich nun das Problem, das wir bisher für den *Glauben*, die Basis alles Theologietreibens, einigermaßen durchexerziert haben: In welchem Verhältnis steht die Wissenschaftlichkeit der Theologie zu deren Gemeinschaftsbezug, zur Kirchlichkeit? Aber so wenig der Wissenscharakter des Glaubens langer Erläuterung bedurfte, so sehr ist der Charakter der Wissenschaftlichkeit der Theologie erklärungsbedürftig.

1.2 Theologie: Kirchliche Glaubenswissenschaft

1.2.1 Was heißt »Wissenschaft«, was »Wissenschaftlichkeit der Theologie?«

Die Schwierigkeit mit der Anerkennung der Theologie als Wissenschaft konzentriert sich gemeinhin auf den Punkt der Voraussetzungslosigkeit: Ebendiese fehle in der Theologie. Denn muß die Theologie nicht göttliche Offenbarung als ihre nicht hinterfragbare Erkenntnisquelle hinnehmen, der sie bedingungslos Glauben entgegenzubringen hat?! Und widerspricht das nicht dem Grundgebot kritischer Wissenschaftlichkeit!? Diese Fragen sind im weiten geistesgeschichtlichen Kontext zu untersuchen.

Die Wissenschaften haben sich in einem mehr als zweitausendjährigen Prozeß emanzipiert von Theologie (und Philosophie), aus deren Schoß sie entbunden wurden. In der griechisch-römischen Antike vollzog sich der Übergang vom Mythos zum Logos, von der Theologie – im Sinne der Mythologie (des olympischen Götterhimmels) – zur Weltdeutung der ersten Philosophen, die – »archaisch« – nach der einen »arché« von allem (Wasser, Luft, das ápeiron = Unbegrenzte …) suchten. Aus dem universalen philosophischen Ursprungsdenken entwickelten sich nach und nach die einzelnen regionalen ›Ontologien‹: Physik, Mathematik, Astronomie, Biologie … Diese wurden mit dem Beginn der Neuzeit zu »exakten« Wissenschaften, als sie die Frage nach dem Was, dem Wesen und den Ursachen der Dinge aufgaben zugunsten des bloßen Wie, des wechselweisen Funktionierens von meß- und zählbaren Daten. Aufschlußreich für die Ablösung der Wissenschafts›muster‹ mag sein, daß in England noch lange die Einzelwissenschaften unter der Herkunftsetikette »philosophy« liefen (vgl. den »Hamlet«-Vers: »There are more things …«), während dagegen im Französischen die Naturwissenschaften den Ehrentitel der »science« überhaupt okkupierten. Nach dem Vorläufer Empirismus im 17./18. Jahrhundert wollte der Positivismus des 19./20. Jahrhunderts alle Erkenntnis zurückführen auf elementare »positive« Daten der empirischen Beobachtung (»Protokollsätze«, »Basissätze«). Im allgemeinen Bewußtsein verbreitete sich positivistische Mentalität bis in unsere Gegenwart in Gestalt eines schrankenlosen Fortschrittsglaubens: Alles schien machbar – wenn man nur das nötige »know-how« (ein inzwischen wieder verschwundenes Schlagwort!) hat, nämlich die auf restlos alle Lebensbereiche anwendbaren Techniken, die ihrerseits entwickelt werden aufgrund der empirischen (Wenn-dann-) Wissenschaften, die anzeigen, wie man vorzugehen hat, um dies oder jenes zu erreichen.

Die vor etwa einem Jahrzehnt (Meadowsstudie von 1972) einsetzende Erschütterung des Fortschrittsoptimismus warf unsere Zeitgenossen zurück auf die, wie man sagt, letzten Ziel- und Wert›vorstellungen‹: Wozu das Ganze? Man sah ein: Ob die modernen technischen Errungenschaften (wie Atomenergie und Genmanipulation) dem Nutzen der schnell anwachsenden Menschheit dienen oder ob sie eine planetare Katastrophe heraufführen, das hängt davon ab, für welche Ziele diese an sich wertneutralen Mittel gebraucht bzw. mißbraucht werden. Man begann zu rebellieren gegen die ungenügende »Zweck- (genauer: Mittel-)Rationalität«, gegen die bloße »instrumentelle Vernunft« (M. Horkheimer; besser wäre statt »Vernunft« zu sagen »Verstand«, denn der Verstand = ratio ist das Organ der *Mittel*-Zweck-Verhältnisse, während die Vernunft = intellectus die leitenden Werte und Ziele bedenkt). Auch grundsätzlich-erkenntnistheoretisch erwies sich, daß der Positivismus, insoweit er es auf letzte Wissensbegründung abgesehen hatte, scheiterte. Das sei (unterm Vorbehalt nur mäßiger Sachkompetenz des Verfassers) für einige Wissenschaften zu erläutern versucht.

In jeden scheinbar noch so unmittelbaren Beobachtungssatz sind schon, so mußte man einräumen, umgreifende theoretische Annahmen eingegangen; er könnte sonst gar nicht »festgestellt«, formulierend festgehalten werden. Altbekannt ist für alle empirischen Wissenschaften, die jeweils viele einzelne gleichartige Beobachtungen verallgemeinernd in ein Naturgesetz fassen, das Problem, wie diese ihre Methode der *Induktion* (die von vielen tatsächlichen Fällen auf alle möglichen Fälle schließt) zu begründen sei. Dieses fundamentale Problem der Naturwissenschaften transzendiert offensichtlich den naturwissenschaftlichen Kenntnishorizont. Jedenfalls scheint der ›letzte Schrei‹ des (Neo- oder Nach-?)Positivismus zu sein, auf jegliche ihm als unmöglich geltende positive Verifikation von Aussagen zu verzichten und durch die bloße Falsifizierung von Hypothesen die Erkenntnis fortschreitend von Irrtum zu befreien – aber wie dadurch letztgültige oder überhaupt als gültig ausgewiesene Orientierung des Menschen zu erreichen wäre, ist nicht zu sehen.

Selbst die ›exakteste‹ Wissenschaft Mathematik ist schon seit langem auf die für sie unlösbare Grundlagenfrage gestoßen. Sie *deduziert* a priori zu aller Erfahrung ausgehend von Axiomen ihre als notwendig einsichtigen Lehrsätze. Aus den mit unseren Vorstellungen (was nicht heißt: mit unseren Denkmöglichkeiten) sich deckenden Axiomen Euklids folgt die euklidische Geometrie. Wird ein primäres Axiom (das Parallelenaxiom[7]) in dieser oder jener Weise geändert, so beträgt die Innenwinkelsumme im Dreieck nicht mehr 180°, sondern mehr bzw. weniger als zwei Rechte, und das heißt, daß der ganze Weltraum als nach ›außen‹ oder nach ›innen‹, konvex oder konkav, gekrümmt gedacht wird in einer nichteuklidischen, Einsteinschen usw. Geometrie, die nicht dreidimensional, sondern auf uns nicht vorstellbare Weise geringer- (zwei-) bzw. höher- (vier ...-) dimensioniert ist. Weshalb aber diese oder jene Axiome angenommen werden, darüber ist sich die mathematische Grundlagenforschung in ihren verschiedenen Richtungen (Intuitionismus – Konstruktivismus – Konventionalismus/Dezisionismus) nicht einig.

Auch und gerade die Geisteswissenschaften, die nicht so sehr wie die Naturwissenschaften erklären, sondern eher und mehr verstehen wollen, haben ihr Methodenbewußtsein bedeutsam vertieft. In ihnen kehrt auf höherer Reflexionsstufe oder mit stärkerem Komplexitätsgrad das physikalische Problem der Verhältnisbestimmung von Basissatz und Theorie-Entwurf wieder. In ihnen, in Geschichts-, Literatur- und Kunstwissenschaft usw., bedingen sich gegenseitig die Erkenntnis eines einzelnen Ereignisses, Textabschnittes oder Kunstwerkes und das Verständnis der ganzen geschichtlichen Entwicklung, literarischen Gattung oder Kunstepoche in einem *hermeneutischen Zirkel*: Das Ganze ist nur in der Zusammenschau von vielem Einzelnen, aber auch jedes einzelne Datum oder Faktum nur im Lichte des Ganzen, als Moment einer es übergreifenden und durchdringenden Gestalt zu verstehen. (Das ist kein »circulus vitiosus« – von vitium = Laster –, sondern im Gegenteil ein »circulus virtuosus« – von virtus = Tugend –: nach K. Barth, der diese Denkfigur auch für die Theologie in Anspruch nimmt.) W. Dilthey und M. Heidegger haben diese ganzheitlich-geschichtliche Sicht des »hermeneutischen Zirkels« entworfen; und nach H.-G. Gadamer (Wahrheit und Methode, 1965) verlangt sie »Horizontverschmelzung«, nämlich der Horizonte des fremden, einstigen Autors eines Textes und des jetzigen Interpreten. Dabei sind

---

7 Danach läßt sich zu einer gegebenen Geraden durch jeden außerhalb ihrer liegenden Punkt *eine* und *nur* eine Parallele ziehen.

dessen Vorurteile nicht um der Objektivität der historisch-treuen Textdeutung willen schlechthin auszumerzen – ein vergebliches Unterfangen! –, wohl aber in möglichste Evidenz zu heben; sie ermöglichen geradezu erst, in gutem Zirkel, die Sinnerschließung des Textes, der nur so in eins zu sagen vermag, was er damals sagen wollte und was er uns heute sagen kann.

Vielleicht ist ein entscheidender Punkt am deutlichsten zu machen an der markantesten technischen Errungenschaft der Gegenwart: am Computer. Was er nicht alles kann!: sich selber reproduzieren (»Kinder kriegen«), lernen (= Verhalten optimieren), Schachspielen, Erfindungen machen ... Er kann das alles und noch vieles mehr, wie die Computerfachleute ganz richtig sagen, »simulieren«. Was in dem ihm eingegebenen Programm (nebst in-put) angelegt ist, wird von ihm auf die virtuoseste, schnellste, erschöpfendste Weise aufgeschnürt, durchgespielt, ausgearbeitet (out-put). Der Computer ist die Rationalität in Reinkultur, ratio in Gestalt der einfachsten Zwei-Takt-Maschinerie von +/−, ja/nein, Stromstoß/kein Strom. Was der Computer nicht und nimmer erschwingen und vollbringen kann, ist die ursprüngliche Einsicht in Erfahrung, aus der allein alle Rationalität lebt, die *Selbst-Reflexivität*, die die geistige Höchstform von Bewußtsein ist. Jeder rationale Begriff – und mit ihm alles Urteilen und Schließen – erlangt überhaupt Bedeutung nur aus diesem intellektiven Urgrund und Ursprung. Konsequenz: man kann nicht alles definieren (worauf H. Albert[8] sein falsches »Trilemma« baut: regressus in infinitum oder circulus vitiosus oder willkürlicher Anfang). Ebenso ist es, in die Existenz des ganzen Menschen übersetzt, unmöglich, das eigene Leben durchzukonstruieren von A bis Z, so daß es von vorn nach hinten und umgekehrt restlos durchspielbar wäre, auf- und abspulbar vom absoluten Nullpunkt bis zum augenblicklichen Jetztstand: ein Monster von Groß-›Konstrukt‹. Und ebenso gibt es keine ganz und gar rationale, keine »rein rationale Wissenschaftlichkeit«.[9] Worauf

---

8 Traktat über kritische Vernunft, Tübingen ²1969, 13.
9 Vgl. *W. Kern* in: Ders. (Hrsg.), Aufklärung und Gottesglaube, Düsseldorf 1981, 107f.

werden wir denn dann in Tat und Wahrheit letztlich zurückgeworfen?

Die *Philosophie* beansprucht seit eh und je, die ersten Denk- und Seinsprinzipien zu erörtern und – gewiß: nicht durch ein rationales Schlußverfahren, sondern – kraft ihrer eigenen Einsichtigkeit zu begründen. Der heute Philosophierende wird dies tun, indem er auf seine geistige Selbstreflexivität reflektiert, die eine intellektive Einsicht aus und in ursprünglichster (Selbst-)Erfahrung bietet und die der Mutterboden auch aller ratio ist; genauer: indem er diese Selbstreflexivität sich auf sich selber anwenden, nochmals genauer: sich schlichthin selber auslegen läßt (ebensolche Selbstapplikation und dann auch Selbstexplikation ist dem Computer von seiner Struktur her verwehrt!). Als Grundgesetz aller geistigen Bewegung erweist sich dem philosophisch Denkenden (außer dem Prinzip des Nichtwiderspruchs) das Prinzip vom zureichenden Grund. Dieses – formal und material genommen: – *Grund*prinzip ist sowohl im induktiven Verfahren der Naturwissenschaften als in aller geisteswissenschaftlichen Hermeneutik impliziert. Es ist eine Aufgabe der Philosophie, den Einzelwissenschaften deren (letztbegründende) Theorie, jedenfalls für ihr allgemeines methodisches Vorgehen, zu bieten, da diese dazu infolge ihrer methodischen und somit auch ihrer Gegenstandsbeschränkung nicht imstande sind. Die Philosophie steht und fällt damit, daß sie nichts, auch und gerade nicht irgendwelche Axiome, unbesehen durchgehen läßt. Sie ist von ihrem Wesen her ›pankritisch‹: sie geht allem und jedem auf den letzten/ersten Grund.

Die *Theologie* übersteigt nach ihrem Selbstverständnis diese universale, sich auf jedes mögliche Objekt erstreckende Radikalität (›*Gründ*lichkeit«) der Philosophie insofern, als der Theologe nicht haltmacht bei der endlichen Vernunfteinsicht des Subjekts Mensch, sondern, wie wir darzulegen versuchten (siehe S. 17ff), sich und sein Wahrheitsvermögen übergibt und erschließt der unendlichen Wahrheitsmacht des sich selbst offenbarenden Gottes. Dafür aber, daß diese Übergabe in zureichendem Maße vernünftig-begründet geschehen kann, hat die Fundamentaltheologie insgesamt geradezustehen.

Allerdings kann dieser Anspruch der Theologie auf ihr unüberbietbares, da göttliches Begründet- und Gegründetsein voll realisiert werden nur von dem, der, da die Selbstoffenbarung Gottes vom Menschen in statu viatoris nicht adäquat gewußt, sondern bei aller zureichenden glaubwürdigen Begründung letztlich nur geglaubt werden kann, tatsächlich *glaubt*. Auch die obige Selbsteinschätzung der Philosophie wird gerade heutzutage keineswegs von allen, die Philosophie treiben, geteilt; die meisten zeitgenössischen Philosophen würden wohl für viel stärkere Bescheidung in bezug auf die Aufgaben der Philosophie plädieren. »Letztbegründung« klingt in ihren Ohren zu anspruchsvoll. Nun können wir diese Einwendungen und Einstellungen auf sich beruhen lassen. Es geht hier nicht in erster Linie darum, die Eigenart und den Vorrang von Theologie und Philosophie als jeweils universale natürliche bzw. übernatürliche Grundwissenschaft zu rechtfertigen (gar als die Wissenschaften – letztlich – von dem Ur[und Ab]grund aller Begründungen, der »Gott« heißt). Problematisch ist uns vielmehr vor allem, wie eingangs anvisiert, die *Wissenschaftlichkeit* der Theologie, und zwar unter dem Gesichtspunkt der *Voraussetzungslosigkeit*. Es ergab sich, daß von letzterer keine Rede sein kann bei den anerkannten Wissenschaften, die sich auf Axiome gründen (Mathematik) oder die Prinzipien voraussetzen (siehe Induktion und Hermeneutik); und auch die modernsten psycho- und soziologischen Wissenssparten schwanken in ihrem faktischen und reflektierten Vorgehen zwischen natur- und geisteswissenschaftlicher, das heißt stärker im einzelnen erklärender bzw. mehr ganzheitlich verstehender Methodik (vgl. den Methodenstreit in der deutschen Soziologie 1960–70). Wodurch bleibt dann dennoch der gemeinsame Wissenschaftscharakter der verschiedenen ›universitätsreifen‹ Wissenschaften gewahrt? Worin besteht er? Meines Erachtens kann es bei den vier Minimalforderungen für wissenschaftlich-methodisches Arbeiten bleiben, die Heinrich Scholz um 1930 aufgestellt hat (und die von den angestrengten wissenschaftstheoretischen Erörterungen der letzten zwei Jahrzehnte – siehe zuletzt die Bücher von G. Sauter, W. Pannenberg und H. Peukert – nicht umgestürzt wurden): nämlich Widerspruchsfreiheit (der Axiome selbst) und Ableitungsrichtigkeit (von den Axiomen her), Genauigkeit und (infolgedessen) intersubjektive Verständlichkeit. Diese methodischen Forderungen muß und kann die christliche Theologie sich durchaus zu eigen machen. Sie mag dann von Erkenntnisquellen ausgehen, wie immer diese im einzelnen spezifiziert werden (Heilige Schrift, Konzilsdefinitionen, Lehramt ...). Diese sind Ausgangspunkt und Materialgrundlage der mit historisch-kritischen und sonstigen in heutiger Sprachwissenschaft praktizierten Methoden operierenden Interpretation dieser Texte. Musterbeispiel: Exegese (obwohl diese wohl nicht bei solchen methodischen Schritten stehenbleiben soll). Ähnlich verfährt wohl die Rechtswissenschaft, die an ihre Gesetzestexte gebunden ist. Für die Beurteilung von außen, die nicht den Glaubensstandpunkt einnimmt, kann – und muß wohl auch – diese Rechtfertigung des Wissenschaftscharakters der Theologie genügen; er reicht jedenfalls zu ihrer akademischen Legitimation hin. Die Fundamentaltheologie kann sich hier wie in anderen Punkten mit einem Minimum, das weitere, tiefere Erörterung keineswegs ausschließt, zufriedengeben. Ja, es scheint für unser Problem noch nicht einmal nötig, die Quellen der Theologie über die Fragen historischer Echtheit und dergleichen hinaus auch auf ihre fundamentaltheologisch relevante Glaubwürdigkeit auf Offenbarung hin kritisch zu prüfen. Solche Prüfung wird ja auch von der sich mit dem Koran oder den Veden beschäftigenden Religionsgeschichte nicht zu ihren Aufgaben gerechnet (woraus folgt, daß für den Nichtglaubenden christliche Theologie als spezielle Sparte der Religionswissenschaft einzuordnen bleibt); und auch die Systematik der evangelischen Theologie kennt nicht die im katholischen Sinn fundamentaltheologisch begründende Fragestellung (wobei hier durchaus wesentliche Differenzen zu bloßer Religionswissenschaft bestehen können).

Wir erörterten: was heute »Wissenschaft« heißen mag und daß die Theologie (so oder so, von innen oder von außen betrachtet) Wissenschaft ist.

1.2.2 Die Kirchlichkeit der Theologie als Wissenschaft

Wir sind bei einem für viele, vor allem jüngere Theologen neuralgischen Punkt angelangt. Vielleicht kann ein einleitendes Zeugnis von seiten evangelischer Theologen Barrieren abbauen: K. Barth,

E. Brunner, W. Trillhaas und H. G. Fritzsche[10] sagen übereinstimmend, daß ihre Theologie wesenhaft »Funktion der Kirche« sei; man treibe sie nur – so E. Brunner[11] – »als Glied der Kirche, mit dem Bewußtsein eines Auftrages der Kirche und eines Dienstes an der Kirche«.

Wir selber versuchten die Frage nach dem Verhältnis Theologie – Kirche dadurch zugleich zu entschärfen und zu vertiefen, daß wir das Verhältnis des (der Theologie zugrunde liegenden) Glaubens zur Kirche erwogen haben. Es handelt sich nun darum, aus der Gemeinschaftsbindung oder Sozialverfassung des Glaubens selber Konsequenzen für die theologische Glaubens*reflexion* zu ziehen. Dabei dürfen wir das früher Gesagte (siehe S. 20 ff) voraussetzen. Deshalb müssen wir nun nicht mehr eigentlich zeigen, daß es überhaupt einen fundamentalen Bezug der Theologie auf Kirche gibt, sondern können uns auf die Erläuterung konzentrieren, *wie* die Kirchlichkeit der Theologie vereinbar ist mit ihrem Charakter *als Wissenschaft*. Formulieren wir thesenhaft: Die beiden Qualifikationen der Theologie – Kirchlichkeit und Wissenschaftlichkeit –, die Gegensätze scheinen und die in offensichtlicher Spannung zueinander stehen, bilden im Grunde *Korrelata*. Was ist mit dieser Korrelation gemeint? Dieses Zweifache:

1. Die Theologie ist kirchlich, nicht obwohl sie wissenschaftlich ist, sondern *weil* sie wissenschaftlich ist.

2. Die Theologie ist wissenschaftlich, nicht obwohl sie kirchlich ist, sondern *weil* sie kirchlich ist.

Vorbemerkung: Zur Erläuterung dieser Sätze wurde seit etlichen Jahren die kleine fünfzigseitige Schrift von Hans Küng »Theologe und Kirche« von 1964 herangezogen. Es sei versucht, das sachliche Gewicht der nach wie vor geltenden Ausführungen zu würdigen.

Die Theologie ist kirchlich, weil wissenschaftlich!

Gerade weil die Theologen eine Theologie in der Kirche und für die Kirche treiben wollen, »sind sie überzeugt, daß eine kirchlich gebundene Theologie nicht mit leichten und bequemen Mitteln,

10 Die jeweiligen Belegstellen (nach *H. G. Pöhlmann,* Abriß der Dogmatik, Gütersloh ²1975, 18, Anm. 1): Kirchliche Dogmatik I/1 (1932) 16; Dogmatik I (1946) 5; Dogmatik (1962) 10; Lehrbuch der Dogmatik I (1964) 36.
11 Dogmatik I (1946) 3.

sondern in ernster exegetischer, historischer und systematischer Kritik und Prüfung getrieben werden muß«. Nur als »ernsthaft *kritische* Theologie« dient Theologie der Kirche wirklich. Da die heilige Kirche Gottes eine Gemeinschaft aus sündigen und irrenden Menschen ist, gibt es in ihr bei allem Glauben immer auch Irrglauben, Aberglauben und Unglauben; und in Verkündigung, Unterricht und Seelsorge wächst nicht nur Weizen, sondern auch Unkraut. Die Theologie hat die dauernde schwierige Aufgabe des Unterscheidens (= griechisch krínein), somit der Kritik. Sie muß das Reden der Kirche von Gott an der ursprünglichen Botschaft in der Schrift messen: »Kommt das Reden und Handeln der Kirche ... vom Worte Gottes her, führt es wieder zu ihm hin, ist es ihm gemäß? Dieses unterscheidende Tun der Theologie richtet sich nicht gegen das Amt, es will dem Amt in seiner Aufgabe mit den Mitteln theologischer Wissenschaft helfen. Die Theologie kann das Amt in der Kirche nicht ersetzen; die Geschichte beweist es. Aber umgekehrt kann das Amt die Theologie in der Kirche auch nicht ersetzen, die Geschichte beweist es ebenfalls.« Werden im Glauben der Gemeinschaft und der einzelnen Akzente verschoben, Proportionen verzeichnet, Nebensächliches zum Hauptsächlichen, Peripheres zum Zentralen gemacht – und umgekehrt –, werden Wahrheiten verdeckt oder vergessen, Irrtümer vertuscht, Halbwahrheiten weitergereicht: dann hat die Theologie ihre negativ-kritische Funktion wahrzunehmen, die zugleich durchaus positiv-konstruktiv ist, nämlich immer wieder auf die Hauptsache, auf die Mitte hinzuweisen und zugleich möglichst die ganze Botschaft zur Sprache zu bringen. Diese Aufgabe kann nicht ein für alle Male erledigt werden; sie ist immer wieder neu mühselig zu leisten. »Nicht dem flinken, triumphierenden Zugriff und dem raschen, arbeitslosen Entscheiden, sondern dem unermüdlichen Sich-Bemühen, Fragen, Suchen, Forschen in Schrift, Tradition und Geschichte der Kirche, mit den Methoden der Exegese, Historie und Systematik erschließt sich in der je neuen geschichtlichen Situation die zunächst verborgene ... Wahrheit. An den großen Lehrern der Kirche und ihrem endlosen Mühen können sich alle Theologengenerationen ein Beispiel nehmen.«[12]

12 *Küng* 25–28.

Hier, in diesem auf den ersten Blick paradoxen Statement, liegt der Nerv der Argumentation!

Die »führenden Theologen stehen nicht skeptisch oder resigniert am Rande der Kirche, sondern mit voller Überzeugung mitten drin in der Kirche. Sie haben gar keine Lust, irgendwelche freischwebenden, nirgendwo beheimateten und so niemandem verpflichteten Denker, Historiker, Spekulanten zu sein. Was soll ihre theologische Existenz ohne die Kirche, *für* die sie nicht nur, sondern auch *in* der sie ihre Theologie treiben wollen! Sie sind sich bewußt, daß sie das, worüber sie nachdenken, nicht selbst gefunden, sondern empfangen haben. Daß ihnen Gottes Wort nicht unmittelbar – durch innere Erleuchtung (Schwärmer) oder durch ein vom Himmel gefallenes Buch (Biblizisten) – kundgetan wird. Daß es ihnen vielmehr bezeugt, überliefert, verkündet wird von der großen Gemeinschaft der Glaubenden, die zeugen von den Heilstaten Gottes im Alten Bund und dann, definitiv, in Jesus Christus.«

»So hat eine Theologie, die sich als christliche auf dieses Glaubenszeugnis berufen will, immer wieder aus der Kirche als der Gemeinschaft der Glaubenden herauszuwachsen, um ihr und gerade so der Welt zu dienen. Ohne die Gemeinschaft der Glaubenden verliert sie Raum und Ziel.« Dafür gibt H. Küng kurze Begründungen: Die Kirche gibt dem Theologen den von ihr in einer langwierigen Prüfung festgestellten *Kanon*, der ihm sagt, »welche Schriften als ein gutes und ursprüngliches Zeugnis des Geistes gelten dürfen«. Die Kirche, die sich durch ihre *Bekenntnisse* und *Definitionen* gegenüber der Häresie in den verschiedenen geschichtlichen Situationen abgrenzt, hilft dem Theologen, »den schwierigen Weg zwischen Glauben und den verschiedenen Spielarten des Irrglaubens, Aberglaubens und Unglaubens zu finden«. »Durch die Kirche und die Theologen ihrer *Vorzeit* wird es dem einzelnen Theologen erspart, aus einer engen Perspektive in einem kurzen Leben unerfahren von Null anzufangen, wobei er unvermeidlich unnütze Umwege wiederholen und wichtige Ergebnisse übersehen müßte.«

Nicht zu einem isolierten einzelnen, sondern zu den Menschen *in der Kirche* ist das Wort Gottes gesprochen worden und ergeht es je und je neu. Das gilt auch für alle die, die etwas zu sagen haben (wollen) für andere. »Nur der Theologe, der in Vertrauen und Ehrfurcht die Gemeinschaft der Kirche, zu der Gott sein Wort gesprochen hat, gehört hat, ... kann beanspruchen, zur Kirche zu reden und von ihr gehört zu werden. Die Theologen, die heute für eine Erneuerung der Theologie arbeiten, sind überzeugt, daß nur der Theologe wirksam *für* die Kirche und so für die Welt Theologie treiben kann, der sich bei aller Mangelhaftigkeit und Gebrechlichkeit der Kirche nicht hochnäsig abseits von ihr hält ..., sondern der mitten in der Kirche und solidarisch mit ihr Theologie treibt: eine Theologie für die Kirche *in* der Kirche.«[13]

Wenn für uns, wie für Martin Deutinger[14] (1815–1864), »der lebendigste Glaube als die höchste Vernunft« gilt und wenn wir von der Sozialität des Glaubens überzeugt sind, dann werden wir in der Kirchlichkeit der theologischen Glaubensreflexion nicht Hindernis und Beschränkung der Wissenschaftlichkeit der Theologie sehen, sondern deren befreiende Förderung. Jedenfalls ist das so vom Wesen der Sache – der Theologie und der Kirche – her. »Gerade die Gelehrtesten fallen in die größten Irrtümer«: ob nun dieses Urteil des heiligen Franz Xaver[15] zu pessimistisch ist oder nicht – auch Augustinus[16] meint von Theologen: »Sie rennen zwar gut, aber sie rennen außerhalb des Wegs. Je mehr sie rennen, um so mehr irren sie, weil sie vom Wege abweichen. Kommen aber solche Menschen zum Wege und halten sie sich dann an den Weg, welche Sicherheit entsteht dann, da sie gut voranzugehen verstehen und doch nicht abirren!« Gerade in der sehr komplexen Wissenschaft Theologie, in der es im Verlaufe der Jahrhunderte so viele kontroverse Auffassungen gab, über deren Wahrheitsanspruch oftmals nur mit großer Schwierigkeit eine begründete Entscheidung zu treffen ist – gerade hier ist die Orientierung an der gemeinsamen Glaubensvernunft, die sich auch autoritativ vernehmen läßt, unerläßlich und hilfreich. (»Orientierung« heißt aber nicht: unbesehene, unkritische Über-

---

13 *Küng* 22–25.
14 Nach *L. Scheffczyk,* Theologie im Aufbruch ..., Bremen 1965, XLV.
15 Brief nach Goa vom 5. 11. 1549, ed. Leipzig 1939, 139 f.
16 Sermo 141,4,4 (PL 38,778).

nahme von Lehräußerungen! Und »autoritativ« heißt nicht »autoritär«[17]!)

Auch Außenstehende, die unseren Glauben nicht teilen, der in die Unbegreiflichkeit des kirchenstiftenden und kirchenerhaltenden Gottes hineinweist, werden das stabilisierende Element einer kommunitären, kirchenamtlichen Sprachregelung zu würdigen vermögen.[18] Es enthebt die Glaubensaussagen und die theologische Reflexion darüber der individuellen Beliebigkeit eines unter Umständen sehr unwissenschaftlichen Meinungsstreites. (Darüber mehr im Kapitel über das Lehramt.)

Wir können dem Konzil und dem Theologen zustimmen: »Das Charisma der Wahrheit kommt nicht dem Einzelnen zu, sondern dem übereinstimmenden Zeugnis der gesamten Gemeinschaft der Glaubenden.«[19] »Glaube und Kirche sind nicht in der Retorte der Theologen gemacht, sondern getragen von der apostolischen Verkündigung, die zunächst einmal dem kirchlichen Amt, den Bischöfen, gegeben ist.«[20]

1.3 Zur Geschichte des Begriffs »Theologie«

1.3.1 »Theologie« in Antike und Mittelalter

Die Theologie ist Glaubenswissenschaft, aber sie beansprucht nicht nur, eine unter vielen Wissenschaften zu sein, sondern sie reklamiert in kühnem Schwung auch gleich den ersten Platz. Seit der Hochscholastik will sie die Königin oder Herrin aller Wissenschaften sein, die die anderen gleichsam in einer Art Hofstaat als ihre Dienerinnen um sich herum versammelt, insbesondere die Philosophie, die denn auch den Titel »ancilla theologiae«, Dienerin der Theologie, führte. Immanuel Kant geht darauf mit einer etwas sarkastischen Bemerkung ein: Freilich sei die Philosophie die Magd der Theologie, »wobei doch noch immer die Frage bleibt: ob diese ihrer gnädigen Frau die Fackel vorträgt oder die Schleppe

---

17 Vgl. *D. Mieth*, Art. Autorität, in: Praktisches Wörterbuch der Pastoralanthropologie, Wien/Göttingen 1975, 80–84.
18 *K. Rahner*, Schriften XIII (1978) 116.
19 II. Vatikanum, Kirchenkonstitution »Lumen gentium«, Nr. 12.
20 *K. Rahner*, Schriften VIII (1967) 128.

nachträgt«[21]. Nicht erst in der Gegenwart und auch nicht erst bei Kant stellt sich das Problem der Wissenschaftlichkeit der Theologie. Es erhob sich bereits, als die Theologie erstmals beanspruchte, Wissenschaft zu sein: in der Hochscholastik, besonders bei Thomas von Aquin. Wie es dazu gekommen ist, wie also die Entwicklung des Theologiebegriffs verlief, wie der Anspruch der Wissenschaftlichkeit der Theologie erhoben wurde und wie die Scholastik das Problem von Wissenschaftlichkeit und Kirchlichkeit bzw. Gläubigkeit der Theologie anging, das soll in einem Überblick gezeigt werden.

Das Wortfeld um Theologie – nämlich theología, thelogeín, theológos, theologikós – stammt aus dem Griechischen. Es bedeutet etymologisch: die Rede von Gott, die Rechenschaft von Gott oder Göttern oder göttlichen Dingen. Erstmals belegt ist dieser Begriff in den Fragmenten der Vorsokratiker. Aber darin wird der Begriff erst von den Tradenten eingeführt, er ist also nicht von den Vorsokratikern selbst geprägt worden. Als Erfinder des Begriffes darf *Platon* gelten, der erstmals von Theologia redet, aber nur an einer Stelle im »Staat«[22]. Dort verwendet er den Begriff »Theologia« aber nicht im Sinne von philosophischer Gotteslehre, schon gar nicht im Sinne von Offenbarungstheologie, sondern synonym mit dem Begriff »Mythologie«. Theologie ist Erzählung von den Göttern. Kontext ist bei Platon die Kritik an den Mythen. Die Mythen wurden in der Erziehung der Jugendlichen in Platons Idealstaat verwendet; aber dazu müssen sie von allem Anstoß Erregenden, das sich in der griechischen Mythologie findet (vgl. Homer), gereinigt werden, also etwa von den Erzählungen über das nicht gerade vorbildliche Verhalten der griechischen Götter. Es muß klargestellt werden, daß die Götter beispielsweise nicht lügen, daß sie nicht schuld am Bösen sind. Daher ist eine Reinigung dieser Erzählungen erforderlich nach bestimmten Richtlinien, welche týpoi perí theologías heißen.

Aristoteles erweitert den Begriff der Theologie schon etwas. Bei

---

21 *I. Kant,* Der Streit der Fakultäten, in: Werke (ed. Weischedel) VI 261–293, hier 291.
22 Politeia II, 379 a.

ihm findet sich ein zweifacher Gebrauch des Begriffsfeldes um Theologie. Der erste Sinn ist der gleiche wie bei Platon: Theologie als Mythologie. Mythendichter wie Hesiod und Homer werden als theológoi oder theologésantes mehrfach den jonischen »Physikern«, den Naturphilosophen, gegenübergestellt. Der zweite Gebrauch findet sich in Aristoteles' Metaphysik an zwei, allerdings parallelen Stellen.[23] Dort spricht Aristoteles von der theologikế epistếmē oder theologikế philosophía. Sie ist eine der drei theoretischen Wissenschaften, die höchste Wissenschaft, die über Physik und Mathematik steht. Die »Theologia« wird identifiziert mit der Metaphysik und mit der Ersten Wissenschaft.[24] Der Unterschied besteht in folgendem: Die Erste Wissenschaft beschäftigt sich mit den Prinzipien des Seins und Denkens, die Metaphysik befaßt sich mit allem Seienden als solchem, die Theologie setzt sich mit dem höchsten Seienden auseinander. Aber es ist ein und dieselbe Wissenschaft. Hier, bei Aristoteles, wird erstmals der Theologiebegriff in wissenschaftlichem Sinn verwendet.

Nicht nur Mythendichter werden in der griechisch-römischen Antike als Theologen bezeichnet, sondern auch, bei Plutarch, Kultbeamte in Delphi und später auch in anderen Kulten. Theologen hießen dort diejenigen, die den Kultmythos vorgetragen haben, die »Gotteskünder«[25]. Daher ist Theologie *homologisch* zu verstehen. Theologeín heißt Gott verkünden, Gott proklamieren, Theologie ist die kultische Gottesverkündigung, eine Art Predigt.

Philosophisch setzt sich mit diesem traditionellen mythologischen Gottesglauben die *Stoa* auseinander. Sie wollte neben der mythologischen Rede von Gott auch eine philosophische etablieren. Auf Panaitios (2. Jahrhundert v. Chr.) geht eine Unterscheidung zurück, die Varro (1. Jahrhundert v. Chr.) aufnimmt: 1. die mythische (= dichterische) Theologie , also der traditionell vorgegebene Theologiebegriff; 2. die politische (= kultische) Theologie, weil der Kult in Griechenland eine Angelegenheit der Polis war; 3. die physische (= philosophische) Theologie, wobei nur in

23 Metaphysik E 1026 a 19; K 1064 b 3.
24 *Th. Kobusch*, Art. Metaphysik. II. Aristoteles, in: Historisches Wörterbuch der Philosophie V (1980) 1188–1196.
25 *Ebeling* 755.

diesem dritten Sinn Theologie als vernünftige Rede von Gott gemeint ist.

Aber erst im *Neuplatonismus* findet sich bei Proklos im 5. Jahrhundert n. Chr., vorbereitet durch Plotin und Jamblichos, eine stark philosophische Verwendung des Begriffes »Theologie«. Das aber geschieht schon unter christlichem Einfluß. Damit kommen wir zum christlichen Gebrauch des Begriffes »Theologie«, und zwar zunächst im griechischen Sprachraum.

Im Neuen Testament und bei den Apostolischen Vätern kommt die ganze Wortgruppe um Theologie überhaupt nicht vor. Die Apologeten verwenden sie selten, und zwar vor allem im mythischen, weniger im kultischen Sinn. Wichtig wird der Gebrauch des Wortes bei den Alexandrinern. *Klemens von Alexandrien* dehnt den Sprachgebrauch aus, und zwar verwendet er »Theologie« in dreifacher Bedeutung. Zunächst werden noch im klassisch griechischen, also traditionell mythischen Sinn Orpheus, Homer, Hesiod »alte Theologen« genannt. Zweitens wird der Begriff der Theologie auf das Alte Testament angewandt. Mose wird als Theologe bezeichnet. Die griechischen »Theologen« haben von den Propheten des Alten Testaments ihre Theologie übernommen. (Bei den Kirchenvätern herrschte die Tendenz, alles, was sich an Weisheit und Wahrheit überhaupt fand, fürs Christentum zu reklamieren.) Drittens wird allgemein jegliche Gotteserkenntnis Theologie genannt. Der Theologiebegriff des Klemens von Alexandrien beschränkt sich also nicht mehr auf die griechische Mythologie, sondern ist so weit gefaßt, daß er grundsätzlich auch die christliche Gotteserkenntnis einbegreift. Grundsätzlich, aber nicht faktisch, denn für die christliche Gotteserkenntnis verwendet Klemens den Begriff »Theologie« noch nicht. Das geschieht erst bei *Origenes*, der den Gebrauch des Wortes stärker verchristlicht. Er dehnt zunächst auch den rein religionsgeschichtlichen Gebrauch weiter aus, indem er von der Theologie der Perser und der Ägypter spricht, und er knüpft zweitens an den heidnisch-homologischen Sinn von »theologeín« als »Gott bekennen« an und verwendet in diesem Sinne »theologeín« für das Bekenntnis zum christlichen Gott und zu Christus.

Der Durchbruch vollzieht sich mit der Konstantinischen Wende.

Eusebius von Cäsarea gebraucht – wie bisher üblich – den Begriff »Theologia« im homologischen, also im Bekenntnis-Sinn, reserviert aber die Begriffe um »Theologia« für das Christentum. Sie werden also nur noch für den christlichen Gott und für Christus gebraucht. Eine exklusiv christliche Verwendung zeigt sich also nach der Konstantinischen Wende, als das Christentum massiv seine Ansprüche durchsetzte. Der homologische Bekenntnischarakter ist prägend für den Gebrauch des Begriffs »Theologia« bei den *griechischen Vätern im 4. und 5. Jahrhundert.* Seit den trinitarischen und christologischen Streitigkeiten zwischen den Konzilien von Nizäa (325) und Chalzedon (451) bezeichnet Theologie die Gottes- und Trinitätslehre, im Gegensatz zur »oikonomía«, der Heilsveranstaltung der Menschwerdung. Theologie betrachtet das Leben Gottes in sich selbst, die Oikonomia betrachtet das Wirken Gottes in der Welt. »Theologie« ist also Lehre von Gott dem Einen und Dreieinen, so wie die Christologie die Lehre von Christus und die Eschatologie die Lehre von den Letzten Dingen ist; sie ist bei den griechischen Vätern ein Teilbereich dessen, was wir als Theologie bezeichnen. Den Übergang im Theologiebegriff von »Gotteslehre« zu »theologischer Wissenschaft als Gesamtreflexion über den christlichen Glauben« vollzieht erst das Mittelalter. Damit kommen wir zur Verwendung des Begriffs »Theologia« im lateinischen Sprachraum.

Die *klassisch-lateinische Literatur* verwendet den Begriff »Theologia« sehr selten. Cicero und Augustinus schließen sich an den griechischen Sprachgebrauch an, an den traditionellen griechisch-mythologischen Sinn, indem sie die Mythendichter »theologi« nennen. Augustinus bezeichnet die platonische Philosophie als »vera theologia« im Gegensatz zu all dem, was in der Antike sonst noch diesen Namen führte. Am Ausgang der Antike führt Boethius (»der letzte Römer und der erste Scholastiker«[26]) den aristotelischen Wissenschaftsbegriff mit der Dreiteilung der Wissenschaft (Physik, Mathematik, Metaphysik bzw. Theologie) in den lateinischen Sprachraum ein und damit auch den Begriff der Theologie

---

26 *M. Grabmann,* Die Geschichte der scholastischen Methode, Bd. 1, Freiburg 1909, 148.

als einer Wissenschaft. Einen weiteren Einschnitt markiert die Frühscholastik: Gilbert Porreta (ca. 1080–1154) fügt in seinem Boethiuskommentar in das aristotelische Wissenschaftsschema als pars theologica die christliche Theologie ein und unterscheidet nicht mehr drei, sondern nur noch zwei Wissenschaften bzw. Wissenschaftsgruppen, nämlich die naturales rationes und die theologicae rationes.

Streng wissenschaftstheoretischer Begriff, Bezeichnung einer Wissenschaft, wird »Theologie« aber erst im *13. Jahrhundert*. Erstens gibt es in der ersten Hälfte des 13. Jahrhunderts an der Universität Paris (also von der Entstehung der Universitäten um 1200 an) eine facultas theologica. Es wird zweitens in diesem Zeitraum unterschieden zwischen philosophischer Theologie und Offenbarungstheologie, insbesondere bei Thomas von Aquin[27]. Damit zeigt sich die wissenschaftstheoretische Differenz von Philosophie, einschließlich philosophischer Gotteslehre, und Offenbarungstheologie. Drittens aber bleiben die alten Begriffe für das Ganze der christlichen Lehre, nämlich sacra doctrina, sacra pagina, sacra scriptura und doctrina fidei, geläufig und finden sich auch noch häufig bei Thomas. Konsequent wird Theologie als Bezeichnung des Ganzen der christlichen Lehre erst nach Thomas bei Heinrich von Gent (ca. 1217–1293) verwendet. Damit liegt also in der Hochscholastik der Einschnitt, von dem an »Theologia« die Gesamtheit der wissenschaftlich durchdachten christlichen Lehre bezeichnet. Einen wichtigen Punkt markiert dabei der Theologiebegriff des Thomas von Aquin.

1.3.2 Der Theologiebegriff des Thomas von Aquin

Thomas unternimmt eine wissenschaftstheoretische Grundlegung der Theologie zu Beginn der ersten Quaestio des ersten Teils seiner theologischen Summe (S.th. I 1,1). Die erste Frage, die er in der Summa theologiae überhaupt stellt, lautet: Ist neben der Philosophie und der philosophischen Gotteslehre überhaupt noch eine Offenbarungstheologie notwendig? Diese Fragestellung ist ihm auf-

27 S.th. I 1,1.

42

gegeben durch seinen Versuch einer Synthese von christlicher Tradition und aristotelischer Philosophie, die damals, zu Beginn des 13. Jahrhunderts, infolge der (nach Boethius) zweiten Aristoteles-Rezeption für die christliche Theologie anstand. Der größte, bis dahin den Westeuropäern nicht bekannte Teil der Werke des Aristoteles kam damals – seit dem 12. Jahrhundert – auf dem Umweg über die Araber in den lateinischen Westen. Dem Aristoteles erging es – nebenbei gesagt – genauso wie manchen anderen Philosophen und Theologen: Kaum daß er bekannt wurde, entdeckte man, daß nicht alles, was er philosophisch zu sagen wußte, mit dem christlichen Glauben vereinbar war, und deswegen wurde prompt ein Verbot erlassen, sich mit Aristoteles überhaupt zu beschäftigen. Nur – daran hielt man sich nicht unbedingt. Trotz des Verbotes durch den Papst konnte Thomas von Aquin als Hoftheologe am päpstlichen Hof von Viterbo es sich leisten, über Aristoteles zu schreiben und zu forschen, ohne daß irgend jemand daran Anstoß nahm. Die christliche Tradition anderseits zweifelte nicht an der Notwendigkeit einer Offenbarungstheologie. Die Weisheit der Heiden, ihre Philosophie, reicht – wie Paulus ausdrücklich hervorhebt – nicht aus. Aristoteles aber verwendet für den höchsten Teil der theoretischen Wissenschaft, neben den Begriffen Philosophie und Metaphysik, auch den Begriff Theologie. Es geht also bei Thomas darum, den traditionellen christlichen Glauben mit den wissenschaftlichen Forderungen seiner Zeit zu vereinbaren.[28] Diese Problemstellung verweist auf die Schwierigkeit einer Verbindung von christlichem und wissenschaftlichem – das war damals: aristotelischem – Denken, man kann also sagen: von Gläubigkeit und Kirchlichkeit der Theologie einerseits und ihrer Wissenschaftlichkeit anderseits. Das heißt, in dem Moment, wo erstmals sich das Problem der Theologie als Wissenschaft stellt, taucht auch schon der Gegenpol auf: ihre Kirchlichkeit, und damit die Frage, wie beides, Kirchlichkeit und Wissenschaftlichkeit, miteinander zu vereinbaren sei.

Die Rückbindung des Theologiebegriffs an die christliche Tradi-

---

28 Beide Traditionen, die aristotelisch-wissenschaftliche und die paulinisch-kirchliche, kommen bereits in der Problemstellung von S.th. I 1,1 zur Sprache: Aristoteles in der Obiectio 2, das Corpus Paulinum im Sed contra.

tion, vor allem an Paulus, geschieht bei Thomas zunächst einmal durch sprachliche Formulierungen. Er bezeichnet die Theologie als Weisheit, als Sapientia.[29] Mit der *Weisheit* setzte *Paulus* sich auseinander. Der Weisheit, der Sophia der Griechen, stellte er die Torheit des Kerygmas gegenüber (1 Kor 1). Weisheit ist an sich etwas durchaus Positives, wie die alttestamentliche Weisheitsliteratur hervorhebt. Gott hat die Welt durch seine Weisheit geschaffen, die Welt ihrerseits verweist auf ihren Schöpfer zurück (Sir 1,1 bis 9; Spr 8,27–29), und daher ist dem Menschen natürliche Gotteserkenntnis aus den geschaffenen Dingen möglich. Das betont das Alte Testament im 13. Kapitel des Buches der Weisheit, das betont auch der Apostel Paulus in Röm 1,21. Aber die Menschen haben diese ihre natürlichen Möglichkeiten nicht genutzt, sondern ihre menschliche Weisheit kreist nur um sie selbst, um ihre Probleme, nicht um Gott. Es ist also eine ego- und anthropozentrische, keine theozentrische Weisheit. Dieser menschlichen, nur in sich selbst verstrickten Weisheit setzt Gott das Kerygma gegenüber. Der wesentliche Gehalt des Kerygmas in 1 Kor 15 ist die Proklamation der Auferweckung Jesu Christi: Christus ist Erstling der Entschlafenen, seine Auferweckung eröffnet auch uns neues Leben. Im Kerygma geht es daher »um die Proklamation des Grundes und Anfanges einer neuen Welt und Geschichte, der Welt und Geschichte, die auf diese Vernichtung des Todes in Christus Jesus hin lebt und in der es dadurch Auferstehung von den Toten gibt«[30]. Dieses Heilsgeschehen nimmt ganz und gar von Gott seinen Ausgang. Der Mensch ist nur der Empfänger des Kerygmas. 1 Kor 1,30 sagt Paulus, Christus sei für uns von Gott zur Weisheit gemacht – eine deutliche Parallele zur paulinischen Rechtfertigungslehre, denn Christus ist nach Paulus ja für uns auch die Rechtfertigung. Gegen die Galater betont Paulus, Rechtfertigung erhalte der Mensch nicht aus seinen eigenen Werken, sondern in Jesus Christus. Gegen die Korinther hebt Paulus hervor, Weisheit habe der Mensch in Wirklichkeit nicht nur aus seinem ja doch nur um sich selber kreisenden Denken heraus, sondern in Jesus Christus. Nicht nur die Rechtfer-

29 S.th. I 1,6.
30 *Schlier* 217.

tigung, Gerechtigkeit des Menschen vor Gott, sondern auch das Denken des Menschen kommt von Gott her. Tod und Auferstehung Christi eröffnen dem Menschen nicht nur neues Leben, sondern auch neue Erkenntnis. Im Licht der Auferstehung Christi sehen Welt und Geschichte für die christliche Weisheit ganz anders aus als zuvor. Es wird dem Menschen eine Einsicht eröffnet, auf die er nicht von sich aus gekommen ist, sondern die ihm im Kerygma (= 1 Kor 15) von Gott geschenkt ist. (Ein Gedanke, der sehr ähnlich bei S. Kierkegaard aufgenommen wird: Nicht nur die Glaubensinhalte, sondern auch die Bedingung zur Erkenntnis dieser Inhalte wird dem Menschen von Jesus Christus eingestiftet.[31]) Die christliche Weisheit ist weder einfach erworbenes Wissen noch natürliche Fähigkeit, wie zum Beispiel Intelligenz, nimmt aber beides in sich auf. Christliche Weisheit ist ein Geschenk, eine Gabe, die Gott dem gewähren kann, der an das Kerygma glaubt. Die christliche Weisheit akzeptiert gläubig-gehorsam das Kerygma, sie ist gläubige und Glaubens-Erkenntnis. Die christliche Weisheit wird damit gegenübergestellt der heidnischen Weisheit, die autonom alle Erkenntnis aus sich selbst bezieht.

Thomas von Aquin greift diese Tradition auf, Theologie als *Weisheit* zu verstehen, und zwar in dreifacher Weise. Erstens – wie bereits gesagt – verbal, indem er die Theologie als Weisheit bezeichnet; zweitens inhaltlich, freilich ohne Paulus zu zitieren, bei der Frage, ob theologische Spekulation überhaupt erlaubt sei[32] oder ob sich dabei der Mensch mit seinem Denken nicht in einen Bereich hineinsteigere, zu dem er eigentlich keinen Zugang habe. So wie Paulus heidnisch-autonome und christliche, sich Gott verdankende Weisheit unterscheidet, so unterscheidet Thomas ein rationalistisches Sich-in-den-Glauben-Hineinbeweisenwollen vom legitimen Bemühen, die Einsicht in den Glauben zu vertiefen, wenn der Glaube schon vorhanden ist. Drittens integriert Thomas paulinisches Denken auch bei der Frage, in welchem Sinne man nach aristotelischem Wissenschaftsschema Theologie als Wissenschaft bezeichnen könne. Er übernimmt die paulinische Auffassung, daß

---

31 Philosophische Brocken (Gesammelte Werke 10), Düsseldorf 1952, 12–16.
32 In Boethium de Trinitate 2,1.

Theologie sich Gott verdankt, und verbindet sie mit der Wissenschaftstheorie des Aristoteles durch die These, daß die Theologie als untergeordnete Wissenschaft, als »scientia subalternata«, ihre Prinzipien aus dem Wissen Gottes und der Seligen als der übergeordneten Wissenschaft empfange (Subalternationstheorie).

Um das zu verstehen und zu erklären, müssen wir auf die zweite Tradition eingehen, der sich Thomas verpflichtet fühlte, nämlich den *Wissenschaftsbegriff des Aristoteles*. Nach Aristoteles muß eine Wissenschaft zwei Kriterien erfüllen: Erstens hat jede Wissenschaft Prinzipiensätze oder Axiome, und zweitens leitet jede Wissenschaft alle anderen Aussagen deduktiv aus diesen Prinzipien ab. Will man die Theologie als eigenständige Wissenschaft begründen, so muß man ihre Prinzipien herausarbeiten. Diese Prinzipien müssen die gesamte jeweilige Wissenschaft begründen, bedürfen aber selbst keiner Begründung, sondern haben eine eigenständige Gewißheit. Und die Prinzipien – darin unterscheidet sich Aristoteles von Platon – werden aus der Erfahrung gewonnen.

Was nun die Gewißheit dieser Prinzipien einer Wissenschaft angeht, so gibt es zwei verschiedene Beweisverfahren bei Aristoteles. Das erste findet sich in der *Topik*. Topik ist bei Aristoteles Logik des Dialogführens. Sie entfaltet Gesprächsregeln, die dem Dialog dienen. Sie bemüht sich, Argumente aus den von allen Gesprächsteilnehmern akzeptierten »Gemeinplätzen«, den topoi, abzuleiten. Diese Gemeinplätze sind zwar allgemein von allen als gewiß anerkannt und haben, eben weil alle Gesprächsteilnehmer diese Grunderkenntnisse angenommen haben, eine mittelbare oder vermittelte Gewißheit; sie haben jedoch keine unmittelbare Gewißheit, keine innere Evidenz, denn sie resultieren nicht aus der Einsicht in die sachliche Notwendigkeit. Solche Gemeinplätze sind zum Beispiel Sprichwörter. Mit Sprichwörtern kann man im Dialog jemanden überzeugen, aber auf Sprichwörter läßt sich keine Wissenschaft aufbauen. Die Scholastik des 12. Jahrhunderts begnügte sich mit einer topischen Gewißheit für die theologischen Prinzipiensätze. Das zweite Beweisverfahren entfaltet Aristoteles in den *Analytica posteriora*, seiner Zweiten Analytik. Danach müssen die Grundwahrheiten, die Prinzipien, in sich einleuchtend sein, evident, sowie allgemein und notwendig, also eine Gewißheit aus sich selber heraus haben und nicht nur aus dem Konsens der Gesprächsteilnehmer. Dieses Gewißheitskriterium übernahm die Scholastik des 13. Jahrhunderts für die theologischen Prinzipiensätze.

Appliziert man den aristotelischen Wissenschaftsbegriff auf die Theologie, so ergeben sich *zwei Fragen*. Erstens: Welches sind die theologischen Prinzipien, und was ist in der Theologie die angemessene Methode? Und zweitens: Erfüllen diese Prinzipien und diese Methode die Kriterien von Wissenschaftlichkeit? Ist also die Theologie eine Wissenschaft?

Auf die *erste* Frage antwortet die Hochscholastik, insbesondere Thomas von Aquin: Die Prinzipien der Theologie sind die *articuli fidei*. Das sind die Glaubensartikel, die Sätze des Credo. Das Apostolische Glaubensbekenntnis enthält zwölf solcher articuli fidei. Das Glaubensbekenntnis von Nizäa und Konstantinopel enthält vierzehn derartige Sätze. Die Frage, wie aus den zwölf Sätzen des Apostolicums vierzehn des Nicaeno-Constantinopolitanums werden können und ob man weitere Glaubensbekenntnisse mit noch mehr Sätzen aufstellen könne oder nicht, ist die mittelalterliche Variante der heutigen Frage nach der Möglichkeit, Notwendigkeit, Legitimität von Dogmenentwicklung. Von diesen Glaubensartikeln aus erschließt die Theologie die Zusammenhänge der Heilswahrheiten und zieht Konklusionen aus diesen Artikeln. Theologie ist damit für Thomas Konklusionstheologie. Warum sind gerade die Artikel des Glaubensbekenntnisses theologische Prinzipien, und nicht zum Beispiel irgendwelche Sätze aus der Bibel? Antwort: Diese Artikel sind von Gott geoffenbart, daher absolut gewiß; sie sind auf nichts anderes rückführbar (die Unableitbarkeit ist auch ein Kriterium der aristotelischen Prinzipien einer Wissenschaft), anderseits haben sie eine inhaltliche Fülle, denn aus ihnen können andere Glaubenswahrheiten abgeleitet werden.

Die *zweite* Frage (Erfüllen die theologischen Prinzipien die Kriterien der Wissenschaftlichkeit? Ist Theologie eine Wissenschaft?) spitzt sich zu auf die Frage nach dem *Grund der Gewißheit* der Glaubensartikel. Warum sind die Glaubensartikel gewiß? Das Problem besteht darin, daß man diese Glaubenssätze nicht einsehen kann, im Gegensatz zu den allgemeinen Prinzipien der Philosophie wie dem (Nicht-)Widerspruchsprinzip und dem Prinzip des zureichenden Grundes. Für dieses Problem gab es in der Hochscholastik zwei Lösungsmodelle: a) Die *Illuminationstheorie* der Franziskanerschule behauptet: Im Licht des Glaubens werden die Glaubensartikel erkannt. Die Prinzipien anderer Wissenschaften sind uns durch Einsicht gewiß, und die Glaubensartikel sind uns im Glauben gewiß. In diesem Modell haben die Prinzipien der Theologie zwar Gewißheit, aber eine ganz andere als die der übrigen Wissenschaften. b) Die *Subalternationstheorie* des Thomas von Aquin integriert die Theologie ins aristotelische Wissenschaftssystem. In ihm gibt es über- und untergeordnete Wissenschaften; beide gehen von evidenten und absolut sicheren Prinzipien aus deduktiv voran. Der Unterschied zwischen beiden Wissenschaftsklassen besteht darin, daß die übergeordneten Wissenschaften, vor allen Dingen die Metaphysik, ihre eigenen Prinzipien beweisen, während die untergeordneten Wissenschaften ihre Prinzipien nicht mit ihren eigenen Methoden innerhalb ihrer selbst, innerhalb der jeweiligen Wissenschaft, beweisen können, sondern sie aus einer übergeordneten Wissenschaft empfangen, innerhalb deren diese Prinzipien evident sind. Ein modernes Beispiel: Definiert man Physik als exakte Wissenschaft, die auf Messen und Zählen und dem Vergleich von Meß- und Zählwerten beruht, so kann man diese Definition der Physik nicht durch Messen, Zählen oder Vergleich von Meß- und Zählwerten aufstellen. Die Theologie ist nach Thomas von Aquin eine untergeordnete Wissenschaft. Ihre Prinzipien sind ihr selbst nicht evident, sondern sie empfängt sie von einer übergeordneten Wissenschaft – und das entscheidende Problem ist: Welches ist diese übergeordnete Wissenschaft? Darauf antwortet Thomas mit kühnem Schwung (und deshalb wurde die Theorie dann auch prompt weithin abgelehnt): Die übergeordnete Wissenschaft, aus der die Theologie ihre Prinzipien, also die Glaubensartikel, empfängt, ist das Wissen, das Gott von sich selber hat und das die Heiligen von Gott haben: scientia Dei et beatorum [33]. Das Verifikationsproblem wird bei dieser Lösung auf die Zeit nach dem Tod »verschoben«.

33 S.th. I 1,2.

Beantwortet hat damit die Hochscholastik die Frage nach den Prinzipien (= den Glaubensartikeln) und den Methoden der Theologie (= Deduktion aus den articuli fidei). Nicht beantwortet, systematisch gar nicht gestellt wird die Frage nach den Quellen der Theologie: Wie entdeckt sie die Glaubensartikel und Offenbarungswahrheiten? Warum stehen gerade diese zwölf bzw. vierzehn Sätze im Credo? Die hochmittelalterliche Theologie machte es sich zwar nicht mehr so einfach wie manche Frühscholastiker, die behaupteten, jeder der zwölf Artikel gehe auf einen der zwölf Apostel zurück. Aber systematisch erörtert wird die Frage nach den Quellen der Theologie erst zu Beginn der Neuzeit bei dem spanischen Dominikaner Melchior Cano, einem Theologen des Trienter Konzils.

1.4 Theologische Erkenntnislehre bei Melchior Cano

Zur Zeit der Reformation stellte sich durch die Auseinandersetzung mit Luther die Frage nach den theologischen Quellen, insbesondere nach dem Verhältnis von Schrift und Tradition. Das Werk »De locis theologicis« (postum gedruckt 1563) des Melchior Cano (1509–1560) ist die erste systematisch ausgeführte theologische Erkenntnislehre. Der Titel knüpft an die Terminologie der aristotelischen Philosophie an. »Loci« ist das lateinische Äquivalent des griechischen »tópoi«, und die Topik ist bei Aristoteles Teil des Organon, der Logik. Während sich Aristoteles im ersten Teil des Organon mit Begriff, Urteil und Schluß befaßt, geht es im zweiten Teil um die verschiedenen Beweisverfahren. Diese argumentieren entweder streng wissenschaftlich mit innerlich notwendigen Gründen, die sich aus der Sache selbst ergeben (Analytica posteriora) oder mit wahrscheinlichen Gründen (Topik) oder mit sophistischen (Schein-)Argumenten (De sophisticis elenchis). Die Topik hat es also bei Aristoteles mit dem Wahrscheinlichkeitsprinzip zu tun. Die Prinzipien dieses Beweisverfahrens werden »tópoi« genannt. Diese sind allgemein anerkannte Grundsätze, Gemeinplätze wie Sprichwörter (siehe oben S. 46).

Diese Bedeutung von tópos oder locus geht unter dem Einfluß von Cicero und Boethius verloren. Bei dem Humanisten Rudolf Agricola (1442/44–1485) sind die loci keine Grundsätze mehr, von denen der Wahrscheinlichkeitsbeweis deduktiv ausgeht, sondern es sind die verschiedenen Gesichtspunkte, unter denen ein Ding betrachtet werden kann (zum Beispiel Substanz oder Ursache), also eine Art Kategorien, nach denen man ein Problem analysieren kann. Dieser locus-Begriff des Agricola ist auch für die Theologie des 16. Jahrhunderts grundlegend geworden.

Vor Cano haben schon zwei andere Theologen den Begriff des locus theologicus eingeführt: Erasmus von Rotterdam und – mehr dann noch – der protestantische Theologe Philipp Melanchthon (1497–1560). Beide, vor allem aber Melanchthon, verstehen unter den loci theologici inhaltliche Gesichtspunkte, nach denen sich der Stoff der Theologie gliedert, etwa Sünde, Rechtfertigung, Gnade, Glaube. Das heißt: loci theologici sind bei Melanchthon Kapitelüberschriften einer Dogmatik, Punkte für deren Gliederung in bestimmte Themen und Traktate.

Melchior Cano macht es umgekehrt. Er will »die theologischen Wahrheiten aus den loci gewinnen. Nun fließt die Beweiskraft der theologischen Wahrheiten nicht aus inhaltlichen Gesichtspunkten, sondern aus der äußeren Tatsache ihrer Bezeugung; nicht der Inhalt entscheidet über ihren theologischen Charakter, sondern der Nachweis ihres Geoffenbartseins, nicht die innere Evidenz, sondern die äußere Autorität«[34], weil Glaubensgeheimnisse keine eigentliche, innere Evidenz haben. Glaubensmysterien lassen sich rational nicht völlig aufschlüsseln, nicht völlig inhaltlich durchdringen, man glaubt also nicht deswegen, weil einem die Trinität, die Inkarnation, die Gnade oder die Eucharistie inhaltlich einsichtig sind, sondern man glaubt, weil sie geoffenbart sind, und zwar, wie das I. Vatikanum (DS 3008 = NR 31) sagt, auf die Autorität Gottes hin. Deshalb konnte »für Cano ... nur die verschiedene Art der Bezeugung der theologischen Wahrheiten als Fundort für dieselben in Betracht kommen, und es war folgerichtig, wenn er die verschiedenen Erkenntnisquellen der Theologie, die

34 *Lang,* Die Loci theologici des Melchior Cano 71.

Schrift, die Tradition, die Kirche usw., als loci theologici bezeichnete«[35]. Aus ihnen schöpft der Theologe die theologischen Prinzipien, und aus diesen Prinzipien lassen sich die theologischen Folgerungen ableiten.

Cano unterscheidet zehn loci, die er folgendermaßen in Gruppen zusammenfaßt[36]:

loci theologici

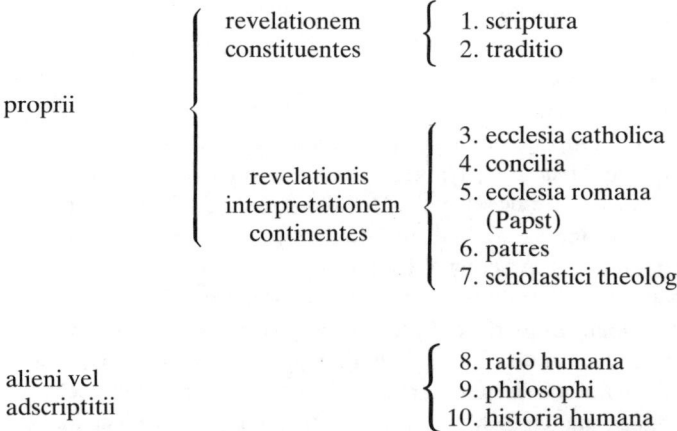

	revelationem constituentes	1. scriptura 2. traditio
proprii		
	revelationis interpretationem continentes	3. ecclesia catholica 4. concilia 5. ecclesia romana (Papst) 6. patres 7. scholastici theologi
alieni vel adscriptitii		8. ratio humana 9. philosophi 10. historia humana

Es gibt zwei große Hauptgruppen: die eigentlich theologischen Erkenntnisquellen, die loci theologici proprii, und die Erkenntnisquellen, die die Theologie von anderen Wissenschaften »ausleiht«, die loci theologici alieni. Unter den eigentlich *theologischen* Quellen gibt es wieder zwei Gruppen: diejenigen, die nach Cano für Offenbarung *konstitutiv* sind, nämlich Schrift und Tradition. Neben diesen für Offenbarung konstitutiven Quellen gibt es fünf Quellen, die die Offenbarung *interpretieren*, nämlich die katholische Kirche, das heißt das Glaubensbewußtsein der Gesamtkirche

35 Ebd.
36 Ebd. 88, Anm. 3.

(ecclesia catholica); die ökumenischen Konzilien; die römische Kirche, das heißt der Papst. Diese drei lassen sich noch einmal zusammenfassen und von den beiden folgenden, die geringere Bedeutung haben, abheben, nämlich von den Kirchenvätern und den scholastischen Theologen. Die Kirchenväter und die scholastischen Theologen sind deshalb getrennt, weil den Vätern eine größere Bedeutung zugeschrieben wird: sie stehen der Zeit der Urkirche, dem Ursprung der Offenbarung, näher. Neben diesen eigentlich theologischen Quellen gibt es *nichttheologische, »fremde«* Quellen, deren sich die Theologie bedient. Cano nennt drei nichttheologische Quellen: Erstens die ratio humana; darunter versteht er menschliches Wissen überhaupt, auch menschliches Erfahrungswissen, man könnte dies am ehesten mit »gesundem Menschenverstand« übersetzen. Zweitens werden als Autorität die Philosophen herangezogen, das ist natürlich damals vor allen Dingen Aristoteles. Die letzte dieser Quellen ist die historia humana, die Weltgeschichte. Mit diesen drei Quellen wird grundsätzlich anerkannt, daß nichttheologische Fächer und ihre Erkenntnisse – in heutiger Terminologie: die Human-, Sozial- und Naturwissenschaften – theologische Relevanz haben und die Theologie Ergebnisse dieser Disziplinen in ihre Argumentation integrieren muß. Über diese Einteilung in zehn Quellen kann man natürlich streiten, wie auch Cano zugibt. Er besteht nicht unbedingt auf der Zahl zehn, denn man könne verschiedene loci zusammenfassen, zum Beispiel die Kirchenväter und die scholastischen Theologen.

In den Detailfragen finden sich bei Cano sowohl Zeitgebundenheit wie auch erstaunliche Nähe zur modernen Theologie. Verbindlicher Bibeltext ist für ihn – gegen Humanisten und Reformatoren – die Vulgata, und nicht etwa das hebräische oder griechische Original. Anderseits differenziert er genau zwischen Kanonizität und Authentizität einer biblischen Schrift und sieht die Frage der Inspiration losgelöst von der Verfasserfrage. Die Grenzen der theologischen Erkenntnislehre Canos ergeben sich aus dessen geistesgeschichtlichem Standort. Canos loci theologici sind Quellen, Fundstellen, Schubladen, aus denen der Theologe seine Erkenntnisse herausholt. Locus theologicus ist nach Cano nicht der Ort, an dem der Theologe selbst steht, nicht der eigene Standpunkt des Theologen, der ihm a priori beim Theologietreiben vorgegeben ist, also nicht die transzendentalen Bedingungen, die, bevor man überhaupt anfängt, Theologie zu treiben, als Möglichkeit von Theologie schon vorausliegen und die den Vollzug der Theologie immer schon prägen. Eine derartige Reflexion auf die apriorischen Bedingungen von Theologie kommt überhaupt erst seit Kant ins Blickfeld. Fragen zum Beispiel, die die theologischen Einzeldisziplinen grundlegen, wie: Was konstituiert Kirchengeschichte als theologische Wissenschaft? Was unterscheidet sie von profaner Geschichte oder von Kunstgeschichte? Was ist dem Theologen bei seinem Theologietreiben immer vorgegeben? – Karl Rahner bezeichnet eine solche Reflexion auf die transzendentalen Bedingungen des Theologietreibens als Desiderat einer theologischen Erkenntnislehre.[37]

Literatur

Ebeling, G., Art. Theologie. I. Begriffsgeschichtlich, in: RGG VI (1962) 754–769

Grabmann, M., Die theologische Erkenntnis- und Einleitungslehre des hl. Thomas von Aquin auf Grund seiner Schrift »In Boethium de Trinitate«, Freiburg/Schweiz 1948

Kattenbusch, F., Die Entstehung einer christlichen Theologie. Zur Geschichte der Ausdrücke theología, theologeīn, theológos, Darmstadt ²1962

Klinger, E., Ekklesiologie der Neuzeit. Grundlegung bei Melchior Cano und Entwicklung bis zum Zweiten Vatikanischen Konzil, Freiburg 1978

Lang, A., Die Loci theologici des Melchior Cano und die Methode des dogmatischen Beweises. Ein Beitrag zur theologischen Methodologie und ihrer Geschichte, München 1925

Ders., Die theologische Prinzipienlehre der mittelalterlichen Scholastik, Freiburg 1964

Mieth, D., Der Wissenschaftscharakter der Theologie, in: Freiburger Zeitschrift für Philosophie und Theologie 33 (1976) 13–41

Pannenberg, W., Wissenschaftstheorie und Theologie, Frankfurt 1973

37 *K. Rahner*, Art. Theologische Erkenntnis- und Methodenlehre, in: Sacramentum Mundi IV (1969) 885–892, besonders 885–887.

Peukert, H., Wissenschaftstheorie – Handlungstheorie – Fundamentale Theologie. Analysen zu Ansatz und Status theologischer Theoriebildung, Düsseldorf 1976; auch als suhrkamp taschenbuch wissenschaft 231, Frankfurt 1978

Rahner, K., Die neue Kirchlichkeit der Theologie, in: Ders., Gnade als Freiheit (Herder-Bücherei 322), Freiburg 1968, 131–144

Schaeffler, R., Glaubensreflexion und Wissenschaftslehre. Thesen zur Wissenschaftstheorie und Wissenschaftsgeschichte der Theologie (QD 82), Freiburg 1980

Scheffczyk, L., Die Theologie und die Wissenschaften, Aschaffenburg 1979

Schlier, H., Kerygma und Sophia, in: Ders., Die Zeit der Kirche, Freiburg 1956, 206–232

Seckler, M., Im Spannungsfeld von Wissenschaft und Kirche. Theologie als schöpferische Auslegung der Wirklichkeit, Freiburg 1980

Theologie im Haus der Wissenschaften = Theologische Quartalschrift 157 (1977) 3. Heft

2 Die Heilige Schrift

2.1 Kanonbildung und Inspiration

2.1.1 Begriffsgeschichte von »Kanon«

Der griechische Begriff »kanōn« stammt aus dem Semitischen. Das hebräische Wort »kanäh« bedeutet »Schilfrohr«, »gerader Stab«. Im Profangriechischen bezeichnet »Kanon« zunächst die Meßrute, die Richtschnur oder den Maßstab. Bei den Epikuräern wird »Kanon« terminus technicus für das Kriterium der Wahrheit einer Aussage. Plutarch nennt Tabellen und Listen der Astronomie und Mathematik sowie auch geschichtliche Zeittafeln »kanónes«. Im Neuen Testament kommt der Begriff nur bei Paulus vor; die wichtigste Stelle ist Gal 6,16, wo »Kanon« die Bedeutung von Beurteilungsmaßstab hat oder noch deutlicher: »Norm echter Christlichkeit«[1].
Das Bedürfnis, das Christliche von dem Nichtchristlichen zu unterscheiden, führte zu einer immer häufigeren Verwendung dieses Begriffes. »Kanon« bezeichnet das im Christentum Verbindliche; insbesondere ist »kanōn tēs písteōs« das griechische Äquivalent zum lateinischen »regula fidei«, und mit diesem Sammelbegriff werden frühchristliche Glaubensbekenntnisse benannt, die den christlichen Glauben in kurzer Form zusammenfassen, zum Beispiel das Apostolische Glaubensbekenntnis.
Erst seit dem 4. Jahrhundert werden bestimmte Einzeldinge in der Kirche als kanōn oder kanōnikós bezeichnet, aber alle Einzelbedeutungen hängen mit der Grundbedeutung »christliche Norm« zusammen. Erstens wird im 4. Jahrhundert die Sammlung heiliger Schriften des Alten und Neuen Testaments Kanon genannt. Der Grund ist, daß ebendieser Begriff den Normcharakter zum Ausdruck bringt; die verpflichtenden und allgemein anerkannten Schriften werden unter diesen Sammelbegriff subsumiert. Zweitens heißen schon vorher, nämlich nach dem Konzil von Nizäa

---

1 *Beyer* 604.

(325), Konzilsbeschlüsse kanónes, ebenfalls deswegen, weil sie verpflichtend und verbindlich sind und das echt Christliche in autoritativer Weise festhalten. Das führt drittens zum Begriff des ius canonicum, des kanonischen Rechtes. Dieser Begriff benennt seit dem frühen Mittelalter das Kirchenrecht im Gegensatz zum staatlichen Recht, das als nomos oder lex bezeichnet wird. Viertens heißt Kanon dann auch der catalogus, die Liste. Zum Nachweis der Weihen wurden alle Kleriker in eine Liste eingetragen, die Kanon genannt wurde. Daran hat sich fünftens ein ethischer Sinn des Begriffes angeschlossen. Canonicus ist »der Geistliche, der sein Leben nach der kirchlichen Regel gestaltet«[2]. Dies waren zunächst die Mönche, dann aber auch die in vita communis lebenden Weltgeistlichen, die Domkleriker, die daher den Namen Kanoniker führen. Sechstens heißt seit Gregor dem Großen das eucharistische Hochgebet Kanon. Die siebte und jüngste Bezeichnung betrifft die Aufnahme ins Verzeichnis der Heiligen, die Kanonisation. Die erste nachweisbare Kanonisation fand 993 statt.

2.1.2 Die Bildung des Schriftkanons

Da das *Alte Testament* im Laufe vieler Jahrhunderte entstand, setzte sich auch nur schrittweise, nach und nach, die kanonische Bedeutung einzelner seiner Schriften durch. Der Pentateuch war unter Esra abgeschlossen und wurde von ihm feierlich dem Volk verkündet (Neh 8), einige Zeit nach der Rückkehr aus dem babylonischen Exil. Den Nachweis für das Vorliegen eines Corpus heiliger Schriften haben wir erstmals etwa 130 v. Chr., und zwar in der Vorrede zur griechischen Übersetzung des Buches Jesus Sirach, wo sich eine Dreiteilung findet, die seitdem für die Gliederung des hebräischen Alten Testaments grundlegend ist: die Gliederung von Gesetz (nómos), Propheten (prophêtai) und übrigen Schriften (ta loipá tôn biblíôn). Allerdings setzt diese Stelle aus dem Buch Jesus Sirach die Liste als bekannt voraus, wenigstens was das Gesetz und die Propheten angeht, die etwa 450 v. Chr. mit Maleachi enden, während die »übrigen Schriften« nur vage beschrieben und

2 Ebd. 606.

offenbar als noch nicht ganz abgeschlossene Gruppe angesehen werden. Flavius Josephus – im 1. Jahrhundert n. Chr. – überliefert eine Liste von 22 Büchern, die alle protokanonischen Schriften umfaßt, wobei allerdings das Buch Rut zum Richterbuch und die Klagelieder zu Jeremia gezählt werden. Aber erst gegen Ende des 1. Jahrhunderts, also nach der Zerstörung des Jerusalemer Tempels durch die Römer, legt eine jüdische Synode zu Jabne bei Jaffa den Kanon auf 24 Bücher fest. Das ist der hebräische Kanon des »Alten Testaments« bei den Juden. Die Differenz der 24 Bücher zu den 45 des katholischen AT-Kanons erklärt sich so: Die Juden erkennen die acht deuterokanonischen Schriften nicht an und zählen die zwölf kleinen Propheten als *ein* Buch (das Zwölf-Propheten-Buch). Das Alte Testament der Christen war die Septuaginta. Sie enthielt auch die sogenannten deuterokanonischen Schriften. Die ältesten Handschriften der Septuaginta aus dem 4. Jahrhundert sind christlich, wir kennen nur die christliche Septuaginta. Christliche und jüdische Septuaginta unterschieden sich höchstwahrscheinlich, aber inwieweit, das wissen wir nicht. Die Kirchenväter nahmen keineswegs alle vom Judentum tradierten Bücher der Septuaginta in den christlichen Kanon auf. Denn »nicht was die Kirchenväter in der [jüdischen] LXX fanden, galt ihnen als kanonisch, sondern was ihnen als kanonisch galt, das kam in die [christliche] LXX«[3].

Der Umfang des alttestamentlichen Kanons wurde definitiv erst von den Konzilien von Florenz und Trient (DS 1334 f. 1501–1505 = NR 89–91) festgelegt. Luther schied die deuterokanonischen und anfangs auch einige protokanonische Bücher aus dem Kanon des Alten Testaments aus mit der Begründung, daß sie nicht »Christum treiben«.

Der *Kanon des Neuen Testaments* hat sich wie der des Alten erst allmählich herausgebildet. Der Verfasser des 2. Petrusbriefes kennt eine Sammlung von Paulus-Briefen: 2 Petr 3,15 f. Das älteste Verzeichnis nicht aller, aber einiger Schriften des Neuen Testaments stammt um 140 vom Häretiker Markion und enthält das Lu-

3 *Haag* 377.

kasevangelium und zehn Paulusbriefe. In der 2. Hälfte des 2. Jahrhunderts verzeichnet das Muratorische Fragment (benannt nach Ludovico Muratori, der es in der Ambrosianischen Bibliothek in Mailand entdeckte und 1740 veröffentlichte) vier Evangelien, sämtliche Paulusbriefe, die Apostelgeschichte, die Apokalypse, den Judas- und zwei Johannesbriefe; es fehlen der Hebräer-, der Jakobus-, die beiden Petrus- und einer der Johannesbriefe. Der heutige Umfang des Kanon setzte sich bis etwa 400 durch, doch blieb noch jahrhundertelang danach (bis etwa 700) die Apokalypse umstritten. Definiert wurde auch der neutestamentliche Kanon erst auf den Konzilien von Florenz und Trient. Wie aus dem Alten, so schied Luther auch aus dem Neuen Testament Schriften aus, vor allem den Jakobusbrief mit seiner Lehre von der Werkgerechtigkeit. Aber diese Auffassung Luthers hat sich bei den Lutheranern nicht durchgesetzt. Im 17. Jahrhundert kehrten sie zum herkömmlichen Kanon zurück.

Für die Anerkennung eines Buches als kanonisch gab es zwei Kriterien: a) die Herkunft von einem Apostel oder Apostelschüler, b) die liturgische Verwendung durch die Kirche. So erklärt sich auch die allmähliche Entwicklung des Kanons: Verschiedene Kirchen verwendeten verschiedene Schriften, tauschten sie untereinander aus, und dann entstanden Dispute darüber, ob eine bestimmte Schrift in den Kanon aufzunehmen sei oder nicht. Denn es gibt Schriften, die, wie etwa der 1. Klemensbrief, nicht in den Kanon aufgenommen wurden, obwohl sie älter sind als andere, die als »kanonisch« gelten, wie zum Beispiel der 2. Petrusbrief. Das ist zu verstehen aus einer allmählichen Entwicklung, einem Klärungsprozeß innerhalb der Kirche, in dem Diskussionen darüber geführt wurden, ob eine bestimmte Schrift als Offenbarungsschrift anzusehen sei oder nicht.

2.1.3 Inspirationstheorie: Verbal- und Realinspiration

Im Neuen Testament gibt es zwei Stellen, die von der Inspiration des Alten Testaments sprechen:
2 Tim 3,16: »Jede (oder: die ganze) von Gott eingegebene Schrift (pāsa graphḗ theópneustos) ist auch nützlich zur Belehrung, zur

Widerlegung, zur Besserung, zur Erziehung in der Gerechtigkeit.« Strittig ist bei der Interpretation dieser Stelle zweierlei: 1. ob pasa mit »jede« (distributiv) oder »die ganze« (kollektiv) zu übersetzen ist, und 2. ob theópneustos tatsächlich »von Gott eingegeben« (passiv) bedeutet – dies ist philologisch eher anzunehmen – oder »gotthauchend« (aktiv).

2 Petr 1,21: »Vom Heiligen Geist getrieben (hypó pneúmatos hagíu pherómenoi), haben Menschen im Auftrag Gottes geredet.« Diese Stelle ist für die Inspirationslehre nicht so ergiebig, wurde aber früher gern angeführt, weil die Vulgata übersetzt: »Spiritu Sancto inspirati«.

Das *I. Vatikanum* lehrt, die biblischen Bücher hätten Gott zum Verfasser (DS 3006 = NR 95). Was bedeutet Inspiration, und was bedeutet die Lehre, daß Gott der Verfasser der Heiligen Schrift sei? Die beiden Haupttheorien sind die Verbalinspiration und die Realinspiration.

Die *Verbalinspiration* in ihrer ganz strengen Richtung besagt, daß Gott unmittelbaren Einfluß auf die Wortwahl ausübt. Diese Auffassung der Inspiration findet sich schon bei spätjüdischen Denkern, nämlich bei Philon und Josephus. Der menschliche Verfasser ist nach ihrer Auffassung bloß materielles Werkzeug, mit dem Gott Ideen und Worte ausdrückt. Einige Kirchenväter des 2. Jahrhunderts sagen, Gott benutze den menschlichen Verfasser wie ein Flötenspieler seine Flöte. In der Frühscholastik meint der Abt Fredegis von Tours († 834), ein Schüler Alkuins, des Hoftheologen Karls des Großen, der Heilige Geist habe sogar die Grammatikfehler in der Bibel intendiert und die einzelnen Worte im Munde der Propheten gebildet. Auch die protestantische Orthodoxie vertritt die Verbalinspiration (vgl. 2.2.3).

Die entgegengesetzte Auffassung vertritt die *Realinspiration*. Der Jesuit Leonhard Lessius (1554–1623) gilt als ihr Begründer. Seine Positionen waren für die damalige Auffassung schlichtweg revolutionär: »1. Damit etwas Heilige Schrift sei, ist es nicht notwendig, daß die einzelnen Worte vom Heiligen Geist inspiriert seien. 2. Es ist auch nicht notwendig, daß die einzelnen Wahrheiten und Aussagen unmittelbar vom Heiligen Geist dem Schreiber eingegeben seien. 3. Irgendein Buch . . ., durch menschlichen Fleiß ohne Beistand des Heiligen Geistes geschrieben, wird dann Heilige Schrift, wenn der Heilige Geist nachher bezeugt, daß darin nichts Falsches ist«[4], und damit den Inhalt nachträglich approbiert. Durch die ersten beiden Thesen wird die Verbalinspiration zurückgewiesen; die dritte These beschränkt den Einfluß des Heiligen Geistes auf eine nachträgliche Approbation der biblischen Schriften, so daß man von »inspiratio subsequens« gesprochen hat.

Das *II. Vatikanum* hat sich in der Konstitution »Dei Verbum« über die Schriftinterpretation geäußert: »Da also alles, was die inspirierten Verfasser oder Hagiographen aussagen, als vom Heiligen Geist ausgesagt zu gelten hat, ist von den Büchern der Schrift zu bekennen, daß sie sicher, getreu und ohne Irrtum die Wahrheit lehren, die Gott um unseres Heiles willen in heiligen Schriften aufgezeichnet haben wollte (. . . veritatem, quam Deus nostrae salutis causa Litteris sacris consignari voluit . . .)« (Art. 11). Die Erklärung des Konzils ist ein Kompromiß zwischen verschiedenen theologischen Richtungen (siehe 3.3.7) und entsprechend vorsichtig. Festzuhalten ist:

1. In der Heiligen Schrift geht es um Heilswahrheiten.
2. Die Schriftaussagen über Heilswahrheiten sind wahr.
3. Die traditionelle theologische Redeweise von »völliger Inerranz« (Irrtumslosigkeit) der Schrift wird aufgegeben.
4. Das Konzil hat es abgelehnt, die Inspiration auf einzelne Teile der Schrift zu beschränken und die Schrift in inspirierte Texte mit Heilswahrheiten und nichtinspirierte Texte über profane Ereignisse zu trennen.
5. Über die »profanen Wahrheiten« in der Schrift, ihr Verhältnis zu den Heilswahrheiten und ihren Wahrheitsanspruch äußert das Konzil sich nicht.

2.1.4 Die Inspirationstheorie Karl Rahners

Entscheidende Anstöße erhielt die heutige Inspirationstheologie durch die Quaestio disputata »Über die Schriftinspiration« von Karl Rahner (1958), die als grundlegender Entwurf der gegenwärtigen katholischen Inspirationslehre gelten darf. Rahner setzt an

---

4 Zitiert nach *Beumer* 58.

mit dem Grundgedanken der Kirchenstiftung und stellt einen Zusammenhang her zwischen *Kirchenstiftung* und Schriftinspiration. Aus diesem Zusammenhang heraus möchte er die Schriftinspiration erklären.

Gott will die Kirche absolut und unbedingt. Um das zu verdeutlichen, greift Rahner zurück auf den Begriff der »formalen Prädefinition«, der aus der Problematik des Gnadenstreites stammt, einer Kontroverse um 1600, in der es um das Verhältnis von göttlicher Vorsehung und Gnade einerseits und menschlicher Freiheit anderseits ging. Die formale Prädefinition besteht darin, daß Gott den von einem Menschen zu setzenden Heilsakt vorausbestimmt, indem er die dazu nötige wirksame Gnadenhilfe verleiht. Diese Gnade Gottes bewegt den freien Willen des Menschen, den gewünschten Akt zu setzen, und zwar in Freiheit. Sie bewegt ihn nicht nur moralisch helfend, so daß entsprechendes Wirken des Menschen wahrscheinlich darauf folgt, sondern sie wirkt mit aller Gewißheit, denn Gott schenkt wie das Vollbringen so auch schon alles gute freie Wollen.

Nach diesem Modell erklärt Rahner die Entstehung der Kirche. Gottes kirchenstiftender Wille bezieht sich in besonderer Weise auf die *Urkirche*. Denn die Urkirche ist die »arché« im doppelten Sinn: zeitlicher Anfang sowie grundlegendes und richtungweisendes Prinzip. Nicht nur Gott als »setzender Ursprung« der Kirche, sondern auch die Urkirche als der »gesetzte Ursprung«[5] der Kirche hat für die kommenden Zeiten normative Bedeutung. Etwas muß später so und nicht anders sein, weil es damals in der Urkirche so und nicht anders begonnen hat. Erst recht hat die Urkirche eine besondere Beziehung zu Gott, die sie künftigen Jahrhunderten der Kirche voraushat. Rahner vergleicht das jeweils unterschiedliche Verhältnis, das die Urkirche und die spätere Zeit der Kirche zu Gott haben, mit dem Bild, daß der Akt des Geborenwerdens einerseits und der Vollzug des eigenen Daseins anderseits qualitativ nicht dieselbe Beziehung zur Mutter haben.

Die Kirche hat immer die Fähigkeit, das, was ihrem Wesen entspricht, und das mit ihrem Wesen Unvereinbare unfehlbar zu un-

---

5 *K. Rahner*, Über die Schriftinspiration 51.

terscheiden, um im Wandel der Geschichte ihre Identität behalten zu können. Dieses Unterscheidungsvermögen muß die Urkirche im besonderen Maße haben, denn in späteren Zeiten ist die Urkirche Maßstab, an dem die Rechtmäßigkeit einer Entwicklung gemessen wird, indem man Schriftargumente dafür oder dagegen bringt. In der Urkirche aber gab es diesen Maßstab nicht, sondern mit der Kirche selbst entstand auch der Maßstab.

Zu den konstitutiven Elementen der Kirche gehört die Schrift. Sie ist Wort Gottes, aber sie ist nicht nur das. Da sie auch echte menschliche Verfasser hat, ist sie auch Artikulation des kirchlichen Glaubens. Sie konkretisiert schriftlich das, »was die Urkirche geglaubt hat, und woran glaubend die Urkirche sich selber konstituiert hat«[6]. Anders gesagt: Richtschnur und Norm für die künftigen Jahrhunderte ist die Urkirche besonders durch die Schrift, weil wir vor allem in der Form, in der sich der Glaube der Urkirche schriftlich manifestierte, diesen Glauben überhaupt greifen können. Das also, was von der Urkirche seinen Niederschlag in der Schrift gefunden hat, ist normativ. Da alles Schriftliche eine Tendenz zum Bleiben und Bewahren hat und insofern zukunftsorientiert ist, wendet sich die Urkirche durch den Akt der Schriftbildung an die künftigen Jahrhunderte.

Aufgrund dieser Überlegungen stellt Rahner folgende These auf: »Indem Gott mit absolutem, formal prädefinierendem, heilsgeschichtlichem und eschatologischem Willen die Urkirche und damit ihre konstitutiven Elemente will und schafft, will und schafft er die Schrift derart, daß er ihr sie inspirierender Urheber, ihr Verfasser wird.« Das heißt: »Die aktive, inspirierende Urheberschaft Gottes ist ein inneres Moment der Kirchenbildung der Urkirche.« Oder noch einmal anders formuliert: »Die Schriftinspiration ist nur ... die Kirchenurheberschaft Gottes« unter dem besonderen Aspekt, der sich auf dieses »konstitutive Element der Urkirche als solcher bezieht, das eben die Schrift ist«.[7]

Um die These mit einem Beispiel aus der Sakramentenlehre zu erläutern: Wie läßt sich jedes einzelne Sakrament auf Jesus Chri-

6 Ebd. 56.
7 Ebd. 58.

stus zurückführen? Was besagt »Einsetzung« der Sakramente durch Christus? Nach Rahner ist die Kirche das Ursakrament, mit dem die sieben Einzelsakramente mitgewollt sind, und die Einsetzung der Sakramente durch Christus ist jener besondere Aspekt der Kirchenstiftung, der sich auf die Lebensvollzüge der Kirche richtet, welche die Sakramente sind.[8] So kann man also bei der Kirchenstiftung verschiedene Aspekte unterscheiden. Gott hat nicht nur einfach eine Kirche gewollt, sondern er hat eine Kirche gewollt, in der es Sakramente gibt, und er hat eine Kirche gewollt, die von ihrer Gründungszeit her schriftlich den späteren Jahrhunderten überliefert, was sie damals geglaubt hat.

Aus Rahners These ergeben sich gewisse *Konsequenzen* für einige mit der traditionellen Inspirationslehre zusammenhängende Probleme.

1. Zum Verhältnis von Inspiration und Kanonizität: Die *Kanonizität* eines Buches setzt dessen Inspiration voraus, da nur inspirierte Bücher dem Kanon angehören. Inspiration ist – umgekehrt – nur in Verbindung mit der Kanonizität sinnvoll. Es wäre sinnlos, wenn es ein inspiriertes Buch gäbe, das nicht in den Kanon aufgenommen worden wäre. »Denn Gott schreibt keine Bücher für sich selbst.«[9] Was er geschrieben haben will, »hat notwendigerweise einen Adressaten, ist also nur sinnvoll, wenn es ankommt«[10] beim Menschen, und es kommt nur dann an, wenn das Schriftstück als von Gott geschrieben erkannt, das heißt in den Kanon aufgenommen wird.

2. Wie verhalten sich die beiden Autoren, *der göttliche und der menschliche*, zueinander? Das ist *das* Problem der traditionellen Inspirationslehre, auf das die Theorien von der Verbal- bzw. Realinspiration Antwort zu geben versuchten. Nach Rahner ist Gott der Verfasser der Heiligen Schrift, aber auch der Mensch ist ein wirklicher literarischer Verfasser und nicht nur Sekretär. Beide können aber nicht unter der gleichen Rücksicht Verfasser sein, denn es kann nicht eine Wirkung unter derselben Rücksicht zwei Ursachen haben. Die göttliche Verfasserschaft muß also so ver-

---

8 *K. Rahner*, Kirche und Sakramente (QD 10), Freiburg 1961.
9 *Rahner* (s. Anm. 5) 59.
10 Ebd.

standen werden, daß sie eine echte menschliche Verfasserschaft erstens ermöglicht und zweitens sogar fordert. Nach Rahners Meinung erklärt seine Theorie, wie Gott und Mensch in verschiedener Weise wirklich Verfasser sein können und daß die göttliche Verfasserschaft einen menschlichen Verfasser fordert. Gott will ja nur, daß überhaupt Schrift entsteht auf eine ganz bestimmte Weise, aber er schreibt nicht physisch mit und diktiert auch nicht die Worte; daher wird menschliche Verfasserschaft gefordert und nicht nur ermöglicht.

3. Die *Abgeschlossenheit des Kanons.* Der Kanon ist mit dem Tod des letzten Apostels abgeschlossen. Warum gerade dann? Versteht man Inspiration als Moment der Kirchenstiftung, so lautet die Antwort, daß die Inspiration dann aufhört, wenn die Kirchenstiftung abgeschlossen ist, wenn die Gründerzeit, die Zeit der Urkirche, endet.

4. Mußte die Inspiration den Verfassern der Schrift *bewußt* sein? Diese Frage ist in der Theologiegeschichte offengeblieben. Nach Rahner besteht die Bewußtheit der Inspiration darin, daß der Verfasser weiß, daß er zu der sich als Kirche konstituierenden und für alle künftige Zeit der Kirche konstitutiven Urkirche gehört. Bewußtheit der Inspiration muß also nicht bedeuten, daß zum Beispiel Paulus, als er den Philemonbrief schrieb, sich besonders vom Heiligen Geist erleuchtet gefühlt habe.

5. Wie kann die Inspiration der Schrift von der Kirche *erkannt* werden? Den Büchern der Heiligen Schrift ist ja nicht zu entnehmen, daß sie inspiriert sind. Die Verfasser haben auch nicht mitgeteilt, dieses oder jenes ihrer Werke sei inspiriert. Die Kirche dagegen lehrt, die im Kanon enthaltenen Bücher seien inspiriert. Muß die Tatsache der Inspiration dieser Bücher bis zum Tod des letzten Apostels geoffenbart worden sein, weil es danach keine Offenbarung mehr gab? Die Theologie hat obskure Lösungsversuche unternommen, zum Beispiel daß der letzte Apostel eine explizite Offenbarung erhalten habe, welche Bücher inspiriert seien. Dagegen wendet Rahner ein, das sei historisch unwahrscheinlich und vor allem könne es das Problem der Kanongeschichte nicht erklären, nämlich daß am Ende des 1. Jahrhunderts, etwa zu der Zeit des Todes des letzten Apostels, noch keineswegs feststand, welche

Schriften zum Kanon gehörten. Wenn aber Schriftinspiration Moment der göttlichen Kirchenstiftung ist, dann ergeht die Offenbarung über die Inspiration einer bestimmten Schrift dadurch, daß diese Schrift als Lebensvollzug der Urkirche entsteht. Erst in späterer Zeit erkennt die Kirche, daß eine bestimmte Schrift zur Selbstkonstitution der Kirche gehört hat. Diese Erkenntnis geschieht per connaturalitatem (ein Begriff des Thomas von Aquin): die Kirche erfaßt, ob eine bestimmte Schrift aus der apostolischen Zeit ihr, der Kirche, wesensgemäß ist oder nicht; sie identifiziert eine bestimmte Schrift als die ihre. Die Kirche als ganze erkennt so eine Schrift als ursprünglichen Ausdruck ihres Glaubens.

6. Zum Verhältnis *Schrift – Lehramt*: »Unfehlbares Lehramt der Urkirche ist . . . die Fähigkeit der Bildung der Schrift. Unfehlbares Lehramt *nach* der Urkirche ist die autoritative Auslegung der Schrift.«[11]

7. Zur Zwei-Quellen-Theorie, das heißt zum Verhältnis *Schrift – mündliche Tradition*: Wenn man annimmt, daß es neben der Schrift noch eine schriftunabhängige mündliche Tradition als Offenbarungsquelle gibt, so glaubt man, mit der tatsächlichen Dogmengeschichte leichter fertig werden zu können, da man nicht für jedes heutige Dogma einen Schriftbeweis führen kann; ein Dogma, das nicht in der Schrift belegt ist, sei eben mündlich von den Aposteln her überliefert worden, so die mariologischen Dogmen oder die Unfehlbarkeit des Papstes. Damit wird man der Suche nach einem Schriftbeweis enthoben. Die Gegenposition ist die These von der sogenannten Schriftsuffizienz, wonach die Glaubensinhalte in der Schrift vollständig enthalten sind und *inhaltlich* keine Lehren aus der Tradition hinzukommen. Schriftsuffizienz – sagt Rahner – schließt Dogmenentwicklung nicht aus, denn gerade weil die Schrift »die Objektivation des ›Anfangs‹, des Glaubens der Urkirche ist«, darum »protestiert die suffiziente Schrift gegen ihre Mumifizierung und ihre Reduktion auf den erstarrten Buchstaben«. Es »gehört zum Wesen des Anfangs, daß er nicht auch das Ende ist«[12]. Die Leugnung der Schriftsuffizienz macht es auch kei-

11 Ebd. 80.
12 Ebd. 82.

neswegs leichter, das Faktum der Dogmengeschichte zu erklären. Denn es ist nicht leicht, historisch nachzuweisen, daß eine bestimmte Lehre bereits durch eine bis in die Urkirche reichende mündliche Tradition belegt ist, sondern es ist oft noch einfacher, einen Schriftbeweis zu führen.

So bietet die Inspirationstheorie Rahners Lösungen an für Aporien, die sich in der traditionellen Inspirationslehre einstellen. Deswegen hat diese Theorie Einfluß auf die gegenwärtige Theologie erlangt. Auch ist sie in der katholischen Theologie bisher durch nichts Überzeugenderes ersetzt worden.

2.2 Biblische Hermeneutik

2.2.1 Hermeneutik in der Heiligen Schrift

Interpretation der Schrift gibt es schon in der Heiligen Schrift selbst. Bereits das Alte Testament kommentiert sich selbst immer wieder. In den Texten des Jeremia vom neuen Bund wird auf die Bundestheologie angespielt, sie wird aufgenommen und – uminterpretiert. Deutero-Jesaja spricht vom neuen Exodus; der Exodus, das grundlegende Heilsereignis des Alten Bundes, wird aufgegriffen und in einer spirituellen Form neu gedeutet. So gibt es auch im Neuen Testament eine Schriftinterpretation. Ein umdeutender Schriftgebrauch läßt sich schon bei *Jesus* selbst zeigen. Bei ihm sind zumindest Ansätze zu einer christologischen Interpretation des Alten Testaments erkennbar. Methodisch orientiert er sich dabei an der Bibelerklärung des Judentums seiner Zeit. Dieses hatte ein Schema entwickelt, nach dem in Gottesdiensten in der Synagoge die Heilige Schrift, eben das »Alte Testament«, erklärt wurde. Diese Bibelerklärung vollzog sich in drei Schritten: Zuerst wurde aus der Tora, eventuell auch noch aus den Propheten ein Text vorgelesen; im zweiten Schritt wurde dann in einer Homilie diese Lesung erläutert, wobei die Erläuterung in loser Form auf andere Bibeltexte anspielen konnte; dann folgte meist noch ein Schlußtext, der sich auf die Lesung zurückbezog. Jesus selbst hat diese Methode angewendet; ein Beispiel dafür findet sich Lk 4,16–30: Jesus geht in Nazaret in die Synagoge, ihm wird ein Prophetentext vorgelegt, und er liest die Stelle aus Jes 61,1 vor: »Der Geist des Herrn ruht auf mir, denn der Herr hat mich gesalbt.« Jesus legt diese Stelle aus und bezieht auch biblische Anspielungen auf Elija und Elischa ein. Formal orientiert sich die Exegese Jesu durchaus an den damals üblichen Methoden. Inhaltlich setzt sich Jesus allerdings von der jüdischen Schriftauslegung ab durch seine christologische Interpretation des Alten Testaments. Diese geschieht oft explizit wie in Lk 4,16–30, wo er diesen Text ganz eindeutig auf sich bezieht. Sie geht oft aber auch in der Form von impliziter Christologie vor sich, das heißt, daß die Christologie eingeschlossen ist in Jesu Umgang mit dem Alten Testament. Das ist der Fall, wenn Jesus die exegetische Methode variiert und sich die christologische Interpretation aus der Variation der Methode der Schriftauslegung erkennen läßt. So stellt er zum Beispiel in den antithetischen Formulierungen der Bergpredigt »Zu den Alten ist gesagt worden – ich aber sage euch« (vgl. Mt 5,21–48) seine eigene Autorität der des Alten Testaments gegenüber, und zwar als eine diesem überlegene Autorität. In diesem Umgang mit dem Alten Testament wird die Stellung Jesu zum Alten Testament deutlich. Es ist für ihn nicht absolut unumstößliche, jeder kritischen Korrektur entzogene Autorität, deren Wortlaut um jeden Preis konserviert werden muß. Anderseits lehnt er es aber auch nicht einfach als überholt ab, sondern er knüpft an das alttestamentliche Gebot an, er vertieft es, führt es weiter, legt seinen grundsätzlichen Charakter frei, indem er über den Wortlaut des Gesetzes hinausgeht. Nicht der Buchstabe ist für Jesus maßgebend, sondern er relativiert die Einzelnormen hin auf Gott und dessen ursprünglichen Willen, auf die Botschaft vom Reich Gottes.

Systematisch ausgebaut worden ist die christologische Interpretation des Alten Testaments von *Paulus* durch die sogenannte *Typologie*. Typos ist seit Paulus der »Ausdruck für die Vorausdarstellung des Kommenden in einer vorlaufenden Geschichte«[13]. Nach dieser Methode wird das Alte im Blick auf das Neue Testament gelesen. Alttestamentliche Ereignisse sind Vorausdarstellungen christlicher Personen oder Vorgänge. Die bekannteste dieser Ty-

---

13 *L. Goppelt*, Typos. Die typologische Deutung des Alten Testaments im Neuen, Gütersloh 1939 (Nachdruck Darmstadt 1969), 5.

pologien ist die Adam-Christus-Parallele in Röm 5,12–21, wonach alle Menschen in Adam gesündigt haben und so in Adam den Tod fanden, alle aber in Christus das Leben erlangen werden: Christus als Anti-Typ Adams. Typologie findet sich auch in anderen Texten; in 1 Kor 10,1–2 etwa stellt Paulus den Durchzug der Israeliten durch das Rote Meer und die Mannaspeisung in der Wüste als Vorbilder, als Typoi, der Sakramente Taufe und Eucharistie dar. Typologisch denkt auch der Verfasser des Hebräerbriefs, der dem Hohenpriester des Alten Bundes Christus als den wirklichen Hohenpriester gegenüberstellt. So findet sich bereits im Neuen Testament, besonders bei Paulus, ein enger Zusammenhang von neutestamentlichen und alttestamentlichen Ereignissen, die sich gegenseitig interpretieren. Die Ereignisse des Neuen Bundes werden gesehen als Erfüllung des Alten, und das Alte Testament bekommt seinen vollen Sinn erst in der Erfüllung durch das Neue Testament. Augustinus hat diesen hermeneutischen Zirkel von Altem und Neuem Testament in dem Satz zusammengefaßt, daß das Alte Testament im Neuen offenbar wurde, während das Neue im Alten verborgen ist: »... et in Vetere [Testamento] Novum lateat, et in Novo Vetus pateat«[14].

Eine »erste kirchliche Hermeneutik biblischer Texte«[15], die grundlegend geworden ist für die kommende Zeit, finden wir im 2. Petrusbrief, der gegen abweichende Deutung des Alten Testaments und des Jesusereignisses Regeln kirchlicher Hermeneutik aufstellt:

»Denn wir sind nicht irgendwelchen klug ausgedachten Geschichten gefolgt, als wir euch die machtvolle Ankunft Jesu Christi, unseres Herrn, verkündeten, sondern wir waren Augenzeugen seiner Macht und Größe. Er hat von Gott, dem Vater, Ehre und Herrlichkeit empfangen; denn er hörte die Stimme der erhabenen Herrlichkeit, die zu ihm sprach: Das ist mein geliebter Sohn, an dem ich Gefallen gefunden habe. Diese Stimme, die vom Himmel kam, haben wir gehört, als wir mit ihm auf dem heiligen Berg waren. Dadurch ist das Wort der Propheten für uns noch sicherer geworden, und ihr tut gut daran, es zu beachten; denn es ist ein Licht, das an einem finsteren Ort scheint, bis der Tag anbricht und der Morgenstern aufgeht in eurem Herzen. Bedenkt dabei vor allem dies: Keine Weissagung

---

14 Quaest. in Heptateuchum 2,73 (PL 34,623).
15 *Stuhlmacher* 67.

der Schrift darf eigenmächtig ausgelegt werden; denn niemals wurde eine Weissagung ausgesprochen, weil ein Mensch es wollte, sondern vom Heiligen Geist getrieben haben Menschen im Auftrag Gottes geredet« (2 Petr 1,16–21).

Das inspirierte Wort Gottes darf also nicht eigenmächtig ausgelegt werden, sondern nur dem Willen Gottes gemäß. Was dieser Wille Gottes ist, lehrt die apostolische Tradition. Nur innerhalb der rechtgläubigen Gemeinde wird die Schrift so ausgelegt, wie Gott es will. So bilden bereits für den zweiten Petrusbrief »die zu interpretierende hl. Schrift, die von den Aposteln begründete Glaubenstradition und die die Schrift interpretierende Gemeinde [= die gegenwärtige Kirche] einen hermeneutischen Zirkel ..., der von der Absicht zusammengehalten wird, die Schrift ... in dem Geiste auszulegen, in dem sie abgefaßt worden ist. Das Neue Testament bietet damit aus sich selbst heraus ein Modell für eine biblische Hermeneutik an.«[16] Diese biblische Hermeneutik und dieser hermeneutische Zirkel aus Schrift, Tradition (wobei Tradition Glaubenstradition meint, einschließlich Tradition der Schriftauslegung, des Schriftverständnisses) und gegenwärtiger Kirche (wobei sich unter gegenwärtiger Kirche durchaus Topoi verstehen lassen wie kirchliches Lehramt, Theologie und sensus fidelium) findet sich also bereits im Neuen Testament in einer seiner jüngsten Schriften.

2.2.2 Die geistlichen Schriftsinne (Kirchenväter und Mittelalter)

In der Patristik erarbeitete *Origenes* (ca. 185–254) eine methodische Grundlegung der Exegese. Er knüpfte als Alexandriner an die philosophische Wissenschaftstradition Alexandriens an, von der bereits der hellenistische Jude Philon im 1. Jahrhundert n. Chr. geformt war. In der Exegese zeigt sich dieses Anknüpfen in der Rezeption der allegorischen Interpretationsmethode und in ihrer Applikation auf die Heilige Schrift. Die Allegorese ist eine mehrdimensionale Schriftauslegung, die seit dem 6. Jahrhundert v. Chr.

16 Ebd. 68.

auf Homer-Texte und später auch auf andere Texte angewendet wurde; sie wurde besonders an den hellenistischen Akademien in Pergamon und Alexandrien geübt. Die Allegorese geht zwar vom Wortsinn eines Textes aus, nimmt aber an, »daß gerade die großen Dichter absichtsvoll ihre Dichtungen verschlüsselt haben; in diesen Dichtungen ist ein Wissen enthalten, das der Masse der Banausen, ... der zur Bildung Unfähigen, nicht zugänglich sein soll«[17]. Die allegorische Auslegung legt dieses in der griechischen Dichtung verschlüsselt Gesagte in seinem wirklichen Sinn offen. Antike Philologie ist damit die Kunst, das zu entschlüsseln, »was die vordergründige Aussage verbirgt«[18].

Philon von Alexandrien wendet diese Methode auf das Alte Testament an. Er will aber den Wortsinn keineswegs abblenden, sondern sowohl den Literalsinn als auch den verborgenen, tieferen Sinn erkennen. Beispiel: In Lev 21,16–23 werden körperlich und geistig Kranke vom alttestamentlichen Priesterdienst ausgeschlossen. Während der Wortsinn dieser Vorschrift sich auf die körperliche Unversehrtheit bezieht, meint nach Philon der tiefere Sinn die charakterliche Lauterkeit des Priesters.

Origenes übernimmt die allegorische Interpretationsmethode, modifiziert sie aber und baut sie auch gleichzeitig aus unter dem Einfluß der platonischen Anthropologie, nach der der Mensch aus Leib, Seele und Geist besteht. Origenes unterscheidet dementsprechend einen dreifachen Schriftsinn: das Fleisch der Schrift, ihren Wortsinn; die Seele der Schrift, ihren moralischen Sinn; und schließlich den Geist der Schrift, der der vollkommenste der Schriftsinne ist und, da Vollkommenheit erst im späteren Leben erreicht wird, die eschatologische Komponente einbringt. Ein Beispiel ist Joh 2,13: »Das Pascha der Juden war nahe.« Im Wortsinn hat dieser Satz mit dem jüdischen Paschafest zu tun; im psychischen Sinn bezeichnet er Christus als das für uns geschlachtete Paschalamm; im pneumatischen Sinn ist das Pascha das ewige Mahl der Seligen im Himmel. Diese Exegese entsprach den Regeln spätantiker Hermeneutik. Sie wurde auch auf profane Texte ange-

17 *H. Dörrie*, Zur Methodik antiker Exegese, in: Zeitschrift für die neutestamentliche Wissenschaft 65 (1974) 121–138, hier 124.
18 Ebd.

wendet. Daß die Allegorese eine nach damaligem Verständnis wissenschaftlich einwandfreie Form der Schriftauslegung sei, wurde von der heidnischen Philosophie, von Juden, Gnostikern und der Kirche anerkannt. »Die von Origenes exemplarisch ausgebildete kirchliche Schriftauslegung hat es ... gewagt, ihre Ergebnisse in kritischer Zeitgenossenschaft und in bewußter Partizipation am Wahrheits- und Wirklichkeitsverständnis ihrer Zeit zu erarbeiten und zu formulieren. Sie ist dadurch in die Lage versetzt worden, so zu argumentieren, daß ihre Aussagen alle in der Spätantike relevanten Lebensbereiche betrafen.«[19]

Weiter ausgefaltet und systematisiert wurde diese Bibelhermeneutik des Origenes in der Lehre vom vierfachen Schriftsinn,[20] die erstmals bei Johannes Cassian (360–430/435) belegt ist. Von da an wird die *vierfache Schriftauslegung* die exegetische Methode bis zur Reformation, also für etwa tausend Jahre. Unterschieden werden vier Schriftsinne, nämlich der Literalsinn und drei geistliche Sinne. Die drei geistlichen Sinne sind der *allegorische*, der *tropologische* und der *anagogische* Sinn. Der allegorische Sinn hat es mit der Dogmatik, der tropologische mit Moral, der anagogische mit Eschatologie zu tun. Anders formuliert: Der allegorisch-dogmatische Sinn legt die Schrift aus in Hinblick auf den Glauben, der tropologisch-moralische in Hinblick auf die Liebe und der anagogisch-eschatologische in Hinblick auf die Hoffnung. So wird die Schrift über ihren Wortlaut hinaus als relevant erwiesen für die verschiedensten Aspekte der Verwirklichung christlicher Existenz. Ein Merkvers, der auf Augustinus von Dänemark († 1285) zurückgeht, faßt diese Schriftsinne folgendermaßen zusammen:

> Littera gesta docet, quid credas allegoria,
> moralis quid agas, quo tendas anagogia.

Diese Methode der vierfachen Schriftinterpretation ist natürlich heute überholt und nicht zum Leben zu erwecken. Doch integriert sie bestimmte Einsichten, die sich in der gegenwärtigen Exegese nicht immer finden. Diese Methode enthält nämlich – keimhaft zumindest – neben der Exegese gleichzeitig eine Homiletik, inso-

---

19 *Stuhlmacher* 74.
20 Meine Darstellung der patristischen und mittelalterlichen Exegese stützt sich auf *de Lubac* I/2, 425–681; dort auch die folgenden sowie zahlreiche weitere Beispiele.

fern nicht einfach nur der historische Sinn der Schrift erhoben wird, sondern die Schrift zugleich fruchtbar gemacht wird für das menschliche Leben. Auch heutige Homiletik erschöpft sich ja nicht darin, in einer Predigt einfach die historisch-kritische Exegese nachzukauen. Mit manchen Bibelkommentaren kann man für eine Predigt sehr wenig anfangen, weil andere als die rein historischen und philologischen Aspekte abgeblendet oder ganz ausgeklammert werden. Genau das möchte die patristisch-scholastische Exegese vermeiden durch die drei geistlichen Schriftsinne, indem sie nämlich, aufbauend auf dem Historischen, eine mehrschichtige geistliche Interpretation der Heiligen Schrift vorlegt. Die Fragestellung der geistlichen Auslegung ist damals aber nicht: »Was sagt dieser Bibeltext den Menschen *heute*?« Das Geschichtsbewußtsein, die Reflexion zum Beispiel auf die geistesgeschichtliche Situation der jeweiligen Gegenwart, fehlt. Aber die Fragestellung ist auch nicht völlig geschichtslos; reflektiert wird heilsgeschichtlich darauf, was die Schrift einem Menschen sagen will, der in der Zeit zwischen der Auferstehung Christi und seiner Wiederkunft lebt, was sie für die Kirche und für den Menschen in der Kirche bedeutet. Jedoch eine Reflexion, die beispielsweise die sozialen, kulturellen Strömungen usw. der Gegenwart mit dem Schrifttext konfrontiert, wird nicht bewußt vollzogen.

An Beispielen soll klargemacht werden, wie die patristisch-scholastische Exegese arbeitet, wie sie, ausgehend vom historischen Sinn, zu einer geistlichen Schriftdeutung kommt. Ausgangspunkt ist der Wortsinn: der Wort- oder *Literalsinn* ist der erste der Schriftsinne. Littera gesta docet. Littera und historia, Buchstabe und Geschichte, bezeichnen dasselbe. Darum sagte man oft über nichtgeschichtliche Texte, wie etwa das Buch der Sprüche, sie hätten keinen Literalsinn, und spricht umgekehrt statt vom Buchstaben des Gesetzes von der historia legis. Die Schrift berichtet Ereignisse der Vergangenheit, die sich tatsächlich zugetragen haben; das ist entscheidend. Gott hat in die Geschichte der Menschen eingegriffen: Wichtig für uns ist daher, aus der Schrift zu erheben, wann, wo und wie sich diese Interventionen Gottes zugetragen haben. Bereits die in der Bibel erzählte Geschichte und ihre Fakten haben ihre Bedeutung für das Heil und für die Spiritualität des Menschen.

Insofern ist also die Erforschung des geschichtlichen, des wörtlichen Sinnes Voraussetzung für die Erkenntnis der geistlichen Sinne. Der Literalsinn ist das Fundament jeder weiteren Auslegung der Schrift. »Historia est fundamentum« – ein immer wiederkehrender Satz bei den Vätern und den scholastischen Theologen. Da aber der Buchstabe tötet und der Geist lebendig macht, darf man nicht bei dieser Interpretation allein stehen bleiben. Origenes wirft den Juden vor, sie läsen die Bibeltexte nur als Erzählungen vergangener Ereignisse, während die Christen sie für ihr eigenes Leben und für sich selbst fruchtbar machen. Der alttestamentliche Typus – vgl. Paulus – wird der christlichen Wahrheit (Antitypus) gegenübergestellt, und so bringt diese Exegese auch Beispiele, die sich bereits zum Teil in der Heiligen Schrift finden: Hrabanus Maurus nennt den jüdischen Hohenpriester einen nur bildhaften Hohenpriester, pontifex imaginarius, und stellt ihm Christus als den pontifex verus gegenüber. Gerhoh von Reichersberg bezeichnet das Manna, das die Israeliten in der Wüste aßen, als bloßes Schatten-Manna, manna umbraticum, im Vergleich zum manna verum der Eucharistie. Davids Sieg über Goliat ist nur ein bildhafter Sieg im Vergleich zum wirklichen Sieg, den Christus am Kreuz errungen hat. Das führt natürlich keineswegs zur Leugnung der Historizität des Alten Testaments. Daß Christus als wahrer David oder als wahrer Mose dargestellt wird, bedeutet nicht, daß man die historische Existenz eines David oder Mose in Frage stellt.

Der zweite Schriftsinn ist die *Allegorie*. Es geht dabei um eine allegorische Auslegung nicht nur von Worten, sondern auch von Ereignissen, von Fakten. Die Ereignisse im Neuen Bund sind vorgebildet in denen des Alten Bundes. Insofern sind nicht nur Worte Prophetien, sondern auch Vorgänge: die Geschichte des Alten Testaments als solche ist prophetisch. Hrabanus Maurus spricht von historia prophetica. Das Alte Testament als prophetische Geschichte weist auf das Neue Testament voraus. Allegoria verbi besteht nach Quintilian darin, daß das eine mit den Worten, etwas anderes dem Sinn nach ausgedrückt wird: quae aliud verbis aliud sensu ostendit. Die allegoria facti hingegen (Allegorie von Ereignissen) besagt nach Ambrosius, daß, wenn das eine sich vollzieht, etwas anderes figürlich vorausgebildet wird: allegoria est cum aliud geritur aliud figuratur. Oder in einer Formulierung von Pseudo-Hugo: Allegoria est quando per factum intelligitur aliud factum. So wird zum Beispiel der Durchzug durchs Rote Meer als Hinweis auf die Taufe verstanden. Der Bezugspunkt, auf den hin das Alte Testament allegorisch zu deuten ist, ist das Neue Testament, und zwar Christus und die Kirche. So weist das ganze Alte Testament hin auf die künftigen Geheimnisse Christi und der Kirche. Durch diese allegorische Interpretation zeigt sich der christliche, der dogmatische Sinn der Schrift, und daher erklärt Gregor der Große, die Allegorie diene der Auferbauung des Glaubens: allegoria aedificat fidem.

Die dritte Stufe der Exegese ist die *Tropologie*. Dient die Allegorie der Auferbauung des Glaubens, so die Tropologie der Auferbauung der Sitten, der Moral: tropologia aedificat mores. Die Glaubenserkenntnis in der Allegorie ist die Voraussetzung für die sittliche Erkenntnis, die sich in der tropologischen Schrifterklärung vollzieht. Der allegorische Sinn des Alten Testaments ist das Neue Testament; was die Geschehnisse des Alten Testaments bildlich darstellen, das vollbringt Christus mit seinem Tun in Wahrheit. Dieses Tun – darin besteht jetzt die tropologische Exegese – sollen wir uns zum Vorbild nehmen. Für die Exegese des Neuen Testaments ist unter Überspringung der Allegorie der erste geistliche Sinn die Tropologie, die in ihrer Schriftauslegung zur Nachfolge Christi ruft. So sagt Hugo von St. Victor: Indem wir darüber meditieren, was Gott getan hat, erkennen wir, was wir selber tun sollen: contemplando quid fecerit Deus, quid nobis faciendum sit agnoscimus. Allegorie besteht darin, daß durch ein Faktum auf ein anderes Faktum verwiesen wird. Tropologie besteht darin, daß durch ein factum auf ein faciendum verwiesen wird, also auf etwas, das erst noch geschehen soll, das wir tun sollen. »Allegoria dicitur quando per factum intelligitur aliud factum... Tropologia est quando per factum ostenditur aliud faciendum« (»Speculum de mysterio Ecclesiae« aus der Schule von St. Victor). Während also die Allegorie eine Denkfigur der Dogmatik ist, entfaltet die Tropologie auf der Grundlage eben des Dogmas die christliche Anthropologie, Ethik und Spiritualität. Nach Origenes und Gregor dem Großen läßt sich alles in der Schrift, was man allegorisch interpretieren kann, auch moralisch deuten. So werden Moses Zelt und Salomos Tempel allegorisch auf Christus bezogen; tropologisch bezeichnen sie das menschliche Herz: alle drei sind Wohnsitz Gottes. Dieser Interpretationsgang vom Salomonischen Tempel bis hin zur menschlichen Seele erklärt sich durch Vermittlung von Christologie und Ekklesiologie. Denn die Kirche ist Leib Christi, und der einzelne Mensch ist Christ nur in der Kirche als anima in ecclesia oder anima ecclesiastica. Dabei können kollektiv für die Kirche gebrauchte Symbole auch individuell für den Einzelchristen gelten. Die Gottesstadt Jerusalem bezeichnet sowohl die Kirche als auch die menschliche Seele: in beiden ist Gott gegenwärtig. Bei dieser individualisierenden moralischen Auslegung, bei der es auf das ankommt, was wir selber tun sollen, wird stark auf dem Innerlichen und dem täglich sich Wiederholenden insistiert. Die drei Schlagworte sind daher »moralisch« (moraliter), »innerlich« (intrinsecus) und »täglich« (quotidie). Was sich geschichtlich einmal abspielte, müssen wir in uns innerlich täglich neu nachvollziehen. Täglich wird in uns Israel mit dem Manna genährt; täglich zieht Israel aus Ägypten aus, wenn ein Gläubiger geistlich diese Welt verläßt. Bei dieser tropologischen Auslegung zeigen sich Anlehnungen an Paulus. Bei Paulus ist die Erkenntnis fundamental, daß das, was im Indikativ über Christus gesagt wird, als Imperativ aufgestellt ist für die Christen. Weil es in der Tropologie um die Auferbauung der Moral geht, kann Gregor der Große sagen: die Tropologie diene ad aedificationem caritatis.

Diese Prinzipien der Exegese bleiben gleich von der Väterzeit bis zum Ende des Mittelalters. Durchgängig wurde die Schrift in dieser Zeit nach den vier Schriftsinnen interpretiert. Doch die äußere Situation der Kirche änderte sich erheblich, was dann auch in der Exegese zu einer Verlagerung des Schwerpunktes führte. Die geistliche Schriftauslegung bestand in der Väterzeit im Übergang vom Alten zum Neuen Testament, der geistliche Sinn sollte so den Zugang zum Glauben eröffnen. Entscheidend war damals die Allegorie. In späterer Zeit, in einer christianisierten Gesellschaft mit noch weithin heidnischen Sitten, ging es mehr um die Umkehr des Lebens, die conversio morum, so daß nun im Mittelalter die.tropologische Auslegung gegenüber der allegorischen an Bedeutung zunahm. Mit dem Entstehen des Mönchtums wird die tropologische Exegese auf das mönchische Leben zugeschnitten. Bisher auf die Kirche allgemein gedeutete Texte werden nun ganz speziell auf das Mönchtum bezogen. Aus Ägypten ins Gelobte Land ziehen heißt jetzt nicht mehr, Christ werden, sich taufen lassen, sondern ins Kloster eintreten. Das Paradies, allegorisch die Kirche, wird jetzt das Kloster; Petrus und Johannes, die am Ostermorgen zum leeren Grab laufen, werden gedeutet als Repräsentanten verschiedener Orden. Derartige Anpassungen galten damals als durchaus legitim, zeigen aber gerade in dieser Zuspitzung mögliche Einseitigkeiten dieser Exegese, die Gefahr einer sehr subjektiven Schriftauslegung.

Der vierte Schritt der Methode ist die *Anagogie*. Nach der langen Geschichte Israels (Objekt des historischen Sinnes) geschieht die Ankunft Christi in dreifacher Weise: zunächst bei der Inkarnation in unserer Welt (Objekt der allegorischen Deutung des Alten Testaments); in jeder gläubigen Seele (Tropologie); und schließlich bei seiner Wiederkunft am Ende aller Zeiten, und dies ist Gegenstand der Anagogie. Anagōgē heißt Aufstieg, Hinaufführen. Die Anagogie führt den Geist von der Erkenntnis des Sichtbaren zu der des Unsichtbaren, das wir noch erwarten und erhoffen: anagogia aedificat spem. Die alttestamentlichen Propheten und die jüdische Apokalyptik erwarteten mit der Ankunft des Messias die Ablösung der gegenwärtigen Ordnung durch eine neue endgültige: einen neuen ewigen Tempel, ein neues ewiges Sion usw. anstelle des jetzigen. Der Messias kam, aber die erwartete allgemeine Veränderung der Weltordnung blieb aus. Man mußte sich bis zum zweiten adventus Domini gedulden. Dieser Abstand zwischen erster und zweiter Ankunft Christi führte die Kirchenväter dazu, das Neue Testament, das schon Erfüllung und Wahrheit des Alten Testamentes ist, nun seinerseits als bloßes Bild des Künftigen zu sehen, getreu dem Pauluswort (1 Kor 13,12), daß wir jetzt im Spiegel, später aber von Angesicht zu Angesicht sehen werden. Origenes stellt so das Neue Testament als zeitliches Evangelium, evangelium temporale, der in der Apokalypse beschriebenen Endzeit, der Wiederkunft Christi, als dem evangelium aeternum gegenüber. Wie Israel Vorbild der Kirche, so ist die irdische Kirche Vorbild der himmlischen.

Grundsätzlich läßt sich die ganze Heilige Schrift nach diesem vierfachen Schriftsinn erläutern. Doch gibt es einzelne Texte und einzelne Ereignisse, die sich dazu besonders eignen. Das Symbol par excellence ist Jerusalem. Historisch ist Jerusalem eine hebräische Stadt im Alten Testament, allegorisch ist es die Kirche, tropologisch die menschliche Seele, und anagogisch meint es das himmlische Jerusalem. Das ist zwar das Grundschema, doch gibt es durchaus Variationen. Ohne weiteres kann Jerusalem auch einmal auf Maria gedeutet werden. Ein anderes Beispiel: Der Satz »Es werde Licht!« – fiat lux – bezeichnet nach Thomas von Aquin historisch die Erschaffung des Lichtes; allegorisch die Geburt Christi in der Kirche; tropologisch, daß wir durch Christus im Intellekt erleuchtet und in unseren Affekten ermutigt und bestärkt werden; anagogisch, daß wir durch Christus in die ewige Herrlichkeit, die Lichtfülle Gottes, geführt werden. Noch ein Beispiel: Der Sieg Davids über Goliat ist historisch das Ereignis, das das Alte Testament berichtet; allegorisch besiegt Christus am Kreuz den Teufel; tropologisch geht es um den Sieg des Gerechten gegenüber der Versuchung des Teufels und anagogisch um den Sieg Christi beim Jüngsten Gericht.

Diese vierfache Schriftauslegung impliziert die Möglichkeit des Subjektivismus. Jeder interpretiert bei den drei geistlichen Sinnen die Bibel anders. Das wurde dieser Methode von ihren Kritikern von Anfang an vorgeworfen, zum Beispiel vom Neuplatoniker Porphyrios. Die Gefahr hatte auch Origenes schon gesehen und ihr zu wehren versucht mit der Erklärung, nur im Glauben und Geist der Kirche sei allegorische Schriftauslegung möglich. Die allegorische Schriftauslegung führte aber auch in der Kirche keineswegs zu einheitlichen Ergebnissen, und die Vielfalt der Auslegungen bedrohte die Einheit des kirchlichen Glaubens. So stand damals freie Wissenschaftlichkeit der Exegese (im damaligen Verständnis der Wissenschaftlichkeit) gegen die Kirchlichkeit des Glaubens. Ins Auge gefaßt hat dieses Problem schon Tertullian. Er hat eine kirchliche Interpretationsregel etabliert, um allzu subjektivistischer Willkür einen Riegel vorzuschieben: die regula fidei als Interpretationsnorm der Schrift. Regula fidei sind frühchristliche Bekenntnisformulierungen, sehr knappe Glaubens-

bekenntnisse. Damit gibt es vom Beginn der Kirchen- und Theologiegeschichte an, schon seit der Zeit der Kirchenväter, ja bereits im 2. Petrusbrief eine Einbindung der Schriftauslegung in die
Kirche.

2.2.3 Die reformatorische Schriftauslegung

Die Methode der Schriftauslegung nach den vier Schriftsinnen
blieb das Mittelalter hindurch unangefochten bestehen. Allerdings
war zum Beispiel für Thomas der Literalsinn der einzige, der in
theologischer Argumentation Verwendung finden durfte.[21] Den
großen Einschnitt bildet die Reformation. Die Schriftauslegung
Luthers läßt sich in vier Punkten zusammenfassen.

Erstens lehnt Luther die geistlichen Sinne ab; nur der Literalsinn
ist wirklicher Schriftsinn. Das ist Luthers Reaktion gegen den
Wildwuchs der traditionellen geistlichen Sinne. Der Wortsinn ist
für ihn bereits der eigentliche geistliche Sinn, er besitzt geistliche
Relevanz.

Zweitens erkennt Luther als theologische Erkenntnisquelle allein
die Schrift an: sola scriptura. Nur die Schrift in ihrem Literalsinn ist
Quelle der Erkenntnis für Glaube und Theologie. Tradition und
Lehramt gelten nicht als theologische Erkenntnisquellen. So radikal wurde Luther allgemein verstanden. Aber eine interpretative
Funktion der Tradition, etwa des Apostolischen Glaubensbekenntnisses, schließt er nicht aus. Auch er hat die Schrift im Sinn
der Kirchenväter, besonders im Sinn des Apostolischen und des
Nizäno-Konstantinopolitanischen Glaubensbekenntnisses interpretiert. Den hermeneutischen Zirkel von Schrift, Tradition und
gegenwärtiger Kirche sprengt Luther nicht, aber er weist der
Schrift in diesem Zirkel eine absolute Dominanz und einen derart
ausgeprägten Primat zu – mit der pointierten Formulierung »sola
scriptura« –, daß der Eindruck entsteht, es sei überhaupt nur mehr
die Schrift für Glaubenserkenntnis und Theologie von Belang. Die
Schrift wird von Luther so betont, daß die anderen Aspekte ganz

---

21 S.th.I 1,10 ad 1. Zur Schriftauslegung des Thomas vgl. *M. Arias Reyero*, Thomas
   von Aquin als Exeget, Einsiedeln 1971.

in den Hintergrund treten – aber das heißt nicht, daß sie im faktischen Vollzug völlig ausfielen.

Drittens: Wer aber legt die Schrift aus, wenn nicht das Lehramt? Luther vertritt die Lehre der perspicuitas sacrae scripturae, der Durchsichtigkeit der Heiligen Schrift. Die Schrift ist so klar, daß sie sich selbst auslegt; es ist möglich, den Literalsinn zweifelsfrei zu bestimmen; man braucht kein kirchliches Lehramt, das den Schriftsinn autoritativ festlegt.

Viertens: Nach welchen Maßstäben wird die Schrift ausgelegt? Luther stellt eine inhaltliche Norm auf: Die Rechtfertigungslehre ist für ihn Auslegungsprinzip und Angelpunkt der Schriftinterpretation. An der Rechtfertigungslehre entscheidet sich, ob ein Text – wie Luther sagt – »Christum treibet« oder nicht. Die Rechtfertigungslehre ist Kanon im Kanon, und alles, was dieser Rechtfertigungslehre widerspricht, wie zum Beispiel der Jakobusbrief, wird aus dem Kanon ausgeschieden.

Gegen die Reformatoren traf das *Konzil von Trient* zwei wichtige Entscheidungen: daß erstens mit der Heiligen Schrift auch die mündliche Tradition als Glaubensquelle fungiert und daß zweitens die Schrift nicht im Gegensatz zur kirchlichen Lehre ausgelegt werden darf.

Diese Lehren des Tridentinums provozierten die *protestantische Orthodoxie*, die protestantische Schultheologie, die sich ab etwa 1580 herausbildete, zu einer Reaktion, die die Bedeutung der Schrift im Vergleich zu Luther noch stärker hervorhebt. Hier findet sich das, was man gemeinhin als die typisch protestantische theologische Erkenntnislehre ansieht:

1. Für die protestantische Orthodoxie ist die Schrift mit der Offenbarung Gottes identisch, denn die *Schrift* als Schriftstück ist *Wort Gottes*. Zum Vergleich: Für Martin Luther ist Wort Gottes zunächst einmal Jesus Christus selbst als verbum incarnatum. Insofern mir in der Verkündigung (kirchliches Element auch bei Luther!) Jesus begegnet, ist auch die Verkündigung Wort Gottes als verbum praedicatum. Die Bibel »ist Wort Gottes nicht als verbum scriptum«, also nicht insofern sie schriftlich vorliegt, »sondern nur weil und sofern sie selbst Verkündigung ist und aus ihr von neuem mündliche Verkündigung des Evangeliums als aktuales Wort Got-

tes frei wird«[22]. Dieser personale und aktuale Charakter des Wortes Gottes geht in der protestantischen Orthodoxie verloren.

2. Mit der Gleichsetzung von Offenbarung und Schrift in der protestantischen Orthodoxie hängt deren Lehre von der *Verbalinspiration* der Schrift zusammen. Gott gibt nicht nur die Anregung zum Schreiben (impulsus ad scribendum) und legt nicht nur den Inhalt der Schrift fest (suggestio rerum), sondern er fixiert auch den Wortlaut der Schrift (suggestio verborum) – bis hin zu den hebräischen Vokalzeichen. Der menschliche Verfasser ist bloß Schreibfeder (calamus) des Heiligen Geistes. Daher sind alle, nicht nur die theologischen Aussagen der Schrift irrtumslos. – Diese Theorie brach zusammen, als die Textkritik nachwies, daß die hebräischen Vokalzeichen erst von den Masoreten (6.–10. Jahrhundert *nach* Chr.) festgelegt wurden.

3. Die Auslegung der Schrift wird dem Heiligen Geist selbst verdankt, der ohne kirchliche Vermittlung sich dem Gläubigen kundtut und, mit dem auf Calvin zurückgehenden Theologumenon, in diesem *inneren Zeugnis* (testimonium Spiritus Sancti internum) dem einzelnen Christen den Sinn der Schrift erschließt.

4. Aus dem hohen Rang der Schrift ergeben sich ihre *Eigenschaften*, ihre affectiones: a) *Auctoritas:* Die Schrift hat ihre Bedeutung aus sich selbst, weil sie inspiriertes Wort Gottes ist. Das richtet sich gegen die katholische Beglaubigung des Kanons durch die Kirche. b) *Sufficientia,* die Vollständigkeit: Die Schrift enthält die ganze Offenbarung, und es gibt keine Ergänzung durch die Tradition. c) *Perspicuitas,* die Durchsichtigkeit und Selbstauslegungskraft der Schrift: Die Schrift ist so klar, daß jeder Christ sie verstehen kann; dies opponiert gegen die katholische Lehre, wegen der Vieldeutigkeit der Schrift müsse diese authentisch durch das Lehramt ausgelegt werden.

Diese biblische Hermeneutik der protestantischen Orthodoxie geriet schon nach wenigen Jahrzehnten, bereits im 17. Jahrhundert, durch die aufkommende Bibelkritik in die Krise. Denn nicht nur gegen die katholische Theologie mußte sich die Exegese und Her-

---

22 *K. Haendler,* Wort Gottes. III. Im evangelischen Glaubensverständnis, in: LThK X (1965) 1238–1243, hier 1239f.

meneutik der protestantischen Schultheologie zur Wehr setzen, sondern auch gegen die langsam entstehende Bibelkritik.

2.2.4 Historisch-kritische Exegese

Das Präludium der neuzeitlichen Bibelkritik findet im ausgehenden 15. und besonders im frühen 16. Jahrhundert statt. Die Rückkehr zur Antike, das Studium des Griechischen und Hebräischen, führt die Humanisten zur Kritik an der allgemein gebräuchlichen lateinischen Bibelausgabe, der Vulgata des Hieronymus. Der italienische Humanist *Laurentius Valla* (1407–1457) erarbeitet anhand des griechischen Bibeltextes Korrekturvorschläge zur Vulgata, die aber erst *Erasmus von Rotterdam* (ca. 1466–1536) 1505 zu veröffentlichen wagt. 1516 publiziert Erasmus sein »Novum Instrumentum«, den ersten Druck des griechischen Neuen Testaments nebst einer neuen lateinischen Übersetzung und Anmerkungen. Am hebräischen und griechischen Original der Bibel müsse man sich orientieren, denn es komme schon darauf an, ob man »etwas aus seinen Quellen schöpft oder aus irgendwelchen Tümpeln«[23]. Eine sachliche Kurskorrektur der Exegese aber haben die Humanisten nicht vollzogen.

Hundert Jahre später, zu Beginn des 17. Jahrhunderts, greifen mit den *Sozinianern* die Protagonisten einer rationalistischen Bibelerklärung in die theologische Diskussion ein. Diese nach dem Italiener Fausto Sozzini (1537/39–1604) benannte Sekte nahm ihren Ausgang von Polen, verbreitete sich dann aber über ganz Europa. Den hermeneutischen Zirkel von Schrift, Lehrtradition und gegenwärtiger Kirche sprengen die Sozinianer auf, indem sie mit rigoroser Entschiedenheit für das Schriftprinzip plädieren – und sich insofern als in der reformatorischen Tradition stehend ansehen –, aber neben der Schrift nur die Vernunft als Glaubenskriterium anerkennen. Greifbar ist jedoch der Unterschied zu Luther: Nicht ob eine Lehre »Christum treibet« und die Rechtfertigung des Sünders verkündet, gibt für den Sozinianismus den Maßstab ab, sondern

---

23 *Erasmus von Rotterdam*, Vorreden zum Neuen Testament, in: Ausgewählte Schriften, Bd. 3, hrsg. von G. B. Winkler, Darmstadt 1967, 44.

ob sie mit der Vernunft vereinbar ist. Authentischer Interpret der Schrift ist die Vernunft. Was an dogmatischer Tradition ihr widerspricht und sich nicht aus vernunftgemäßer Interpretation des biblischen Wortlauts erheben läßt, das wird von den Sozinianern preisgegeben. Die Lehren von der Trinität und der hypostatischen Union waren von diesem Verdikt betroffen. Der Sozinianismus meinte, »die Autorität der Schrift ebenso wie die Autorität der Vernunft in vollem Umfang erhalten zu können, wenn er die dogmatische Tradition opferte«[24]. Die Vernunft trat als kritische Instanz auf den Plan; gemeinsam mit der Schrift diente sie der Dogmenkritik. Als Instrument der Bibelkritik aber hat der Sozinianismus, der ja am Schriftprinzip nicht rüttelte, die Vernunft nicht gebraucht. So hat er dogmenkritisch die Trinitätslehre gestrichen, da sie dem Widerspruchsprinzip nicht standhalte und in der Bibel schlecht belegt sei. Die Wunderberichte der Bibel aber wurden unangefochten angenommen, da die Vernunft zur Kritik nicht *an* der Schrift, sondern *mit* der Schrift an den Dogmen eingesetzt wurde.

Den Schritt zur Vernunftkritik *an* der Schrift vollzieht der jüdische Philosoph *Baruch de Spinoza* (1632–1677). In seinem 1670 anonym publizierten »Tractatus theologico-politicus« betrachtet er die Bibel als rein menschliches Buch wie jedes andere literarische Werk. Der Pentateuch und die übrigen Geschichtswerke des Alten Testaments hätten erst nach dem Exil unter Esra ihre endgültige Fassung erhalten. Aussageabsicht der biblischen Schriftsteller sei es, die Menschen zur Liebe und zur Gottesverehrung anzuleiten. Überall in der Geschichte sehe die Bibel daher Gott am Werk. Was sich wirklich zugetragen habe und wie sich von der Bibel als Wunder erzählte Begebenheiten tatsächlich abgespielt hätten, das sei oft den Begleitumständen zu entnehmen, die aber nicht immer miterzählt würden. So werde beim Durchzug durch das Rote Meer Ex 14,21 en passant der natürliche Grund erwähnt – ein Wind trieb das Wasser beiseite –; beim Rückfluten des Wassers, das die Ägypter verschlang, ist Ex 14,27 vom Wasser nicht mehr die Rede, doch

---

24 *K. Scholder,* Ursprünge und Probleme der Bibelkritik im 17. Jahrhundert, München 1966, 54.

wird es im Lied der Israeliten Ex 15,10 wieder genannt.[25] Auf ähnliche Weise möchte Spinoza die biblischen Wunder insgesamt natürlich erklären.

Als Vater der historisch-kritischen Methode wird ein katholischer Priester angesehen: *Richard Simon* (1638–1712).[26] Bibelkritik betrieb auch Spinoza, doch war sie bei ihm durch sein philosophisches System bedingt. Simon besticht durch die Sauberkeit und Exaktheit, mit der er historisch-kritisch arbeitet und dadurch als erster diese Methode in ihrer Strenge anwendet. Wichtiger als viele seiner exegetischen Einzeleinsichten ist die Tatsache, daß seine beiden Hauptwerke »Histoire critique du Vieux Testament« (1678) und »Histoire critique du texte du Nouveau Testament« (1689) als die ersten Handbücher der biblischen »Einleitungswissenschaften« anzusehen sind. Er erkennt, daß die biblischen Erzählungen schriftliche Fixierungen älterer mündlicher Traditionen sind, daß es also eine Tradition zeitlich vor der Schrift gab. Die textkritische Erkenntnis der Unsicherheiten und Divergenzen in der Überlieferung des Bibeltextes verwendet er als Geschütz gegen das Schriftprinzip der protestantischen Orthodoxie; so versteht er die historisch-kritische als eine genuin katholische Methode.

In bewußter Anknüpfung an Richard Simon zieht *Johann Salomo Semler* (1725–1791) aus dem Fortschritt der Bibelwissenschaft Konsequenzen für das protestantische Schriftverständnis.[27] Er gibt die Theorie der Verbalinspiration als mit der Textkritik unvereinbar auf und damit auch die Identifikation von Schrift und Offenbarung. Die Bibel wird nach den Regeln der »critica profana« ausgelegt und der Kanon als geschichtlich gewachsene Größe erwiesen. Durch seine »freien« Untersuchungen der Schrift leitete er die Emanzipation der Bibelwissenschaft vom dogmatischen Apriori der protestantischen Orthodoxie ein.

Der Deismus, nach der bekannten Formulierung von Ernst

---

25 *B. Spinoza,* Tractatus theologico-politicus (Opera, lateinisch und deutsch, Bd. 1), hrsg. von G. Gawlick und F. Niewöhner, Darmstadt 1979, 210–213.
26 Zu ihm vgl. *H. Graf Reventlow,* Richard Simon und seine Bedeutung für die kritische Erforschung der Bibel, in: Historische Kritik in der Theologie, hrsg. von G. Schwaiger, Göttingen 1980, 11–36.
27 Vgl. *G. Hornig,* Die Anfänge der historisch-kritischen Theologie. Johann Salomo Semlers Schriftverständnis und seine Stellung zu Luther, Göttingen 1961.

Troeltsch »die Religionsphilosophie der Aufklärung«[28], trieb die Bibelkritik in vielen kleinen Schritten voran. Die Auffassungen der englischen Deisten[29] systematisiert zu haben ist das Verdienst des Hamburger Orientalisten *Hermann Samuel Reimarus* (1694 bis 1768).[30] Eine »großartige Ouvertüre«[31] ist sein Werk nicht für die Bibelwissenschaft allgemein, sondern für die deutsche Forschung gewesen. Vollständig publiziert wurde Reimarus' Manuskript erst 1972(!) unter dem Titel »Apologie oder Schutzschrift für die vernünftigen Verehrer Gottes«[32]. Was im 18. Jahrhundert als Frontalangriff auf das Christentum empfunden wurde und entsprechend heftige Abwehrreaktionen auslöste, das waren die Auszüge aus Reimarus' Werk, die Gotthold Ephraim Lessing (1729–1781) in mehreren Fortsetzungen und ohne Angabe des Verfassers 1774–1778 als »Fragmente eines Wolfenbütteler Ungenannten« herausgegeben hat. Der Zündstoff dieser Fragmente ist sowohl in den Detailanalysen wie in den Grundsatzpositionen enthalten. Minuziös rechnet Reimarus nach, daß nach den Berichten des Buches Exodus mehr als eine Million Menschen in wenigen Stunden das Rote Meer durchquert hätten – eine absurde Vorstellung, die das Vertrauen in die Historizität des alttestamentlichen Berichtes erschüttert. Bei den Osterberichten werden die Widersprüche unter den einzelnen Evangelien genau aufgezeigt; die Auferstehung selbst wird durch die Diebstahlstheorie erklärt. Jesus habe sich als weltlich-irdischen Messias verstanden, erst seine Jünger hätten ihn nach seinem Tod zu einem geistlichen Erlöser umstilisiert.

Der theologische Rationalismus, in den die Aufklärungstheologie

---

28 *E. Troeltsch,* Der Deismus, in: Ders., Aufsätze zur Geistesgeschichte und Religionssoziologie (Gesammelte Schriften 4), Tübingen 1925, 429–487, hier 429.
29 Darüber informiert die gründliche Studie von *H. Graf Reventlow,* Bibelautorität und Geist der Moderne. Die Bedeutung des Bibelverständnisses für die geistesgeschichtliche und politische Entwicklung in England von der Reformation bis zur Aufklärung, Göttingen 1980.
30 *A. C. Lundsteen,* Hermann Samuel Reimarus und die Anfänge der Leben-Jesu-Forschung, Kopenhagen 1939; *M. Loeser,* Die Kritik des Hermann Samuel Reimarus am Alten Testament, Dissertation Berlin 1941.
31 So nannte es *A. Schweitzer,* Geschichte der Leben-Jesu-Forschung (Siebenstern-Taschenbuch), Hamburg ²1972, 68.
32 Hrsg. von G. Alexander, Frankfurt 1972.

einmündet, führt um die Wende vom 18. zum 19. Jahrhundert die bei Reimarus vorliegenden Ansätze durch seine naturalistische Bibelerklärung fort. *H. E. G. Paulus* (1761–1851) hat die Wunder Jesu als bloße Sinnestäuschungen weginterpretiert und für die Auferstehung Jesu sowie für die Totenerweckungen die Scheintodhypothese zu Hilfe genommen.

Friedrich Schleiermacher (1768–1834) begründet die Hermeneutik als allgemeine Kunstlehre des Verstehens. Texte sind aus dem Lebenszusammenhang ihres Autors und aus dem Geist seiner Epoche heraus zu interpretieren. Das gilt für alles geisteswissenschaftliche Verstehen; eine aus Inspiration oder Kanonizität resultierende Spezialhermeneutik der Bibel lehnt Schleiermacher ab. Damit führt er Semlers Ansatz fort, der die Schrift den Regeln der »critica profana« unterzog, und ebnet den Weg zu den biblisch-hermeneutischen Prinzipien der historisch-kritischen Methode, wie sie in radikaler Form E. Troeltsch aufstellte.

Vom Deutschen Idealismus geprägt sind *David Friedrich Strauß* (1808–1874) und *Ferdinand Christian Baur* (1792–1860) in ihrer biblischen Hermeneutik. Für Hegel entäußert sich die Idee und verwirklicht sich in der Geschichte. Strauß übernimmt diese Vorstellung und deutet die geschichtlichen Erzählungen über Jesus als Mythen, das heißt als legendarische, an alttestamentliche Motive anknüpfende Einkleidungen von Glaubensideen. Für Baurs Tendenzkritik ist der Dreischritt der Hegelschen Dialektik der Schlüssel zur Erklärung der Geschichte des Urchristentums: Den Judenchristen mit ihrem Führer Petrus, die am mosaischen Gesetz festhalten wollten (These), standen die Heidenchristen gegenüber, denen der Apostel Paulus die Rechtfertigung aus dem Glauben verkündete (Antithese). Die Versöhnung (Synthese) beider Richtungen brachte die frühe Kirche, in der der Unterschied von Juden- und Heidenchristen aufgehoben war. Alle neutestamentlichen Schriften werden daraufhin befragt, welcher dieser »Tendenzen« sie angehören oder nahestehen. Dadurch bestimmt Baur »die Zuverlässigkeit der Quellenschriften, indem er sie als Urkunden in den Gang der urchristlichen Geschichte einordnet und die in ihnen enthaltenen Nachrichten nicht als objektive Schilderungen, sondern unter Berücksichtung dieser geschichtlichen Stellung – mithin ›historisch-kritisch‹ – versteht«[33].

Die Bemühungen des Deutschen Idealismus und der an ihm orientierten Theologen, in einem System (»Enzyklopädie«) alles Wissen bzw. alles Glaubenswissen auf den Begriff zu bringen, verliefen sich um die Mitte des 19. Jahrhunderts. Damit fanden auch die nachidealistischen Konstruktionen des Geschicks Jesu und des Urchristentums ihr Ende. Die großen Systementwürfe wurden durch zunehmende historische Detailarbeit ersetzt.

Ihr Hauptaugenmerk widmete *die liberale Exegese des 19. Jahrhunderts* der Rekonstruktion des Lebens Jesu. Die Evangelien galten nicht mehr als historisch getreue Leben-Jesu-Darstellungen, die von Augenzeugen oder deren Schülern verfaßt sind, sondern sie fußen auf verschiedenen Quellen, deren sich die Evangelisten bedient haben: dies ist die Grundeinsicht der Literarkritik. Unter den Hypothesen, die die Überlieferung des Evangelienstoffes und die Abhängigkeit der Synoptiker voneinander zu deuten versuchen, hat sich die 1835 von Karl Lachmann aufgestellte und kurz darauf von Christian Hermann Weiße und Christian Gottlieb Wilke ausgebaute Zweiquellentheorie durchgesetzt: Matthäus und Lukas benützen Markus und eine weitere Quelle,»Q« genannt, die vorwiegend Redegut enthält. Die Evangelien liefern kein streng historisches Jesus-Bild, sondern sehen ihn durch die nachösterliche Brille. Diese Grundeinsicht der Bibelkritik klingt bereits bei Lessing an, der die »Religion Christi« von der »christlichen Religion« unterscheidet.[34] Sie setzt sich fort in der Bibelwissenschaft des 19. Jahrhunderts, die in freilich immer leicht wechselnden Formulierungen (nicht erst seit Martin Kähler) zwischen dem »historischen Jesus« und dem »Christus des Glaubens« differenziert. Die Leben-Jesu-Forschung versuchte, den Lebensweg Jesu historisch zu verfolgen und sein Charakterbild zu zeichnen. Da man beides nicht einfach den in ihrer Geschichtstreue fragwürdig gewordenen Evangelien entnehmen konnte, mußte man durch sie hindurch zum irdischen Jesus vorstoßen. Dabei aber machte sich jeder Ex-

---

33 *Schäfer* 136.
34 *G. E. Lessing,* Sämtliche Schriften, hrsg. von K. Lachmann/F. Muncker, Bd. 16, Leipzig 1902 (Nachdruck 1968), 518f.

eget ein Jesus-Bild nach eigenem Maß zurecht, das er als den historischen Jesus ausgab. Diesen Vorwurf erhob Albert Schweitzer in
seiner »Geschichte der Leben-Jesu-Forschung«[35], die einen
Schlußstrich unter die Bemühungen des 19. Jahrhunderts und eine
insgesamt negative Bilanz zog[36].

Um die Jahrhundertwende treten die Verwurzelung Jesu in seiner
jüdischen Umwelt sowie Parallelen zwischen dem frühen Christentum und anderen Religionen ins Blickfeld der Forschung. Die verschiedenen Schattierungen der *eschatologischen Schule* situieren
Jesus vor dem Hintergrund des Spätjudentums und dessen apoka-
lyptischer Erwartungen: Jesus habe das Reich Gottes nicht als sitt-
lich-innerliche Größe aufgefaßt (wie die liberale Forschung bis dahin meinte), sondern als zukünftig. Einer Reduktion des Christentums aufs bloß Moralische war damit der Laufpaß gegeben.

Die *religionsgeschichtliche Schule* entdeckte zu Anfang des 20.
Jahrhunderts Ähnlichkeiten zwischen dem Neuen Testament und
anderen Religionen der Antike und depotenzierte das Christentum zu einem Synkretismus aus orientalischen Religionen, Helle-
nismus und Spätjudentum.

Die hermeneutischen Konsequenzen zog *Ernst Troeltsch* (1865 bis
1923) in seinen Prinzipien der historisch-kritischen Methode, in denen es um drei Punkte geht: »um die prinzipielle Gewöhnung an
historische Kritik, um die Bedeutung der Analogie und um die zwischen allen historischen Vorgängen stattfindende Korrelation«[37].
Ein Grundzug historischer Kritik ist, daß sie nur Wahrscheinlich-
keitsurteile fällt, die durch andere, wahrscheinlichere Auffassungen korrigiert werden können; aber absolute Sicherheit vermittelt
historische Erkenntnis nicht. Diese Urteile kommen zustande aufgrund der Analogie: Eine in ihrer Glaubwürdigkeit fragliche Überlieferung wird verglichen mit unserer Alltagserfahrung und mit anderen Überlieferungen, um zu prüfen, ob dort analoge Vorgänge

---

35 2. Auflage 1913; die 1. Auflage erschien 1906 unter dem Titel »Von Reimarus zu
   Wrede«.
36 *Schweitzer* (s. Anm. 31) 620.
37 *E. Troeltsch*, Historische und dogmatische Methode in der Theologie, in: Ders.,
   Zur religiösen Lage, Religionsphilosophie und Ethik (Gesammelte Schriften 2),
   Tübingen [2]1922, 729–753, hier 731.

bekannt sind, und um aufgrund dessen die Wahrscheinlichkeit der betreffenden Überlieferung zu beurteilen. »Diese Allmacht der Analogie schließt aber die prinzipielle Gleichartigkeit alles histori- schen Geschehens ein, die freilich keine Gleichheit ist, sondern den Unterschieden allen möglichen Raum läßt«[38]; das Individuelle und Originelle wird also nicht zugunsten des Typischen beseitigt, aber es gibt soviel an Gemeinsamkeit, daß »Alles und Jedes zusam- menhängt und jeder Vorgang in Relation zu anderen steht«[39] und von diesen anderen her beurteilt werden kann. Insofern ist die Analogie in der Korrelation begründet, in der Wechselwirkung, in die ausnahmslos alles geschichtliche Geschehen eingeflochten ist. Aufs Christentum angewendet: Auch die historische Kritik des Je- susereignisses führt nur zu wahrscheinlichen Ergebnissen. Die Entstehung des Christentums ist im Kontext der antiken Religions- und Kulturgeschichte zu betrachten. Und: das Urteil über das Christentum kann nur von diesem religionsgeschichtlichen Ge- samtzusammenhang her gefällt werden und nicht von einer voraus- gesetzten Absolutheit des Christentums aus, durch die die christli- che Religion aus ihrer Einbindung in die prinzipiell gleichartige Geschichte schon von vornherein herauskatapultiert wäre. Kurz: Troeltsch fordert eine »religionsgeschichtliche Theologie«[40].

Die sich in Troeltschs Regeln bekundende Einstellung der reli- gionsgeschichtlichen Schule wurde von der *Dialektischen Theolo- gie* als eklatante Bedrohung der Einzigartigkeit und Absolutheit des Christentums und der Unableitbarkeit der göttlichen Offenba- rung empfunden. Offenbarung, so Karl Barth (1886–1968), kann nicht mit Religion, in der der Mensch sich etwas über Gott aus- denkt, verrechnet werden. Weil die Offenbarung von Gott und nicht vom Menschen ausgeht, ist sie etwas prinzipiell anderes als Religion und verhält sich nicht analog zu dieser. Die Schrift muß interpretiert werden als Zeugnis der Offenbarung und aus einer engagiert-gläubigen, nicht aus einer indifferent-neutralistischen Grundeinstellung heraus.

Auch *Rudolf Bultmann* (1884–1976) geht wie Barth von der freien

38 Ebd. 732.
39 Ebd. 733.
40 Ebd. 738.

Ungeschuldetheit der Offenbarung aus. Das Wort Gottes ruft den Menschen im Kerygma an und fordert ihn zur Entscheidung für Gott heraus. Diesen Anruf soll die Exegese sichtbar machen, indem sie das Neue Testament daraufhin auslegt, wie es den Menschen in seiner Existenz anspricht und auf Gott hin aufbricht; das geschieht in der existentialen Interpretation. Vieles in der Schrift aber hat dem Menschen heute nichts mehr zu sagen, weil es in mythische Form eingekleidet und mit dem modernen naturwissenschaftlichen Weltbild unvereinbar ist. Die Mythenschicht muß durchstoßen, das heißt das Neue Testament muß entmythologisiert werden; so kann man den in den Mythen verborgenen Anruf der Liebe Gottes an den Menschen freilegen, der der eigentliche Inhalt des Glaubens ist. Auf das Kerygma, daß Gott dem Menschen seine Liebe zusagt, laufen die Aussagen des Neuen Testaments nach Bultmann hinaus, ja, sie lassen sich darauf reduzieren. Die Person Jesu büßt ihre Bedeutung ein; Bultmann begnügt sich bei Jesus mit dem »Daß seines Gekommenseins«. Diesen theologischen Verzicht aufs Historische gibt Bultmann als reformatorisches Erbe aus. Die Entmythologisierung ist für ihn die Anwendung der Rechtfertigungslehre Luthers auf die Erkenntnis. Wie der Mensch nur aus vorbehaltlosem Glauben an Gott und nicht durch eigene Werke gerechtfertigt wird, so darf er auch im Bereich des Wissens keine Absicherung des Glaubens durch historische Forschung verlangen, sondern muß sich radikal auf den ihn im Kerygma ansprechenden Gott einlassen.

Bultmanns Schüler rückten von ihrem Lehrer ab, indem sie »die neue Frage nach dem historischen Jesus« anmeldeten. Den Anstoß gab 1953 *Ernst Käsemann*.[41] Das Kerygma proklamiert Jesus als den Christus. Soll sich die Christus-Verkündigung nicht zu einer bloßen Idee verflüchtigen, so muß sie an den vorösterlichen Jesus rückgebunden sein. Die Frage nach ihm ist daher theologisch relevant; sie ist historisch möglich, da die in mühevoller Detailarbeit seit dem Ersten Weltkrieg ausgebildete Formgeschichte sowie die Traditions- und die Redaktionsgeschichte erheblich mehr an Wis-

---

41 *E. Käsemann,* Das Problem des historischen Jesus (1953), in: Ders., Exegetische Versuche und Besinnungen, Bd. 1, Göttingen 1964, 187–214.

sen über den historischen Jesus erschlossen, als am Ende der liberalen Leben-Jesu-Forschung zu erwarten war.

Die Textkritik, die den ursprünglichen Text rekonstruiert, und die Literarkritik, die den vorliegenden Bibeltext in seine verschiedenen Quellen scheidet, wurden durch weitere Methoden ergänzt. Die Formgeschichte erbrachte den Nachweis, daß die Endfassung der Evangelien nicht aus ein paar umfangreichen Vorlagen, sondern aus einer Vielzahl kleiner Texteinheiten entstanden ist; diese haben verschiedene Stadien der Überlieferung durchlaufen (Traditionsgeschichte). Daß bei der Erarbeitung des endgültigen Textes die Evangelien durch ihre jeweiligen Redaktoren eine von theologischen Anliegen getragene, jeweils unterschiedliche Färbung bekamen, hat die Redaktionsgeschichte nachgewiesen.[42]

Eine *Kritik* der skizzenhaft in ihrer Entwicklung vorgestellten historisch-kritischen Methode muß sich hier auf Marginalien beschränken.

Besonders in ihrer Frühzeit war diese Methode von ihrer eigenen Voraussetzungslosigkeit überzeugt. So bekam sie zum Beispiel nicht in den Blick, daß die Kritik der biblischen Wunderberichte oft unter einem deistischen Apriori stand: Ein Gott, der nicht in die Welt eingreift, wirkt in ihr auch keine Wunder, und deshalb sind die biblisch bezeugten Wunder entweder auf natürlichem Weg zu erklären oder in ihrer Historizität zu bestreiten. Derartige plump-ideologische Prämissen sind heute (weitgehend) aus dem exegetischen Geschäft ausgeschieden – soweit sie als apriorische Einstellungen des Subjekts erkannt worden sind.

Mit dem Fortschreiten der Kritik kehrte sich zunehmend die Beweislast um. »Die Wahrheit und die historische Ursprünglichkeit des biblisch Bezeugten können nicht einfach vorausgesetzt, sondern müssen allererst erwiesen werden« – so charakterisiert Karl Lehmann die sich im Lauf der Neuzeit immer deutlicher artikulierende »Grundtendenz« der historischen Bibelkritik.[43]

Die historisch-kritische Methode betrachtet den Text der Evangelien diachronisch. Sie trägt die einzelnen Schichten der Entwick-

42 Vgl. *H. Zimmermann*, Neutestamentliche Methodenlehre, Stuttgart [6]1978.
43 *K. Lehmann*, Der hermeneutische Horizont der historisch-kritischen Exegese, in: Ders., Gegenwart des Glaubens, Mainz 1974, 54–93, hier 59.

lung der Evangelien ab und arbeitet sich mit einem inzwischen sehr verfeinerten Instrumentarium bis zum vorösterlichen Jesus vor.[44] Objekt der Analyse sind die in diesem Dekompositionsprozeß gewonnenen Stufen der Entstehung, Überlieferung und Endgestaltung der Evangelienstoffe.

Da bei dieser Betrachtung der vorliegende, endgültige Text als solcher, das heißt unabhängig von seinen Vorformen, nicht in den Blick kommt, wird diese diachronische Exegese neuerdings durch verschiedene Versuche einer synchronischen Schriftauslegung ergänzt.[45] Hierzu zählen strukturanalytische, literaturwissenschaftliche und soziologische Verfahren.

Ein weiterer Ansatz unternimmt die Fortsetzung der diachronischen Untersuchung in die umgekehrte Richtung, indem nicht nach der Entstehung, sondern nach dem Fortwirken biblischer Texte gefragt wird. Diese wirkungsgeschichtliche Forschung stellt den Bibeltext deutlich in den hermeneutischen Zirkel von Schrift, schriftinterpretierender Tradition und ihr Leben an Schrift und Tradition ausrichtender Kirche. Sie macht sich damit ein Anliegen zu eigen, das auf evangelischer Seite Karl Barth mit seiner Forderung nach theologischer Exegese gegen die ins bloß Religionsgeschichtliche abfallende Bibelwissenschaft des frühen 20. Jahrhunderts und auf katholischer Seite das kirchliche Lehramt vertrat, das sich weigerte, die Schrift als Buch der Kirche ausschließlich einer historisch-philologisch orientierten Exegese zu überlassen. Die Neuansätze streben, ohne die allegorische Interpretation zum Leben zu erwecken, wie Patristik und Scholastik eine mehrdimensionale Schriftauslegung an, die dem Wissenschaftsverständnis der Gegenwart wie auch den Desideraten spiritueller und theologischer Erschließung der Bibel Rechnung trägt.

44 Vgl. *W. Thüsing*, Die neutestamentlichen Theologien und Jesus Christus, Bd. 1: Kriterien aufgrund der Rückfrage nach Jesus und des Glaubens an seine Auferweckung, Düsseldorf 1981.
45 Zur Orientierung über strukturalistische, soziologische und wirkungsgeschichtliche Bibelwissenschaft vgl. *K. Berger*, Exegese des Neuen Testaments, Heidelberg 1977.

2.2.5 Lehramt (vom Tridentinum bis zum II. Vatikanum) und Exegese

Auch die katholische Theologie und das Lehramt haben darüber reflektiert, wie die Schrift auszulegen sei. Mag es auch wenig an exegetischem Fortschritt in der katholischen Theologie bis zum Zweiten Weltkrieg gegeben haben, so wurden doch hermeneutische Überlegungen über die Auslegung der Schrift in der Kirche angestellt.

Das *Konzil von Trient* erklärte in seinem Reformdekret über die Vulgata und die Schriftinterpretation: »Ferner beschließt sie [die Synode], um leichtfertige Geister im Zaum zu halten: Niemand soll es wagen, in Sachen des Glaubens und der Sitte, die zum Aufbau christlicher Lehre gehören, die Heilige Schrift im Vertrauen auf eigene Klugheit nach seinem eigenen Sinn zu drehen, gegen den Sinn, den die heilige Mutter, die Kirche, hielt und hält – ihr steht das Urteil über den wahren Sinn und die Erklärung der Heiligen Schriften zu –, oder auch die Heilige Schrift gegen die einstimmige Auffassung der Väter auszulegen, auch wenn eine solche Auslegung niemals zur Veröffentlichung bestimmt wäre« (DS 1507 = NR 93).

An dieser Erklärung des Konzils sind folgende sechs Punkte hervorzuheben:
1. Die Schriftauslegung in der Kirche muß sich an den *Wortlaut der Schrift* halten. Dies richtet sich gegen Prediger, die mit phantastischen Erzählungen von angeblichen Wundern und Privatoffenbarungen Verwirrung stifteten. Im ausgehenden Mittelalter haben das Volk aufhetzende Prediger die Reformation mit hervorgerufen, da sie in plumper Vereinfachung die Schrift und die kirchliche Lehre auf markante Sprüche, manchmal sogar mit finanzieller Ausrichtung, zusammenstrichen. (»Sobald das Geld im Kasten klingt, die Seele in den Himmel springt.«) Derartige »Verkündigung« sollte durch diese Entscheidung des Trienter Konzils in Zukunft unterbunden werden. Um eine wirklich qualifizierte Schriftauslegung sicherzustellen, wollten einige Konzilsväter überhaupt nur noch theologischen Fachleuten das Schriftauslegen erlauben und es allen anderen Klerikern und den Laien verbieten, weil sie nicht die nötige Vorbildung dazu hätten. Das Konzil lehnte diesen gar weitgehenden Vorschlag, die Beschäftigung mit der Schrift aufs bloß

Wissenschaftliche zu begrenzen, ab. Jedenfalls ging es um eins nicht: um die exegetische Kompetenz des kirchlichen Lehramtes; es ging vielmehr um verantwortungsbewußte, wissenschaftlich reflektierte Exegese und die sich darauf stützende Verkündigung. Von ausschließlicher oder auch nur verbindlicher Schriftauslegung einzelner Texte durch das kirchliche Lehramt war auf dem Trienter Konzil nicht die Rede.

2. Die Schriftauslegung darf nicht geschehen gegen den Schrift*sinn*, den die Kirche festhält. Diese Forderung des Konzils wäre klar, wenn der Kirchenbegriff eindeutig wäre. Zum Kirchenbegriff äußerte sich das Konzil aber nicht, weil es ein Wiederaufflammen der Debatten des 14. und 15. Jahrhunderts, besonders seit dem Konzil von Konstanz, über das Verhältnis von Papst und Konzil verhindern wollte. Das war auch schon einer der Gründe gewesen, warum das Trienter Konzil erst dreißig Jahre nach dem Beginn der Reformation zustande kam; die Päpste hatten Angst, daß das Konzil seine Oberhoheit über den Papst erklären könnte. Deshalb ist im Konzilstext nur ohne nähere Spezifizierung die Rede von der Kirche. Aus Konzilsakten und aus Werken von Konzilstheologen, aus Texten der Vorbereitungsgremien und aus päpstlichen Rundschreiben der Zeit vor dem Konzil ergibt sich aber – und das darf man wohl auch als Intention der Väter des Trienter Konzils annehmen –, daß man damals als »Richtschnur der Auslegung ... die gesamte in der Kirche anerkannte theologische Tradition«[46] ansah und keineswegs bloß Lehramtsäußerungen. Bei der Schriftauslegung sollte man sich also im Rahmen dessen halten, was in der Kirche allgemein geglaubt wurde, und diese Bindung an den Schriftsinn sah keine direkte Ankettung der Exegese an das kirchliche Lehramt vor.

3. Das Konzil stellt eine *negative* Norm auf. Die Schrift darf nicht ausgelegt werden gegen den von der Kirche festgehaltenen Sinn. Dies läßt erheblich mehr Freiraum zu als die positive Festlegung des Schriftsinnes einer bestimmten Stelle durch die Kirche.

4. Worin besteht die urteilende Funktion des *Lehramtes*? Das Lehramt beurteilt, ob die Exegese die genannten Normen respek-

46 *Kümmeringer* 286.

tiert, vergleichbar dem späteren Imprimatur. Es erteilt Predigterlaubnis und den Theologen die kirchliche Lehrerlaubnis. Es selbst nimmt keine verbindliche Einzelexegese vor.

5. Diese genannten Eingrenzungen exegetischer Freiheit gelten nur für den Bereich von *fides* und *mores*. »Fides« ist der Bereich des Dogmatischen, »mores« sind für das Tridentinum zwar auch, aber nicht nur die »Sitten« im Sinn der Moral, sondern in erster Linie die »Gewohnheiten« des kirchlichen Lebens, die Ordnungen, die den Gottesdienst und auch das Frömmigkeitsleben betreffen.[47]

6. Bei all dem ging es – und das ist für die Beurteilung des Trienter Dekrets entscheidend – um die *Kirchenreform*, um das Abstellen von Mißbräuchen.

Das *I. Vatikanum* nimmt diese Entscheidung des Konzils von Trient auf (DS 3007 = NR 96). Es sagt ausdrücklich, es wolle die Trienter Entscheidung erneuern, modifiziert sie aber:

1. Gewandelt hat sich die Grundausrichtung: Das Tridentinum erließ ein Reformdekret, das I. Vatikanum eine *dogmatische* Erklärung.

2. *Norm der Schriftinterpretation* ist in Trient die gesamte kirchliche Tradition; auf dem I. Vatikanum ist es das kirchliche *Lehramt*. Das Lehramt legt Schrift und Tradition verbindlich aus, Theologie und Verkündigung haben sich nach den Entscheidungen des Lehramtes zu richten.

3. Das Tridentinum erließ eine negative, das I. Vatikanum eine positive Norm. Durch diesen Wandel werden nicht mehr nur Interpretationen einer Bibelstelle ausgeschlossen, die denen des Lehramtes kontradiktorisch entgegengesetzt sind, sondern die Exegese wird auf die *lehramtliche Auslegung einzelner Bibelstellen* festgelegt.

4. Damit ändert sich auch die Funktion des Lehramts. Es beschränkt sich dann nicht mehr, wie noch auf dem Tridentinum, auf eine Kontrolle der Exegese in bezug auf deren generelle Übereinstimmung mit der Tradition, sondern es legt selbst den Sinn einer

---

47 *A. Riedl,* Die kirchliche Lehrautorität in Fragen der Moral nach den Aussagen des Ersten Vatikanischen Konzils, Freiburg 1979, 121 f.

Bibelstelle fest, entweder indem es ihn direkt definiert oder indem es ein Dogma mit einer bestimmten Bibelstelle begründet.

Die Frage ist: Was bleibt dann für die Exegese noch zu tun? Theodor Granderath meinte 1892, die Exegese könne zum Beispiel noch forschen über den naturwissenschaftlichen Sinn von Mt 5,45 (»Gott läßt seine Sonne aufgehen über Gerechte und Ungerechte«) oder über die botanische Bestimmung der Pflanze, die nach Jona 4,6 dem Jona Schatten spendete.[48] Der Münchner Fundamentaltheologe Heinrich Fries schreibt, zu seiner Studentenzeit hätten sich die Exegeten mit Fragen beschäftigt wie: Um welche Uhrzeit sind die Weisen aus dem Morgenland in Betlehem eingetroffen?[49]

Was das I. Vatikanum anbahnte, hat dann die *päpstliche Bibelkommission* Anfang des 20. Jahrhunderts ausgeführt, als sie in lehramtlicher Weise exegetische Fragen entschied, etwa die synoptische Frage, die Historizität des Johannesevangeliums und daß Paulus der Verfasser der Pastoralbriefe und des Hebräerbriefes sei.

Ein radikaler Wandel erfolgte nicht von außen, sondern durch die Initiative des Lehramts selbst: mit der Enzyklika »*Divino afflante Spiritu*« (1943) Papst Pius' XII. Sie hat auf katholischer Seite der modernen Exegese die Bahn freigegeben. Aus ihr seien zwei Punkte hervorgehoben: 1. Der Exegese wird der Gebrauch der historisch-kritischen Methode, die bis dahin anrüchig war, nicht nur erlaubt, sondern sogar vorgeschrieben. 2. Bei der Schriftauslegung soll es der Exegese nicht allein aufs Historisch-Philologische, sondern vor allem auf den theologischen Lehrgehalt der Bibel ankommen. Die Enzyklika von 1943 stellt die Wende in der Einstellung des katholischen Lehramts zur modernen Exegese dar.

Das *II. Vatikanum* streicht die Priorität der Schrift gegenüber Lehramt und Tradition heraus. Das Lehramt hat eine dienende Funktion, es steht unter, nicht über der Heiligen Schrift und interpretiert diese. Die ganze Theologie soll biblisch orientiert werden. Damit wird zumindest von der Intention des II. Vatikanums her ein Vorrang der Schrift in dem hermeneutischen Zirkel von Schrift,

---

48 *Th. Granderath,* Constitutiones dogmaticae sacrosancti oecumenici concilii Vaticani ..., Freiburg 1892, 57.
49 *Fries* 74.

kirchlicher Tradition und gegenwärtiger Kirche gefordert. Wie weit dieser Vorrang nicht nur prinzipiell, sondern auch faktisch in der Durchführung katholischer Theologie existiert, ist eine andere Frage. Zumindest manche Protestanten glauben nicht so ganz daran, daß sich diese Verlagerung des Schwerpunktes im hermeneutischen Zirkel auf die Schrift, die (zumindest nach neuerer Interpretation) Luther vorgenommen hat, jetzt auch in der katholischen Kirche durchgesetzt habe. (Denn dann wären sich tatsächlich beide Konfessionen im wesentlichen einig!) Der Tübinger protestantische Theologe Peter Stuhlmacher wenigstens meint, auch nach dem II. Vatikanum komme für die katholische Theologie »tendenziell«[50] der Schwerpunkt im hermeneutischen Zirkel nicht der Schrift, sondern doch wohl eher dem Lehramt zu.

Mit der Erklärung des II. Vatikanums über den Vorrang der Schrift und der Verwirklichung dieser Erklärung einerseits und anderseits mit der inzwischen auch auf protestantischer Seite nahezu überall verbreiteten Einsicht, daß *sachlich* die Schrift nicht isoliert zu sehen ist, sondern aus der urkirchlichen Tradition heraus verstanden werden muß, die sich in der Schrift niedergeschlagen hat, daß die Schrift also bereits Produkt der Tradition ist und daß *historisch* auch Luther trotz seines »sola scriptura« sich durchaus kirchlicher Tradition verpflichtet fühlte, die sich zum Beispiel im Credo artikulierte: damit dürften sich auch in der Frage der theologischen Erkenntnislehre und in der Frage der biblischen Hermeneutik weitgehende Annäherungen unter den Konfessionen zeigen.

Welche Rolle im hermeneutischen Zirkel von Schrift–Tradition–Kirche der zweite Aspekt spielt, nämlich die kirchliche Bekenntnistradition, das soll im folgenden dargestellt werden.

50 *Stuhlmacher* 52.

Literatur

Beumer, J., Die Inspiration der Heiligen Schrift (HDG I 3 b), Freiburg 1968

Beyer, H. W., Art. kanón, in: G. Kittel (Hrsg.), Theologisches Wörterbuch zum Neuen Testament III (1938) 600–606

Fries, H., Das kirchliche Lehramt und die exegetische Arbeit, in: Schriftauslegung dient dem Glauben, hrsg. von H. Kahlefeld, Frankfurt 1979, 56–90

Genthe, H. J., Kleine Geschichte der neutestamentlichen Wissenschaft, Göttingen 1977

Grillmeier, A., Kommentar zum III. Kapitel der Dogmatischen Konstitution »Dei Verbum« über die göttliche Offenbarung, in: Das Zweite Vatikanische Konzil, Bd. 2, Freiburg 1967, 528–558

Haag, H., Die Buchwerdung des Wortes Gottes in der Heiligen Schrift, in: Mysterium Salutis, Bd. 1, Einsiedeln 1965, 289–428. 440–462

Kraus, H.-J., Geschichte der historisch-kritischen Erforschung des Alten Testaments, Neukirchen-Vluyn ²1969

Kümmel, W. G., Das Neue Testament. Geschichte der Erforschung seiner Probleme, Freiburg ²1969

Ders., Das Neue Testament im 20. Jahrhundert, Stuttgart 1970

Kümmeringer, H., Es ist Sache der Kirche, »iudicare de vero sensu et interpretatione scripturarum sanctarum«. Zum Verständnis dieses Satzes auf dem Tridentinum und Vaticanum I, in: Theologische Quartalschrift 149 (1969) 282–296

Lubac, H. de, Exégèse médiévale. Les quatre sens de l'Écriture, 4 Teilbände, Paris 1959–1964

Mußner, F., Geschichte der Hermeneutik. Von Schleiermacher bis zur Gegenwart (HDG I 3c2), Freiburg 1970

Pottmeyer, H. J., Die historisch-kritische Methode und die Erklärung zur Schriftauslegung in der dogmatischen Konstitution ›Dei Filius‹ des I. Vatikanums, in: Annuarium Historiae Conciliorum 2 (1970) 87–111

Rahner, K., Über die Schriftinspiration (QD 1), Freiburg 1958

Sand, A., Kanon. Von den Anfängen bis zum Fragmentum Muratorianum (HDG I 3a1), Freiburg 1974

Schäfer, R., Die Bibelauslegung in der Geschichte der Kirche, Gütersloh 1980

Stuhlmacher, P., Vom Verstehen des Neuen Testaments. Eine Hermeneutik, Göttingen 1979

3 Die Tradition

3.1 Über die Bedeutung von Tradition für den Menschen

Wir Menschen haben mit Tradition zu tun – im Guten wie im Schlechten. Gleichgültig ob wir uns dabei mehr als die Bereicherten erfahren oder als belastet und bedroht. Wir sind unentrinnbar in Überlieferungszusammenhänge hineingebunden: wir gewinnen oder verlieren in ihnen unser Leben. Ein eindeutiges Verhältnis zur Tradition ist nicht möglich. Sie ist und bleibt etwas *Ambivalentes*. Das gilt auch für unsere Einstellung zu ihr. Heute steht Tradition weithin in einer Krise. Man kann sprechen von einem grundsätzlichen Traditionsverlust und auch manchmal von einem tatsächlichen Traditionsverzicht. Beides führt zurück auf die Zeit der Aufklärung. Hier liegt der geschichtliche Ursprung für die Krise der Tradition. Die Aufklärung gilt gemeinhin als extrem traditionsfeindlich, einfach wegen der Art und Weise, wie sie mit den Traditionen umgegangen ist, mit den theologischen, aber auch mit den allgemein menschlichen Überlieferungen. Die Aufklärung hat dabei auch einen positiven Aspekt: Sie hat die Einsicht geweckt, daß Traditionen es sich gefallen lassen müssen, von uns kritisch befragt zu werden auf ihren Grund, auf ihre Vernünftigkeit, auf ihre Menschlichkeit und Christlichkeit. Das bedeutet nicht Abschaffung von Tradition überhaupt, aber doch den verantwortlichen Umgang mit ihr; mit den Mächten also, die aus der Vergangenheit her unser Leben bestimmen auf Zukunft hin.

Zum Ausgleich der heute weit verbreiteten Ablehnung von Tradition ist ein Plädoyer für ihre *positive Bedeutung* angebracht. Tradition ist eine Bedingung der Identität des einzelnen Menschen und der großen menschlichen Gruppen. Dabei steht der Einzelne mit der Gemeinschaft in Austausch und in Widerstreit. Der Einzelne lebt aus der kollektiven Tradition, aber die Tradition der Gemeinschaft erhält auch in ihm jeweils neues Leben. Sie wird von ihm

weitergetragen. Damit ist schon gesagt, daß Tradition nicht kon-
servatistisch – im Sinne des Reaktionären, des bloß Bewahrenden
und Konservierenden – verstanden werden darf. Sie will je neu
zum Leben erweckt werden; nur so kann sie wirklich in die Zukunft
hineinführen.

Tradition kann den einzelnen Menschen gewiß auch übermächtigen: sie zwingt ihn dann in ihr fixes Gehäuse und benimmt ihm die
Atemluft, die er zu eigenem Denken und Leben benötigt. Eher
noch radikaler kann jedoch Traditionsbruch den Menschen sich
selbst entfremden. In der totalitären Zukunftsvision »1984« (!) von
George Orwell wird unter anderem dargestellt, wie, verfügt von
der Leitung eines Großkollektivs, immer wieder einmal neue
Sprachregelungen eingeführt werden, nicht nur in bezug auf bestimmte Partien des Sprachgebrauchs, sondern dadurch, daß überhaupt eine neue Sprache vorgeschrieben wird, so daß das, was früher gesagt und geschrieben wurde, von der neuen Generation nicht
mehr verstanden werden kann. Dadurch werden die Menschen ent-
wurzelt, verfügbar gemacht, manipuliert. Auch in der Vergangenheit geschah solches – natürlich nicht so totalitär reflektiert –
durch Deportation von Sklaven, durch Verbannung nach Sibirien
oder anderswohin. Menschen, die aus dem Lebenszusammenhang
ihrer Gemeinschaft herausgerissen sind, werden haltlos; sie werden Werkzeuge eines Regimes. Im Gegenzug dazu kann Tradition
eine Waffe der Unterdrückten sein. J. B. Metz[1] schreibt der Erinnerung – und das ist nur ein anderer Name für Überlieferung – eine
gefährliche, ja subversive Funktion im Gesellschaftsgefüge der
Gegenwart zu. Tatsächlich kann Tradition so etwas sein wie ein
Protest-Potential. In ihr schlägt sich nieder, was überkommen ist
an Identitätsbewußtsein, an Wissen um das, was diese Volksgrup-
pe, diese soziale Klasse *ist*, was sie sein *soll*. Sagen, alte Chroniken,
(heute würden wir sagen:) »Songs«: ein Reservoir von Selbst-, von
*Wir*bewußtsein! Wird es aktiviert, so ersteht aus den Quellen der
Vergangenheit ein neues, lebendiges Wissen darum, wer ich bin,
wer wir sind in dieser Gegenwart auf Zukunft hin. Erringung von
Identität durch Wiedererweckung von Überlieferung: Das kann ge-

---

1 Erinnerung, in: Glaube in Geschichte und Gesellschaft, München 1977, 161–180.

schehen und das geschieht immer wieder; es ist die Grundfunktion von Tradition und ihre Zielspitze.

Der mögliche *Inhalt* von Tradition hat eine große Breite, die ganze Breite des menschlichen Lebens. Tradiert wird ein Lied, ein Rechtssatz, ein Hochzeits- oder Begräbnisbrauch und eben darin letzte Überzeugung von menschlichem Dasein, vom Sinn des eigenen und gemeinsamen Lebens. Der Radius des Tradierbaren reicht von der äußersten Peripherie (wie nimmt man Erbsen auf die Gabel?) bis ins Zentrum religiöser Lehre und kultischer Handlung. Man feiert traditionellerweise Schützenfeste in Tirol und das christliche Osterfest, manchmal beides ein wenig zu sehr in eins. Den Unterschied von wesentlicher heiliger Überlieferung und mehr oder weniger Unwesentlichem oder jedenfalls Wandelbarem hat man begrifflich so zu fassen versucht, daß man von *der* Tradition und *den* Traditionen spricht (ein Buch-Titel von Y. Congar). Ähnlicher Singular- und Pluralgebrauch in bezug auf Offenbarung und Offenbarungen!

3.2 Diskussion des Traditionsbegriffs

Parádosis (griechisch) – traditio (lateinisch) – Überlieferung besagen: 1. Verrat, 2. Weitergabe, 3. Hingabe. Der uns interessierenden Bedeutungsgehalt »Weitergabe« wird flankiert von den extremen Bedeutungen »Verrat« und »Hingabe«. Für beide Extreme gibt es mehrere Stellen im Neuen Testament: Judas, einer der Zwölfe, wird gekennzeichnet als »der, der ihn auch *verraten* hat« (parédōken: Mt 10,4); er selbst sagt zu den Hohenpriestern: »Was wollt ihr mir geben, damit ich ihn euch überliefere?« (paradōsō: Mt 26,15); und Jesus fragt: »Judas, mit einem Kuß verrätst du den Menschensohn?« (paradídōs: Lk 22,48; vgl. Mt 26,28; Mk 14,44; Joh 18,2.6: ho paradidús). Der dritte Meßkanon vor der Wandlung mit den Worten von 1 Kor 11,23: »In der Nacht, da er verraten wurde ...« (paredídeto). – Der Verrat des Judas wird umfangen von der ewigen Vorsehung Gottes, laut Röm 8,32: »Der seinen eigenen Sohn nicht schonte, sondern ihn für uns alle *dahingab* (parédōken) – wie sollte er uns mit ihm nicht alles schenken?!« Paulus

(Gal 2,20) lebt »im Glauben an den Sohn Gottes, der mich geliebt und sich für mich dahingegeben hat« (parédōken). – Wo Paulus zwei fundamental-zentrale Glaubenswahrheiten bezeugt – die Auferweckung Jesu aus den Toten (1 Kor 15,3) und das Mysterium der Eucharistie (1 Kor 11,23) –, da stellt er sich in die Kette der Tradition: »Ich habe euch *übergeben* (parédōka), was ich übernahm (parélabon).« Die Sache der tradierenden Weitergabe von Offenbarung wird vielfach sonst im Neuen Testament berührt, auch wenn sich zumeist der Terminus »paradidónai« nicht findet (siehe unten: 3.3.2.1). – Empfinden viele Menschen das Gewicht der religiösen Überlieferung als Verrat am Leben, an seiner Fruchtbarkeit und seinem je neuen Aufbruch, so darf doch auch der in ihr waltenden (»kenotisch«: Phil 2,7) hingebenden Liebe Gottes Vertrauen entgegengebracht werden. Dabei steht allerdings – und das liegt je und je an uns – das von Gott Gegebene ständig in Gefahr, in der Weitergabe von uns Menschen verraten zu werden.

Die Randbedeutungen Verrat/Hingabe verweisen auf die der Wortbedeutung *Überlieferung=Weitergabe* selber immanente Spannung. »Traditio« besagt ein Zweifaches: den Vorgang des Tradierens, das tradere einerseits und den Inhaltsbestand des Tradierten, das traditum und tradendum anderseits. Aber weil das Überlieferte immer auch das zu Überliefernde, das Weiterzugebende ist, ist mit dem objektiven, materialen Verständnis von Tradition im gegenständlichen Sinne immer schon auch der dynamische Vorgang des Überlieferns mitgesetzt. Nochmals dasselbe: Das Tradierte verweist schon – weil das traditum alsogleich tradendum wird – auf den Prozeß des Tradierens. «Quod a patribus acceperunt, hoc filiis tradiderunt«: Die Tradition läuft mit den Generationen weiter. Und die französische Übersetzung »transmettre« könnte den banalen Vergleich mit dem aus der Vergangenheit in die Zukunft surrenden Transmissionsriemen nahelegen. Im Deutschen haben wir das von Hegel stammende Begriffswort »Vermittlung«. In der Tradition geschieht die Vermittlung des Glaubens. Sprechend und schreibend: von Mund zu Mund, von Hand zu Hand, von Kopf zu Kopf, auch – last not least – von Herz zu Herz. Das Geben und Nehmen und Weitergeben und neue Nehmen verbindet die Geschlechter der Glaubenden. Die Kontinuität der Tradition ist die Garantie der wesenhaften Identität des Christlichen, der einen übernommen-übergebenen Botschaft (vgl. oben 1 Kor 11,23; 15,3).

Die Tradition, im weitesten Sinn verstanden, hat demnach für das christliche Glaubensbewußtsein eine *konstitutive*, gründend-stiftende Funktion. Sie umgreift die Entstehung der Heiligen Schrift in ihrem überlieferten Kanon (siehe 2.1.2). Es ist keine besonders glückliche Benennung, wenn man diese konstitutive Funktion der Tradition als formal (= nicht-material) bezeichnet. Die in der letzten Zeit umstrittene Frage, ob auch materiale Glaubensaussagen nur durch mündliche Tradition außerhalb der Schrift übermittelt worden seien (es also auch in diesem speziellen Sinne eine material-konstitutive Funktion der Tradition gebe), wird später erörtert. Selbstverständlich hat die Tradition zweitens den überlieferten Glaubensbestand zu bewahren, unverkürzt und unverfälscht. Sie sorgt damit für die die Zeiten überdauernde Kontinuität des ursprünglichen Konstituierten in dieser ihrer *konservativen* – oder sollen wir lieber sagen: *kontinuativen?* – Funktion. Die Aufgabe der Tradition vermittelt Konstituierung und Kontinuität, indem sie von der Überlieferung lebendiges, fruchtbares Bewahren und so auch ein je neues Gestalten und Deuten verlangt: das ist die erneuernde, *innovative* Funktion! Die drei Funktionen beziehen sich, an der Zeitdimension gemessen, auf das Ursprungsgeschehen, auf die sich durchhaltende Stetigkeit und auf das jeweilige Je-Jetzt. In ihm kommt das Einst der Vergangenheit, das sich durch die Zeit hindurchzieht, zur neuen Gegebenheit, die Aufbruch ist in offene Zukunft.

3.3 Geschichte der Tradition[2]

3.3.1 Tradition im Alten Testament
3.3.1.1 Die konstitutive Bedeutung der Tradition für das AT

Gerade hier schon zeigt sich: Die bewahrende und die auslegend-erneuernde Funktion der Tradition stehen nicht an erster Stelle. Die Schrift erwächst überhaupt erst aus der Überlieferung. Diese hat konstitutive Funktion für jene (vgl. für den NT-Kanon die Theorie Karl Rahners: 2.1.4.1). Zunächst wurde das Gesetz ge-

2 Vgl. zum folgenden vor allem *Congar*.

lebt, wenigstens in seinen Grundgehalten, bevor es in den Mose-Büchern schriftliche Fixierung fand. Noch deutlicher: Man hat zunächst die Psalmen gebetet – denn sie sind nicht nur Kunstliteratur –, bevor ihre Texte aufgeschrieben wurden. Da war eine Kraft geschichtlichen Lebens jener Gruppen am Werk, die jeweils Träger dieser mündlich überlieferten heiligen Texte waren. Auch hier waltet Inspiration als Lebensvorgang jenes Kollektivs, das Psalmen betet und nach dem Gesetz lebt: Wir haben Tradition vor Schrift, die konstitutiv ist im Leben und Beten der altisraelitischen Volksgemeinde.

3.3.1.2 *Die deutend-innovatorische Funktion der Tradition im AT*

Schon während des Entstehens des AT-Schriftkorpus vollzieht die Tradition die Deutung der früheren, bereits schriftlich festgehaltenen Überlieferungen im Licht neuer Ereignisse. So betrachtete man vor allem in der babylonischen Gefangenschaft das Exodus-Geschehen als tröstende Verheißung einer glücklichen Rückkehr. Exodus – Gott befreit sein Volk aus der Knechtschaft des ägyptischen Pharao – wird jetzt zum Typos für das gegenwärtige Schicksal des Volkes, das in einer neuen Knechtschaft im Großreich Babylon stöhnt. Man sucht im alten Text Hinweise auf die neuen Zeitumstände, auf das jetzige Schicksal, angesichts drohender Gefahren, die zu bewältigen sind. So wird Schrift je neu gesehen und damit auch neu gedeutet. Das Verb, das dem Wort »Midrasch« zugrunde liegt, sagt: eifriges Suchen; das ist ein Eifer, der aus existenziellen Antrieben lebt: Was sagt uns die Schrift für jetzt, für diese unsere Situation? – Die griechische Übersetzung des Alten Testaments, die Septuaginta, stellt einen Höhepunkt dieser Entwicklung dar. An verschiedenen Stellen deutet sie den Text neu. Jes 7,14 wird das Wort »alma« das zunächst nur »junge Frau« bedeutet, mit »Jungfrau« übersetzt. Die Ankündigung, daß »die junge Frau empfangen und einen Sohn gebären wird«, konnte nun auf Maria, auf jungfräuliche Empfängnis Jesu bezogen werden. Die Septuaginta wurde von den Kirchenvätern und schon von den Aposteln ebenso wie der hebräische Urtext als maßgeblich gelesen und zitiert, so daß die Väter und noch einige moderne Exegeten sie gar für inspiriert hielten. Es muß uns nicht sehr kümmern, wie es mit der Septuaginta steht und später mit der Vulgata; wichtig ist, daß sich hier im Verständnis dieses Volks, im Verlauf seiner Geschichte ein je neues Lesen und Deuten der alten Schrift vollzieht, das immer wieder ein neues Vorzeichen, einen aktuellen Deutungsschlüssel vor die bisherige Überlieferung setzt.

3.3.1.3 Die das AT bewahrende Tradition

Das Alte Testament wurde und wird von dem Volk, in dem es entstand, ständig bis heute gelesen und erklärt. Die Kommentare wurden selber wieder schriftlich festgehalten und gesammelt. Es entstanden Schulen der Gesetzesdeutung, vergleichbar den hellenistischen Philosophenschulen. Die Schüler gaben die Überlieferung weiter von Generation zu Generation. Zur Zeit der Apostel legte das Kollegium der Schriftgelehrten dem Nachfolger des Meisters, einem Glied dieser Traditionskette, die Hand auf, eine Art Ordinationsritus für die Weitergabe der Lehre. Die Weisheit, die viele Generationen wie einen Schatz gesammelt und bewahrt hatten, wurde jedoch mit der Zeit ein Wert für sich. Während sie am Anfang ganz auf die Schrift bezogen und von ihr abhängig war, wurde sie nun wie die Schrift selbst als eine unmittelbar von Gott kommende Gabe betrachtet und auf dieselbe Stufe mit der Schrift gestellt. Die schriftlichen Dokumente der Talmud-Tradition (Talmud = »auswendig gelernt«) wurden auch von den Kirchenvätern für so wichtig gehalten, daß sie manches, was sie für ausgesprochene Schriftdeutung hielten, daraus entnahmen. Ja, schon zwei Jahrhunderte vor der Geburt Christi war das Judentum überzeugt, Gott habe Mose auf alles eine Antwort gegeben. In dieser bewahrenden Funktion zeigen sich nun auch die Schattenseiten des Tradierens, etwa wenn Überliefertes zum Allround-Orakel hochstilisiert wird, zur Auskunftskartei für alles mögliche. Sicut erat in principio et nunc et semper: das gilt nur für das Grundgeschehen der Offenbarung und Erlösung, nicht für alle möglichen auch noch irgendwie religiös relevanten Fragen. Jedenfalls aber besaß in der Entwicklung des jüdischen Lehrbetriebs bis hinein in das Bewußtsein der frühen Christen die Tradition *nach* der Schrift des Alten

Testaments, die die Schrift bewahrt und auslegt, eine sehr große Bedeutung.

3.3.2 Tradition im Neuen Testament
3.3.2.1 Die konstitutive NT-Tradition

Besonders der Niederschrift der Evangelien ging eine mündliche Überlieferung voraus. Dieser Vorgang wurde von der modernen Exegese in diesem Jahrhundert erforscht. Seit 1920 hat man in verschiedenen Forschungsschüben auf den verschiedenen Entstehungsniveaus der Evangelien form-, traditions- und redaktionsgeschichtlich untersucht, wie das zustande kam, was schriftlich vor uns liegt. Die Formgeschichte bezieht sich auf den Ursprung der elementaren Stücke, die in den Evangelien zusammengefügt wurden, auf ihren »Sitz im Leben«, je nachdem ob sie der missionarischen Erstpredigt, der weiteren katechetischen (Tauf-)Unterweisung oder der Liturgie dienten und dementsprechend geformt waren als Gleichnis, kurze Lehrformel, kultischer Hymnus usw. Dann hat man erforscht, wie diese Elemente überliefert und im Prozeß der Tradition auch manchmal ›umgepolt‹ wurden, gleichsam einen neuen Sitz erhielten, was man schön sehen kann an manchen Gleichnissen, die deshalb nicht mehr leicht verständlich sind, weil eben verschiedene Traditionsschichten an ihnen gemodelt und damit auch ihre Sinnspitze verschoben haben. Schließlich – aber das ist in diesem Zusammenhang weniger wichtig – redigierten die einzelnen Evangelisten die vorliegenden Texte noch gemäß ihrer persönlichen theologischen Tendenz. Vor allem die form- und die traditionsgeschichtliche Forschung zeigen, wie das, was heute als Schrift vorliegt, aus der Überlieferung der Glaubensgemeinschaft erwachsen ist. Jesus selbst hat ja nichts geschrieben, er hat nur gesprochen. Am Anfang steht die lebendige Verkündigung »viva voce«, der Vorgang der Predigt; viel später erst folgt die schriftliche Fixierung: endgültig mit Markus (ums Jahr 70?), dann Lukas (um 80?), Matthäus (um 90?), Johannes (um 100?). Die Kirche ist für dieses überaus wichtige Gründungsgeschehen, die Entstehung ihrer Heiligen Schrift, der Traditionsraum, in dem die Teile des Neuen Testaments allmählich heranwachsen bis in die schriftliche Dokumentation hinein.

Im einzelnen hierzu: In den frühesten Schriften wird das Geschehen der Tradition am entschiedensten ausgedrückt. *Paulus* (oben die beiden Hauptstellen!) hat sehr energisch darauf bestanden, daß er wie die ersten Apostel unmittelbare Offenbarung von Gott empfing, und doch hat er im Gegenzug dazu durchaus unterstrichen, daß die Glaubensformeln – über Auferstehung und Eucharistie –, die er weitergibt, Überlieferungsgut sind, das er selbst übernommen hat; und das kann man auch an verschiedenen sprachlichen Eigenheiten dieser Texte, etwa von 1 Kor 15,3–7, nachweisen. Bei Paulus liegt die Terminologie von Tradition, das »Übernehmen« und »Übergeben«, vor. Später hat *Lukas* im Vorspruch zu seinem Evangelium methodisch reflektiert auf den Vorgang der Übernahme dessen, was er zu einem Ganzen redigiert hat: »Weil schon viele Hand anlegten an den Bericht der Geschehnisse, die sich unter uns zugetragen haben [das ist das Fundamentale!], wie es uns die ursprünglichen Augenzeugen und Diener des Wortes überliefert haben (parédōsan), so habe auch ich mich entschlossen, allem von Anfang an sorgfältig nachzugehen und es der Reihe nach zu beschreiben« (Lk 1,1–3). Ähnlich am Schluß des Evangeliums: »Dessen seid ihr Zeugen!« (Lk 24,48). Die Jünger Jesu sind dazu berufen, Zeugnis zu geben für andere Menschen, also das Erfahrene weiterzuvermitteln. Außer Lk 1,2 wird das Wort »paradidónai« in den Evangelien nicht verwendet. Im *Johannes*evangelium wird die Kette von Gabe und Weitergabe so ausgedrückt: »Wie mich der Vater gesandt hat, so sende ich euch« (Joh 20,21; ähnlich 17,18). Die Abschiedsreden (Joh 14,26; vgl. 16,13–15): »Der Heilige Geist ... wird euch all das ins Gedächtnis zurückrufen, was ich euch gesagt habe.« Hier auch die Zeitdimensionen: Der Vater von ureinst sendet jetzt den Sohn, und der Geist wird in der Zukunft daran erinnern. Diese Erinnerung, die zugleich je mehr in die Wahrheit hineinführt, ist also eine erneuernde, neu gestaltende; sie ist nicht nur bewahrend. Diese Kette der Sendung greift über die Geschichte hinaus, sie bezieht das transzendente Geschehen, die Sendung des Sohnes durch den Vater von Ewigkeit her und das Wirken des Heiligen Geistes in der Kirche als göttlicher Wahrheitsvermittler, ein. Besonders eindrucksvoll wird der Vorgang geschildert, wie das Zeugnis Jesu übernommen wurde von seinen unmittelbaren Anhängern und Mitarbeitern, im 1. Johannesbrief (1,1f). Da wird mühsam, mit immer neuem Anlauf gesagt: »Was von Anfang an war, was wir gehört, was wir mit unseren Augen gesehen . . ., was unsere Hände berührt haben«, das bezeugen und verkündigen wir euch. Der *Judas*brief – eine weniger wichtige Schrift – mahnt in Vers 3, »für den Glauben zu kämpfen, der den Heiligen ein für allemal übergeben wurde« (paradotheísē). Ähnlich 2 *Petr* 2,21.

3.3.2.2 Die Tradition des NT als ständige Interpretation

Auch im Neuen Testament ist wie im Alten während der Zeit seiner Entstehung die Offenbarung selbst fortgeschritten. Deutlichstes Zeichen dafür ist, daß das eine Evangelium Jesu in vier Evangelienschriften dargestellt und ausgelegt wurde. Ein Gegensatz, der vielmehr Ergänzung besagt: die eine Tradition in den vielen Traditionen, das eine Wort in den vielen Schriften, das Evangelium in den Evangelien, Identität in Differenz. Dabei bauen Lukas und Matthäus auf Markus auf, den sie neben der Logienquelle Q und jeweiligem Eigengut so gut wie ganz einbeziehen, aber jeweils in einen neuen Deutungskontext stellen. Noch stärker verändert Johannes gegenüber den drei Synoptikern die gesamte Landschaft der Interpretation des einen Evangeliums. Sein Hintergrund ist stark von gnostischen Denkfiguren bestimmt, zum Beispiel vom Gegensatz Licht – Finsternis, Leben – Tod. Man hat ihn deshalb *den* Theologen unter den Evangelisten genannt. Deutliche Wandlungen finden sich auch in den nicht von Paulus selbst verfaßten »Paulinen«, sowohl in der Übernahme theologischer – beispielsweise gnostischer – Interpretationsmomente (in *Eph* und *Kol*) als auch in bezug auf die Gemeindeverfassung (*Pastoral*briefe).
Von der Sache her gesehen, ist ein Neuinterpretation verlangender Topos vor allem ein bestimmtes Stück der ursprünglichen Predigt: die Naherwartung. Schon im Corpus Paulinum finden sich Differenzen der Interpretation, besonders zwischen dem ersten und dem zweiten Thessalonicherbrief. Gewichtige Deutungsunterschiede treten dann hervor in der Auseinandersetzung des Jakobusbriefs mit der paulinischen Gesetzestheologie: Jakobus plädiert für die Bedeutung des christlichen Tuns, der guten Werke . . . 2 Petr

3,15 f spricht von der Schwerverständlichkeit der Briefe »unseres lieben Bruders Paulus«. Kritik also innerhalb des Entstehungsvorganges neutestamentlicher Schrift selbst! Auch besteht eine Rivalität zwischen petrinischen und johanneischen Gemeinden im frühen Christentum. Neben dieser »Traditionskritik« wäre durchaus zu nennen jene Kritik, die schon Jesus am Alten Testament, am mosaischen Gesetz, übte (vgl. oben 2.2.1); und auf seine Weise später Paulus (vgl. Gal 3).

3.3.2.3 Die bewahrende NT-Tradition

Was über die *nach* dem Entstehen der Schrift einsetzende Interpretation, die bewahrt, aber doch zugleich auch erneuert, zu sagen wäre, ist Gegenstand der weiteren Geschichte der christlichen Tradition. Von seiten der Schrift wurde diese Entwicklung für die letzten Jahrhunderte, von der Reformation bis zum II. Vatikanum, schon dargestellt (siehe 2.2.3.5). Hier bleibt mit Blick auf die Tradition zunächst etwas zu sagen über die Kirchenväter und die Theologen des Mittelalters.

3.3.3 Tradition in der Patristik

Für die Kirche des ersten Jahrhunderts bestand das Problem, wie wir heute gern sagen, der Identitätsfindung. Dem äußeren Befund nach geht es um Kampf gegen die Irrlehren, aber in Wirklichkeit stand zur Frage, was denn eigentlich das Christentum selber ausmache, was sein eigentlicher, unaufgebbarer Glaubensbestand sei. Um ihn zu sichern, haben sich die Kirchenschriftsteller um die Wende des 2. zum 3. Jahrhundert, besonders Irenäus und Tertullian, auf die Überlieferung berufen, auf das, was in einer Kette von den Aposteln her auf sie gekommen ist, vermittelt durch die Ortskirchen und ihre bischöflichen Leiter. Die Notwendigkeit der Abgrenzung gegenüber den aufkommenden Irrlehren veranlaßt die Hauptschrift des *Irenäus* »Adversus haereses« (um 185). Die Instanz gegenüber den Irrlehren ist hier die große Gemeinschaft der Glaubenden, nicht nur in ihrer räumlichen Universalität, sondern auch in ihrer zeitlichen Kontinuität. Irenäus ist (in etwa nach Hegesipp) der erste, der möglichst vollständige Bischofslisten paradig-

matischer, maßgeblicher Art aufstellt, vor allem für den Bischofs-
sitz von Rom. Etwas später schreibt *Tertullian* mit derselben Stoß-
richtung »De praescriptione haereticorum« – darüber, wie man
den Häretikern am Zeug flicken kann. Er ist ein römischer Jurist,
sein Grundsatz lautet: Die Kirche allein besitzt das rechtmäßige
Erbe der Lehre. Die Häretiker sind Eindringlinge und Diebe (wie
in Joh 10 vor ihnen gewarnt wird), die über etwas verfügen wollen,
was ihnen nicht gehört. Es ist grundsätzlich etwas anderes, ob man
die Schrift innerhalb der paradosis der Kirche liest oder auf beliebi-
ge Art als persönliche Angelegenheit, wie Markion und die anderen Häretiker dies tun. Bei Tertullian weist die Kette der »traditio«
aber auch ins Transzendente hinein: »In ea regula incedimus, quam
ecclesia ab apostolis, apostoli a Christo, Christus a Deo tradidit.«[3]
Eine interessante Variante, die aber singulär ist, die nicht Schule
gemacht hat, findet sich bei *Cyprian*, der von »traditio« nur sprechen will in bezug auf die Übergabe von Gott an Christus, aber
nicht in bezug auf die kirchliche Weitergabe: ein Gespür für die
qualitative Differenz des Vorgangs, der zwischen Gott und Christus spielt, gegenüber dem späteren Überlieferungsvorgang?[4] Was
von Irenäus und Tertullian gegenüber den Häretikern geltend gemacht wird – die stete Einheit der Lehre in Raum und Zeit –, darauf haben sich schon fast hundert Jahre früher Klemens von Rom
(um 95) und Ignatius von Antiochien (um 115) berufen. Auch sie
kennen die große Traditionslinie Gott–Christus–Apostel.[5] Die ersten kirchlichen Schriftsteller machen eine Unterscheidung: Das
Verb »paradidónai/tradere« kann die Überlieferung von Schriften
besagen; das Substantiv »parádosis/traditio« bezeichnet schon früh
im Unterschied zur Schrift eine mündlich weitergegebene Lehre.
Das ist neu. Bisher, bei Paulus und später, war die Rede davon,
daß etwas weitergegeben wird, was empfangen wurde, und davon
haben wir Kunde *nur* in der von dem betreffenden Autor vorge-
nommenen schriftlichen Fixierung. Jetzt, in den ersten nachchrist-
lichen Jahrhunderten, kommt eine Bedeutung von Tradition

3 De praescriptione haereticorum 37 (PL 2,50f); vgl. 21 (32f).
4 *Congar* 43, Anm. 8.
5 *Klemens* 42 (PG 1,291); *Ignatius*, Ad Magnesios 6f. 13 (PG 5,668.673). Vgl. *Congar*
   42, Anm. 7.

– als Substantiv – auf, die für uns eine Fragwürdigkeit im doppelten Sinn des Wortes besitzt. Gibt es neben jenem (›formal‹-)konstitutiven Einfluß, den Tradition auf das Werden des kanonischen Schriftenkorpus hatte, auch so etwas wie eine materielle Insuffizienz der Schrift, deren Lücken dann eben die mündliche Weitergabe aufzufüllen hat? Ist anzunehmen, daß uns in mündlicher Überlieferung Glaubensgehalte geboten werden, die sich nicht in der Schrift finden? Schon Tertullian und Klemens von Alexandrien anfangs des 3. Jahrhunderts kannten ungeschriebene Überlieferungen. Die Kirchenschriftsteller vermehrten die verschiedenartigen Beispiele. Wo vor allem steht geschrieben, daß man neugeborene Babys taufen darf, da doch in der Schrift so stark die Funktion des Glaubens unterstrichen wird?! Oder man fragte sich nach verschiedenen Riten im liturgischen Vollzug. Woher zum Beispiel kommt das Wort »mysterium fidei« bei den Konsekrationsworten der Messe? Der Termin des Osterfestes (ein Streitpunkt im 2. Jahrhundert)? Weitere Beispiele: Das Wassertröpflein im Meßkelch; das Gebet für die Verstorbenen; der Gebrauch des Kreuzzeichens; der Taufritus; die – jahrhundertlang umstrittene – Bilderverehrung; in der Reformationszeit die Einsetzung mancher Sakramente wie der Firmung und der Krankensalbung durch Jesus.[6] – Ein Satz von *Basilius*[7] (375) hat lang nachgewirkt: »Die Lehren und Definitionen, die die Kirche bewahrt, haben wir einerseits (ta men) aus der schriftlichen Unterweisung empfangen, andererseits (ta de) aus der geheim überlieferten apostolischen Tradition. Beide haben dieselbe Kraft für die Frömmigkeit.« Das ist eine zweifach schwierige Stelle. Einmal wurde das »ta men–ta de« schon in den frühesten lateinischen Übersetzungen wiedergegeben mit »partim-partim«, was nahelegt, daß ein Teil schriftlich und ein anderer Teil nur mündlich überliefert worden sei. Die zweite Schwierigkeit der Stelle: Basilius sagt, diese zwei Überlieferungen/Überlieferungsweisen hätten dieselbe Kraft für die Frömmigkeit. Diese Aussage haben, nochmals bedeutsam verändert, das Trienter Konzil und die beiden Vatikanischen Konzilien aufgenommen.

6 Vgl. *Congar* 74–80. 141–144.
7 De Spiritu Sancto 27,66 (PG 32,188). Ähnlich *Epiphanius,* Adversus haereses (374 bis 377) 61,6 (PG 41, 1048). Vgl. ferner *Congar* 66, Anm. 5.

Mit dem Fortschreiten der Geschichte, ab dem 4. Jahrhundert, beruft man sich immer mehr auf »die Väter«. Das waren zuerst die Ortsbischöfe, als Hirten des Glaubens, dann die auf den Konzilien vereinigten Bischöfe. Das Credo von Nizäa wird auch bezeichnet als »Glaube der 318 Väter«. Später ging die Bezeichnung »Väter« – maßgebliche Zeugen des Glaubens! – auf alle orthodoxen Theologen über, ob sie nun Bischöfe oder Konzilsteilnehmer waren oder nicht. Man legt nun, um die großen christologischen und trinitarischen Kontroversen zu entscheiden, Sammlungen der Väterzitate an. Die eigene Lehrmeinung soll verteidigt werden unter Berufung auf die Autoritäten. Konzilssitzungen, so etwa in Ephesus 431, werden mit der Lesung von Texten der heiligen Väter begonnen. Oft[8] ist die Rede von »hoi Patéres kai hē Graphē«: da werden die Väter sogar vor der Heiligen Schrift genannt. Eine wichtige theologische Fixierung hat *Vinzenz von Lérins* in der Schrift »Commonitorium«[9] (434) vorgenommen: »... id teneamus, *quod ubique, quod semper, quod ab omnibus creditum est*; hoc est etenim vere proprieque catholicum.« Die berühmte und auch ein wenig berüchtigte Formel (Döllinger gegen I. Vatikanum! – Das II. Vatikanum zitiert sie nicht mehr!) stellt als Glaubenskriterium auf: die Universalität nach Zeit und Raum und nach der Kopfzahl der Christgläubigen. Das Kriterium des Vinzenz hatte *Augustinus*[10] durch die griffig emphatische Formel (auf die sich Newman stützte) vorweggenommen: »Securus iudicat orbis terrarum.« Die Väter waren nun zu qualifizierten Zeugen der überlieferten Offenbarung geworden – im Sinne der späteren theologischen Beweismethode: »probatur ex Traditione«.

3.3.4 Tradition im Mittelalter

Die frühen scholastischen Theologen haben die Entwicklung, die das 5. Jahrhundert so markant formulierte, fortgesetzt. Allgemein war man sehr großzügig und wenig auf Unterscheidung bedacht. Als Heilige Schrift oder »divina scriptura« bezeichnete man nicht

8 Einige Belegstellen bei *Congar* 70, Anm. 16. 9 2 (PL 50,640).
10 Contra Epistolam Parmeniani 3,4,24 (PL 43.101).

nur, was wir heute darunter verstehen, sondern durchaus auch Werke der Kirchenväter, Kanones der Konzilien und päpstliche Dekretalien: all das hatte es ja mit heiligen Dingen zu tun. Auch die Wörter »revelatio« und »inspiratio« wurden in sehr weitem Sinne verwendet.[11] Erst Thomas von Aquin hat hier schärfer unterschieden. Kein Wunder, daß auch die ungeschriebene Überlieferung ein gern benutzter »locus theologicus« für alles und jedes wurde, das sich nicht offensichtlich aus den kanonischen Schriften begründen ließ. Zu den früheren Beispielen trat nun das »Filioque« – über den Hervorgang des Heiligen Geistes von Vater »und Sohn« –, das erst im 7. Jahrhundert in Spanien ins Nicaeno-Constantinopolitanum eingefügt wurde (in Rom wohl erst um 1013) und das nach dem Groß-Schisma von 1054 zur Hauptlehrdifferenz zwischen Lateinern und Griechen avancierte. Auch die sogenannte Höllenfahrt Christi, das »descendit ad inferos«, wurde angeführt zugunsten der ungeschriebenen (material-konstitutiven) Überlieferung – vgl. aber 1 Petr 3,19. Dabei ist aber festzuhalten: Zwar gab es viele große Theologen, nach denen vieles durch mündliche Überlieferung auf uns kam. Aber daß dogmatisch Relevantes nur so, nämlich ausschließlich mündlich, tradiert wurde, das haben erst in späterer Zeit Theologen minderer Qualität gemeint.[12]

Das Vorspiel der Kritik der Reformatoren an der Tradition der Kirche beginnt mit dem Spätmittelalter: mit Heinrich von Gent, deutlicher mit Wilhelm von Occam, ausgeprägt bei den »Ketzern« Wyclif in England und Hus in Böhmen, vollendet und zu weltgeschichtlicher Wirkung gebracht durch Luther. Die Tradition wird abgelehnt. Sie umfaßt für die Vorreformatoren unterschiedslos »traditiones humanae«. »Tradition« wird gleichbedeutend mit dem, was von der Lehre Christi wegführt, und gerät dadurch in schroffen Gegensatz zur Heiligen Schrift. Wyclif meint damit vor allem eine Fehlentwicklung der geistlichen Orden mit ihren zum Beispiel aszetischen Sondergeboten. Aber schon Heinrich von Gent[13] fragte wie er: Müssen wir den auctoritates, das heißt den Texten der Heiligen Schrift, oder müssen wir der Kirche mehr

11 Vgl. *Congar* 122 f. 152–169.
12 *Congar* 118, Anm. 14; vgl. 116–118. 144–148.
13 In Sent. prol. 10,1; nach *Congar* 130, Anm. 49.

Glauben schenken? Mit den Traditionen, die tatsächlich übertrieben blühten und wucherten, wird die Kirche, die deren Hüterin ist, angegriffen und verworfen. Damit greift ein falscher Zungenschlag der Alternative, des Entweder-Oder, eine unglückselige Entgegensetzung, um sich. Ein österreichischer Dominikaner (Ende 15. Jahrhundert)[14] hat gefragt: »Utrum magis sit assentiendum vel Ecclesiae vel Sacrae Scripturae« (hätte er aut-aut gesagt, wär's noch schärfer ausgefallen); und er meint dann: der Schrift, denn die geht ja auf Christus zurück. Die grobe Alternative Schrift oder Tradition verdeckt gerade das Bedingungs- und Spannungsverhältnis, um das es geht: Schrift ist Selbstausdruck der Kirche, ja, sie ist Kirche, insofern diese sich über ihren eigenen Glauben mit sich verständigt, indem sie kanonisches Schrifttum aus sich hervortreibt (s. oben 2.1.4). Anderseits ist die nun fixierte Schrift gegenüber der amtlich lehrenden Kirche, ihren Hirten und Leitern und dann auch den Theologen, höchstes Richtmaß (norma normans non normata, wie die spätere Theologie sagt). Aber eben die simplifizierende und falsche Fragestellung der Vorreformatoren wurde reaktiv auch im katholischen Bereich aufgenommen und gegensätzlich falsch beantwortet: Die Kirche und ihre Tradition hat den Vorrang vor der Schrift.

3.3.5 Reformation und Trienter Konzil zu den »traditiones«

Die vorreformatorischen Protestgruppen, die sich nicht nur um die genannten Namen scharten, hatten wenig Einfluß, weil sie theologisch nicht geklärt waren und nicht von politischer Macht getragen wurden. Um wissenschaftliche Klärung hat sich zwar Wyclif bemüht, und einen politischen Untergrund hatte die böhmische Hussitenbewegung: aber beide Faktoren trafen erst bei Luther zusammen. Allgemein geschichtliche Momente kamen hinzu. Die Erfindung des Buchdrucks verschaffte theologischen Kontroversen breite Resonanz; und der Humanismus führte gebildete Laien ins Gefecht. Erasmus von Rotterdam stellte das Programm auf: Ex fontibus praedicare Christum! Der Rückzug zu den Quellen hat

14 Vgl. *M. Grabmann*, Mittelalterliches Geistesleben, Bd. 3, München ²1956, 433 bis 448.

113

vieles in Frage gestellt und ausdrücklich widerlegt, was bisher unbesehen auf Christus oder die Apostel oder geschichtliche Größen zurückgeführt wurde, wie die »Konstantinische Schenkung« (Laurentius Valla!). Viele Feste und Bräuche erwiesen sich als relativ jung – und der Vulgatatext als mangelhaft.

Hier setzt *Luther* ein. Zu Anfang keineswegs aus Opposition gegen Tradition überhaupt, aber besorgt um den Primat der Heiligen Schrift. Es geht ihm nicht um »sola scriptura« im Sinne eines exklusiven Monopols, aber um einen entschiedenen Vorrang gegenüber den kirchlichen Überlieferungen. Diese werden dann aber immer mehr als bloße »traditiones humanae« negativ-affektiv besetzt. Das Ablaßwesen war der arg plausible Anlaß. Aber Luther sowohl wie Calvin wie vor allem der versöhnliche Melanchthon haben festgehalten an der Geltung der ersten vier ökumenischen Konzilien von Nizäa, Konstantinopel I, Ephesus und Chalzedon, und manchmal nehmen sie das Zweite Constantinopolitanum noch dazu. Es ist auch die Rede von einer Glaubensübereinstimmung der ersten fünf Jahrhunderte, dem »consensus quinquesaecularis«. Gerade in unserer Gegenwart hat man an dieses frühe Bekenntnis – wenn man will: – zur Tradition wieder anzuschließen versucht. Aber bei Luther liegt kein ganz eindeutiger Befund vor. Durch die Reaktion seiner katholischen Gegner wurde er Schritt um Schritt dazu gedrängt, den Konzilien jedenfalls Unfehlbarkeit abzusprechen und sich im Meinungsstreit doch auf die Schrift als die einzige Berufungs- und Entscheidungsinstanz zu konzentrieren. Gegen die »traditiones humanae« fand man einen Schriftbeweis in Mk 7,8, wo Jesus seinen Zeitgenossen vorwirft, daß sie durch menschliche Überlieferungen das Gesetz Gottes selbst ungültig machten. Immerhin wird auch in der auf möglichste Nähe zum Katholischen bedachten Confessio Augustana von 1530 gesagt, daß die traditiones humanae zu verwerfen sind, denn sie wollen Gott besänftigen, die Gnade verdienen und für die Sünde Genugtuung leisten. Das ist katholische (eher: katholizistische) Werkgerechtigkeit.

Die Reaktion in *Trient*: Auf der 4. Sessio des Tridentinum[15] am 8. April 1546 – der ersten Sitzung überhaupt, die sich mit dogmati-

---

15 DS 1501 = NR 67 f. Zu Trient: *Beumer* 74–88; *Congar* 192–207.

schen Fragen beschäftigt hat – kam die Frage »Schrift und Tradition« zur Verhandlung. Das Ziel sei, in der Kirche das Evangelium rein zu erhalten. Das ist ein protestantisch-reformatorisches Programm, aber das übernehmen jetzt die Katholiken. Das Evangelium war von den Propheten verheißen und von Jesus Christus, dem Sohn Gottes, verkündigt worden. Er beauftragte seine Apostel, es aller Kreatur zu predigen als die Quelle aller Heilswahrheit und jedes Sittengesetzes. Das Evangelium Jesu ist die eine große Quelle. Dann wird weiter gesagt, dieses eine Evangelium sei enthalten in den heiligen Büchern und in den ungeschriebenen Überlieferungen (in scriptis et sine scripto traditionibus). Die beiden Fragen sind: Was sind diese ungeschriebenen Überlieferungen? Wie verhalten sie sich zur Schrift? Der Begriff der »traditiones« war unklar, und bis heute ist man sich nicht sehr einig darüber, was sie eigentlich für die Konzilsväter bedeutet haben. Manche Konzilsväter haben durchaus plädiert für eine Unterscheidung zwischen den apostolischen Überlieferungen und kirchlichen Bräuchen. Andere wollten, daß diese apostolischen Überlieferungen aufgezählt werden sollten, damit sie nicht verwechselt würden mit späteren Bräuchen. Aber man hat sich dann darauf beschränkt, überhaupt die Bedeutung der Tradition zu unterstreichen, die man annehmen müsse, aber nicht gesagt, worin sie näherhin besteht. Man hat sie auch nicht »traditiones apostolicae« genannt, obwohl dieser Ausdruck in den Verhandlungen vorher oft gebraucht wurde. Aber aus dem ganzen Zusammenhang geht doch hervor, daß die Überlieferungen gemeint sind, die den Aposteln von Christus gegeben oder ihnen vom Heiligen Geist ›diktiert‹ wurden. Diese grundsätzliche Bedeutung der Tradition war von den Reformatoren mehr oder weniger bestritten worden. Stark umkämpft war zweitens die Aussage am Ende dieses Artikels, daß Schrift und Tradition »pari pietatis affectu«, mit der gleichen frommen Einstellung, anzunehmen seien. Ein Bischof hat das als »impium«, als »gottlos«, bezeichnet – aber das hat wiederum Entrüstung und Protest bei vielen anderen Konzilsvätern ausgelöst.[16] Jene Aussage des Tridentinum macht bis heute ziemliche Schwierigkeit.

16 *Beumer* 77; vgl. 81–84!

Schließlich die alte Frage: Sind Schrift und Tradition *zwei Quellen der Offenbarung?* Noch zu Anfang des Konzils gab es einen (Laien-) Theologen, Lodovico Nogarola mit Namen, der im Februar 1546 ganze 34 apostolische Traditionen im einzelnen aufgezählt hat – kunterbunt.[17] Tatsächlich waren die Konzilsväter im allgemeinen der Meinung, daß es in bezug auf bestimmte Punkte ungeschriebene Traditionen gebe, die irgendwie glaubensrelevant seien. Dabei trat nun aber ein Umstand ein, auf den man sich in unserer jüngeren Vergangenheit berufen hat: Ursprünglich war ein Text vorgesehen, in dem die Worte »partim-partim« standen, als Zitat aus dem alten Basilius-Satz vom Jahr 375 (s. oben S. 110). Dieses »partim-partim« hat man dann aber geändert in ein einfaches »et« (s. S. 115). Deshalb meinte man – vor allem war das der katholische Tübinger Theologe J. R. Geiselmann[18] –: daß man die Aufteilung des Glaubensbestandes »teils« auf die Schrift, »teils« auf die Tradition auf dem Tridentinum vermieden hat, sei ein Zeichen dafür, daß man *nicht* von *zwei* Quellen sprechen wollte, die einander inhaltlich ergänzen müssen, weil die Schrift »material insuffizient« sei. Tatsächlich gibt wohl der Wechsel im Ausdruck von »partim-partim« zu »et« nicht viel her, aber aus dem schlichten, ›offenen‹ Grund, weil man schon das »partim-partim« gar nicht im strengen Sinn von »teils-teils« verstanden hat. Wichtig ist die allgemeine Überlegung, daß für das Tridentinum die materiale Suffizienz der Schrift, im Gegensatz zu neuen Inhalten der Tradition, gar nicht zur Frage stand. Und deshalb ist auch keine Antwort diesbezüglich zu erwarten. Worum es ging, war die Bedeutung der Tradition überhaupt, nicht ihre genauere Bestimmung; auch nicht in bezug auf ihr Verhältnis zur Schrift. Außerdem sind Dogmen der Konzilien streng zu interpretieren: Nur dann ist etwas definiert, wenn es ausdrücklich und deutlich als solches vorgelegt wird. Im allgemeinen wollen die Konzilien, jedenfalls der neueren Zeit, das, worüber katholische Theologen noch untereinander diskutieren, etwa in verschiedenen theologischen Schulen, offenlassen.

---

17 *Congar* 83 f.
18 Die Heilige Schrift und die Tradition (QD 18), Freiburg 1962. Literatur dazu: *Ratzinger* 498, Anm. 5.

3.3.6 Tradition zwischen Trient und II. Vatikanum

Zunächst hat sich nach dem Tridentinum die partim-partim-Auf-fassung in einem wörtlichen Sinne durchgesetzt, wonach es unge-schriebene Traditionen glaubensrelevanter Art gibt, die nicht auf die Schrift zurückgeführt werden können. Diese fast ausnahmslos vertretene Schulmeinung galt unreflektiert als katholische Unter-scheidungslehre. Allmählich hat über die Frage nach den Inhalten (in Schrift und/oder Tradition) die Frage des Kriteriums, der Norm die Oberhand gewonnen. Sie erschien zunehmend wichtiger ge-genüber dem bald etwas vagabundierenden Schriftverständnis im Bereich der nichtkatholischen Christen, der protestantischen Kir-chentümer und später dann auch der vielen Sekten. Die katholi-schen Theologen haben mehr und mehr das kirchliche Lehramt als *den* Wächter und Interpreten der Tradition herausgestellt. Ja, Tra-dition wurde fast gleichbedeutend mit der gegenwärtigen Funktion des Lehramts innerhalb der Kirche, und das bedeutet natürlich ei-ne neue Akzentuierung, die Schwierigkeiten und Gefahren mit sich bringt. Gegenüber dieser Engführung des Traditionsbegriffs stehen neuere Entwicklungen auf dem Weg zum II. Vatikanum.

Vor allem ist die alte katholische *Tübinger Schule* vom Anfang des letzten Jahrhunderts zu nennen. Zu ihr gehören große Theologen: Johann Sebastian Drey, Johann Adam Möhler, Johann Ev. Kuhn. Worum geht es den Tübingern? Sie stehen im Horizont der deut-schen Romantik. Im Gegensatz zur Aufklärung, für die ratio (Ver-stand) alles war und die versuchte, Religion auch im Sinne einer allgemein menschlichen Verstandesreligion, auch natürliche Re-ligion genannt, zu verstehen, betonte die Romantik, daß es diese freischwebende ratio des Menschen nicht gibt, daß das menschli-che Leben vielmehr eingelassen ist in Geschichte und Gesellschaft. Gesellschaft wurde jetzt antiindividualistisch gefaßt als ein Orga-nismus, und dieser Organismus drückt sich im Verlauf seines Wer-dens, seiner Geschichte aus in vielfältiger Überlieferung. Diese ist so etwas wie ein Kollektivbewußtsein, der lebendige Ausdruck dessen, worum es diesen bestimmten Menschen in ihrer Gesell-schaft gegangen ist und je neu ging. So sollte auch Tradition jetzt die lebendige Geschichte der Kirche sein, eine beständige Lebensganzheit, die darum auch in stetem Fluß bleibt. Man sprach von der »lebendigen Überlieferung« (das ist auch der Titel eines Buchs von J. R. Geiselmann, neu bearbeitet 1959). Dieses Wort findet sich im katholischen Schrifttum vorher nur sehr selten, so bei Papst Agathon[19] im Jahr 608: »Haec est Apostolorum Christi viva traditio.« Später betonen Katholiken gelegentlich polemisch gegenüber den Reformatoren, die Tradition sei ein lebendiges Geschehen, die Schrift dagegen etwas Totes. Auch in der Auseinandersetzung mit den Jansenisten nimmt man Argumentationszuflucht dahin, daß die Kirche insgesamt lebendige Tradition sei. Nun wird bei den Tübingern, wie es ja von der Sache her zunächst richtig ist, Überlieferung ein übergreifendes Ganzes, das auch Schrift einbezieht. Schrift ist gleichsam der kristallisierte Teil der Überlieferung. Aber sie bleibt durch die Zeiten hindurch eingebettet in das lebendige Glaubensbewußtsein der Kirche, und so erstreckt sich Überlieferung, wie Möhler sagte, auf den Geist des ganzen Christentums und auch auf alle einzelnen Lehren. »Diese in der Kirche sich fortpflanzende, fortvererbende geistige Lebenskraft ist die Tradition, die innere, geheimnisvolle, allem Blick sich entziehende Seite derselben.«[20] Hier kommt also das Glaubensbewußtsein der Gesamtkirche, der sensus fidelium, als lebendige Überlieferungsgestalt, die auch dem autoritativen Lehramt zugrundeliegt, neu in die Sicht der Theologie.

Über das *I. Vatikanum* ist nur zu sagen, daß auch es Schrift und Tradition zugleich nennt; es spricht von dem christ-katholischen Glauben, der überkommen ist »in verbo Dei scripto vel tradito« (DS 3011 = NR 97) – eine offene Formulierung, ähnlich wie nach dem Tridentinum das Evangelium Jesu für uns enthalten ist »in scriptis libris et sine scripto traditionibus«.

J. Ratzinger nimmt in seinem Kommentar zu den ersten zwei Kapiteln der Offenbarungskonstitution des II. Vatikanums[21] interessanterweise in die Vorgeschichte der neuen Verhältnisbestimmung

---

19 Brief an die Kaiser zur Einberufung des Constantinopolitanums III, in: *Mansi*, Sacrorum conciliorum ... collectio 11,239.

20 *J. A. Möhler*, Die Einheit der Kirche oder das Prinzip des Katholizismus, § 3, ed. Geiselmann 1957, 11.

21 *Ratzinger* 498.

Schrift–Tradition die beiden *Mariendogmen von 1854 und 1950* auf. Ihre Aussagen lassen sich nur schwer auf die Heilige Schrift zurückführen. Es gibt aber auch keine kontinuierliche Tradition für sie von den Anfängen des Christentums an. Betreffs der leiblichen Aufnahme Mariens in den Himmel hat man von einem achthundertjährigen Schweigen der Überlieferung gesprochen. Was bleibt als Möglichkeit, diese Dogmen zu begründen – wenn nicht der Appell an das lebendige Glaubensbewußtsein, an das von den Tübingern entwickelte Überlieferungsverständnis?!

3.3.7 Tradition auf dem II. Vatikanum – und danach

Die Offenbarungskonstitution des letzten Konzils,»Dei Verbum«, spiegelt in ihrer abenteuerlichen Entstehungsgeschichte das problematische Verhältnis Schrift–Tradition. Schon im Sommer 1962 (Konzilsbeginn: 10. Oktober 1962) wurde den künftigen Konzilsvätern ein »Schema« vorgelegt, das eine Kommission unter Leitung von Kardinal Ottaviani, Präfekt des (damals noch:) »Sanctum Officium«, mit S. Tromp SJ als Sekretär, vorbereitet hatte. Dieses Dokument bezog sehr enge traditionelle Positionen. Die Irrtumslosigkeit der Heiligen Schrift zum Beispiel sollte auch profane Aussagen umfassen, die Inspiration – verbalistisch – sich auf die einzelnen Wörter erstrecken. Sogar in einer Überschrift war von den »zwei Quellen« der Offenbarung die Rede: die durch Tridentinum und I. Vatikanum einigermaßen offengelassene Frage sollte endgültig zugunsten eines Inhaltsüberschusses der Tradition gegenüber der Schrift und deren »materialer Insuffizienz« entschieden werden. Gegen dieses Dokument sind, sobald es in der Konzilsaula vorgelegt wurde, vor allem mittel- und westeuropäische Kardinäle (Frings/Köln, Alfrink/Utrecht, Suenens/Mecheln, König/Wien) Sturm gelaufen. Die Abstimmung, die sie erreichten, wurde jedoch von dem Konzilspräsidium durch einen Geschäftsordnungstrick so vorgenommen, daß nicht für die Annahme des Schemas – wie es normal gewesen wäre –, sondern für seine Ablehnung Zweidrittelmehrheit nötig war. Diese wurde verfehlt – und so hätte ein gutes Drittel der Stimmen durchgesetzt, daß das ultrakonservative Papier die Grundlage der weiteren Diskussion geworden wäre. Da hat Papst Johannes XXIII. eingegriffen: er überwies das Schema zur Überholung einer neuen Kommission unter der Doppelpräsidentschaft von Kardinal Ottaviani und Kardinal Bea. Auch das Ergebnis ihrer Arbeit, die mehrere Etappen durchlief, hatte Kompromißcharakter; die gegensätzlichen Strömungen des Konzils schlugen sich darin nieder.[22]

Vier Kapitel von »Dei Verbum« handeln von der Heiligen Schrift (Kap. 3–6); nur ein kleines – das zweite! – Kapitel (Art. 7–10; am wichtigsten Art. 8 und 9) von der Tradition. Der Tenor des Traditionskapitels – wie schon des ersten Kapitels, das grundlegend von der Offenbarung spricht – ist ein neues Offenbarungsverständnis: Es ist nicht auf die Schrift als eine Summe von Sätzen konzentriert, treibt also nicht einseitige Worttheologie, sondern sieht Offenbarung als ganzheitliches Geschehen, als in Taten und Worten Gottes sich vollziehende Geschichte des Heils. Nicht ein juridisches Verständnis herrscht vor, sondern ein sakramentales. Damit hängt zusammen, daß in »Dei Verbum«, abgesehen von einem Schriftzitat, die Rede ist von *der* Offenbarung, im Singular, während das Tridentinum noch durchweg von Offenbarungen im Plural sprach.

Artikel 8 der Offenbarungskonstitution betont zunächst, daß Offenbarung diesen Einheits- und Ganzheitscharakter hat: Sie überliefert all das, was das Jesusereignis und Christusmysterium in Wort und Tat, in Kreuz und Auferstehung für die Kirche konstitutiv bedeutet. Es geht nicht nur um Lehre, sondern »die Kirche führt in Lehre, Leben und Kult durch die Zeiten weiter und übermittelt allen Geschlechtern alles, was sie selber ist, alles, was sie glaubt«. Aus dem vorgesehenen Text wurde ein kleiner Satzteil gestrichen. Ursprünglich hieß es: »... was sie ist, was sie hat, was sie glaubt.« Gegen das »*was sie hat*« erhoben sich Proteste: Wird dadurch konservativ alles festgeschrieben, was jemals in der Kirche aufgekommen ist im Verlauf der Jahrhunderte? Hat die Schrift gegenüber der Überlieferung nicht auch eine normativ-kritische Funktion? Diese traditionskritische Funktion der Schrift müsse zum Ausdruck kommen. Die berechtigten Bedenken, vor allem des US-amerikanischen Kardinals Meyer, bewirkten wenigstens

22 Vgl. ebd. 500–503.

die besagte Auslassung, die man nur würdigen kann, wenn man die Textgeschichte kennt. Und das ist – mit Ratzinger zu urteilen [23] – zuwenig; es ist ein Hauptmangel der Konstitution, daß sie das tradierende Bewahren nicht ausdrücklich unter das Richtmaß und Gericht der Schrift stellt.

Auch Artikel 9 (vgl. NR 148 f) ist kritisch anzuleuchten – nicht wie Artikel 8 betreffs dessen, was er nicht sagt, sondern auch in dem, was er sagt. Zunächst wird ausgeführt:

»Die Heilige Überlieferung und die Heilige Schrift sind eng miteinander verbunden und haben aneinander Anteil. Demselben göttlichen Ursprung oder Quell [scaturigo, nicht: fons] entspringend, fließen beide gewissermaßen in eins zusammen und streben demselben Ziel zu. Denn die Heilige Schrift ist Gottes Rede, insofern sie unter dem Anhauch des Heiligen Geistes schriftlich aufgezeichnet wurde. Die Heilige Überlieferung aber gibt das Wort Gottes, das von Christus dem Herrn und vom Heiligen Geist den Aposteln anvertraut wurde, unversehrt an deren Nachfolger weiter, damit sie es unter der erleuchtenden Führung des Geistes der Wahrheit in ihrer Verkündigung treu bewahren, erklären und ausbreiten.«

Hier wird ein gewisser Unterschied der Funktion von Schrift und Überlieferung angedeutet: die Heilige Schrift *ist* Gottes Wort, die Überlieferung *gibt* es nur *weiter*. Ein qualitatives Gefälle ist dadurch anerkannt. Vor allem hat das Konzil etwas geleistet, was uns durchaus positiv erscheint: Es hat, ähnlich wie dies die Tübinger Konzeption der lebendigen Überlieferung tat, Schrift und Tradition so aufeinander hingeordnet, daß sie sich gegenseitig – auf verschiedene Weise! – bedingen und durchdringen. Sie sind eng miteinander verbunden, haben aneinander Anteil, entspringen demselben göttlichen Ursprung, fließen gewissermaßen in eins zusammen, streben demselben Ziel zu: diese Formulierungen scheinen deutlich dagegen zu sprechen, daß es sich um zwei Quellen der Offenbarung handelt – vielmehr um zwei Weisen, in denen die eine große Überlieferung innerhalb der Kirche durch Schrift und mündliche Tradition weiterwirkt. Aber gerade protestantische Theologen waren damit nicht zufrieden; sie meinten, daß hier, in bekannter katholischer Manier, die Dinge miteinander verquirlt würden und daß die funda-

23 Ebd. 519f.

mentale Funktion der Schrift gerade nicht genügend zum Zug komme. Es schien ihnen fast die alte Auffassung doch noch lieber zu sein, denn wenn Schrift und Tradition nebeneinander stehen blieben, könne die Schrift leichter besonders akzentuiert werden.[24] Die letzten beiden Sätze von »Dei Verbum« 9 sind besonders fragwürdig. »So ergibt sich, daß die Kirche ihre Gewißheit über alles Geoffenbarte nicht aus der Heiligen Schrift allein schöpft.« Da scheint zurückgelenkt zu werden zur Zwei-Quellen-Position. Überraschenderweise waren evangelische Theologen darüber nun gar nicht besonders erbost. Das könne man recht verstehen, denn neben der Schrift gibt es das lebendige Zeugnis des Geistes in den Herzen der Glaubenden. Faktisch kam dieser Satz in die Konstitution durch die Intervention von 111 Konzilsvätern, die einen Zusatz im früheren traditionellen Sinn verlangten, worauf Paul VI. der Kommission sieben verschiedene Textvarianten vorlegen ließ, aus denen sie schweren Herzens die jetzt zu lesende auswählte. – »Ökumenisch weit schwieriger ist . . . der letzte Satz, der die Trienter Formel wiederholt.«[25] Er lautet: »Daher sollen beide [Schrift und Tradition] mit gleicher Liebe und Achtung angenommen werden.« Es ist der Gedanke von Basilius anno 375. Würde man darin Tradition in jenem weiten Sinne verstehen, in dem sie die Schrift einschließt, so wäre der Satz entschärft; nur gibt dann der Wortlaut nicht mehr viel Sinn.

Zum Schluß sei hingewiesen auf jene Entschärfung des Problems, die sich in den jüngeren ökumenischen Gesprächen herausstellte. Zwei theologische Voten sind für uns besonders interessant. Der *Malta-Bericht* »Das Evangelium und die Kirche« wurde 1971 verfaßt von einer *evangelisch-lutherischen* und römisch-katholischen Studienkommission, die 1965 eingesetzt worden war vom Lutherischen Weltbund und vom Römischen Sekretariat für die Einheit der Christen. Er handelt vom Problem der Tradition gleich im 1. Kapitel: Beide Gruppen haben sich darin getroffen, daß sie Evangelium und Überlieferung aufeinander verwiesen sein lassen. Sie unterscheiden sich darin, daß sie dem Rechtfertigungsartikel einen unterschiedlichen Rang zumessen. Auf der einen Seite wird seine

24 Ebd. 524.   25 Ebd. 526.

Rolle als Kriterium, an dem jede kirchliche Überlieferung zu messen ist, herausgestellt (articulus stantis et cadentis ecclesiae), auf der anderen, katholischen Seite verzichtet man auf eine solche Aussage, spricht aber immerhin von einer »Hierarchie der Wahrheiten«. Die zentrale Aussage ist hier die, die das eschatologische Heilshandeln Gottes in Kreuz und Auferstehung Jesu zur Sprache bringt.[26]

Der zweite Bericht ist von einer römisch-katholischen und *reformierten* Studienkommission ausgearbeitet und 1977 in Rom verabschiedet worden.[27] Die Artikel 27–30 sprechen von der Tradition: »Im allgemeinen suchen die Reformierten nach einer unmittelbaren Begründung ihrer Lehre im apostolischen Zeugnis der Schrift, während die römisch-katholische Kirche das Zeugnis stärker im Glaubensleben der Gesamtkirche vernimmt, insofern sie im Laufe der Jahrhunderte ständig der Fülle der göttlichen Wahrheit entgegenstrebt (vgl. Dei Verbum 8). Dieser unterschiedlichen Haltung dürfte eine Differenz in der Pneumatologie zugrunde liegen: das katholische Denken ist in erster Linie getragen vom Vertrauen auf die fortdauernde Gegenwart des Heiligen Geistes, während die reformierte Kirche die Gegenwart des Geistes als stets neues Geschenk des erhöhten Herrn erfährt. [Ein Versuch, die Hintergründe, die Mentalitätsunterschiede ›pneumatologisch‹ in den Griff zu kriegen!] – In den Reformierten Kirchen postuliert das sogenannte ›Schriftprinzip‹, d. h. das Vertrauen, daß das Wort Gottes sein rechtes Verständnis immer wieder selbst erzeugt, im Leben der Kirche eine sorgfältig eingehaltene Beziehung zwischen dem theologisch-gebildeten Diener des Wortes und der theologisch-informierten, verantwortlichen Gesamtgemeinde. Die katholische Kirche betont innerhalb der Gemeinde den besonderen Dienst derjenigen, die unter dem Beistand des Heiligen Geistes die pastorale Verantwortung wahrnehmen und so auch für die rechte Auslegung und Verkündigung des Wortes Gottes zu sorgen haben.« Das scheint mir realistischer gesagt, aber es hat auch seine Schwierigkeiten damit: vgl. Kapitel 5!

26 Diese Zusammenfassung von *W. Löser*, Ökumenische Kirchenkunde, Frankfurt 1977/78 (Manuskript), 138.
27 Text in: Una Sancta 33 (1978) 2–24.

Literatur

Beumer, J., Die mündliche Überlieferung als Glaubensquelle (HDG I 4), Freiburg 1962

Congar, Y., Die Tradition und die Traditionen (französisch 1960), Mainz 1965

Holstein, H., Die Tradition in der Kirche (französisch 1960), Köln 1964

Kasper, W., Tradition als Erkenntnisprinzip, in: Theologische Quartalschrift 155 (1975) 198–215

Lengsfeld, P., Tradition innerhalb der konstitutiven Zeit der Offenbarung, in: Mysterium Salutis, Bd. 1, Einsiedeln 1965, 239–288

Ders., Tradition und Heilige Schrift – ihr Verhältnis, ebd. 463–496

Pieper, J., Überlieferung. Begriff und Anspruch, München 1970

Ratzinger, J., Kommentar zum I. und II. Kapitel der Dogmatischen Konstitution »Dei Verbum« über die göttliche Offenbarung, in: Das Zweite Vatikanische Konzil, Bd. 2, Freiburg 1967, 498–528

4 Dogma und Dogmenentwicklung

4.1 Der Begriff »Dogma«

Das Wort »Dogma« kommt vom griechischen »dokeín«; »dokéō« heißt »ich scheine«, »dokeí« bedeutet »es scheint gut«. Das Wort »dokeín« hat eine Doppelbedeutung; es besagt einerseits: glauben, meinen, und anderseits: gut scheinen, beschließen. Daraus ergibt sich eine zweifache Bedeutung des Begriffes »Dogma« *in der heidnischen Antike*: Er bezeichnet 1. in den Wissenschaften, besonders in der Philosophie, die Lehrmeinung oder den Lehrsatz und 2. im politischen Bereich eine Verordnung oder ein Edikt. Im großen und ganzen wird Dogma in der heidnischen Antike im profanen Sinn gebraucht. Der religiöse Sinn wurde freilich vorbereitet durch die Definition, die Sextus Empiricus (um 200 v. Chr.) gegeben hat: »Dogma ist die Zustimmung zu einem Sachverhalt aus dem wissensmäßig zu erforschenden Bereich des den Sinnen Unzugänglichen.«

Das *Neue Testament* verwendet den Begriff »Dogma« fünfmal und schließt sich dabei meistens dem heidnisch-antiken Gebrauch an. Lk 2,1 (»Es erging ein Edikt [Dogma] von Kaiser Augustus, das ganze Volk aufzuzeichnen«) und Apg 17,7 bezeichnet Dogma ein kaiserliches Edikt; im Corpus Paulinum, Eph 2,15 und Kol 2,14, bezeichnet Dogma – ebenfalls in Anlehnung an die Gesetzesterminologie – das alttestamentliche Gesetz. Wichtiger ist Apg 16,4, wo Dogma im Plural die Beschlüsse der Apostel bezeichnet: ta dógmata ta kekriména hypó tōn apostólōn kai presbytérōn (die Beschlüsse, die von Aposteln und Ältesten gefaßt wurden). Genauso aufschlußreich für den Sprachgebrauch des Neuen Testaments ist das Verbum »dokeín«, das mit Dogma zusammenhängt. Denn die mit Dogma verwandte Form »édoxe« bezeichnet in der Apostelgeschichte die Beschlüsse des Apostelkonzils, und zwar an drei Stellen: Apg 15,22.25.28. Am wichtigsten ist Apg 15,28: édoxen tō Pneúmati tō hagíō kai hēmín (es hat dem Heiligen Geist und uns gefallen). Hier meint Dogma bzw. die dazugehörige Verbform »eine verbindliche Weisung in Glaubens- und Sittenfragen«[1], die mit der Autorität des Heiligen Geistes und der Apostel begründet wird. Überstrapazieren darf man diese Stelle allerdings auch nicht. Das Apostelkonzil hatte es zwar mit der Verbindlichkeit des alttestamentlichen Gesetzes für die Heidenchristen zu tun, und das ist keine nur disziplinäre Angelegenheit. Aber es handelt sich doch nur um eine einzelne Stelle. Auf keinen Fall ist Dogma die vorherrschende Bezeichnung des Neuen Testaments für die Hauptlehren des Christentums. Es ist nur ein Randbegriff, der selten genug vorkommt, sich dort allerdings über den heidnisch-antiken Sprachgebrauch hinaus gelegentlich auch auf verbindliche Glaubens- und Sittenlehren bezieht.

Eine Weiterentwicklung des Begriffs findet sich bei den *Apostolischen Vätern*. Bei ihnen wird der Begriff »Dogma« bereits auf die Vorschriften und Lehren Jesu und der Apostel angewandt. Von den »Dogmen des Herrn« ist bei Ignatius (Magn 13,1) und im Barnabasbrief (1,6) die Rede. Zu den aus der heidnischen Antike übernommenen Begriffselementen »Lehrmeinung« einerseits und »verbindliche Entscheidung« anderseits trat nun »ein theologisches Moment: die Gleichsetzung von Dogma mit Lehren und Weisungen Jesu, der Apostel und der Kirche«[2]. Dieser Sprachgebrauch der Apostolischen Väter wurde von der Patristik weitgehend rezipiert. Der Begriff »Dogma« bleibt aber in der ganzen Patristik recht verschwommen; was die Kirchenväter genau meinen, wenn sie vom »dogma nostrum catholicum« reden, das wird eigentlich nie so recht klar, sie definieren es nie. Die *Kirchenväter* übernehmen den Begriff »Dogma« zwar, sind aber in seinem Gebrauch sehr sparsam. Dafür gibt es drei Gründe. 1. Der Begriff »Dogma« wurde im profanen, vor allem im juristisch-politischen Bereich weiter verwendet im Sinne von »kaiserliches Edikt«. – 2. Von der Bedeutung »Lehrmeinung« her haftet dem Begriff »Dogma« etwas sehr Subjektives an, ein bloßes Meinen. Der Begriff bezeichnet in der heidnischen Anti-

1 *Söll* 4.
2 Ebd. 5.

ke die Lehre einer Philosophenschule und im frühen Christentum die Lehre einer Theologenschule oder auch nur die bloße Privatmeinung eines einzelnen Philosophen oder Theologen. – 3. Daher rührt die Nähe des Begriffs »Dogma« zum Begriff der Häresie: die Privatmeinung eines einzelnen oder einer bestimmten Gruppierung wird als Dogma bezeichnet. Klemens von Alexandrien († vor 215) übernimmt von Sextus Empiricus die Definition des Begriffes »Häresie« als »Zuneigung zu einer Mehrzahl von Dogmen«. Neben der semantischen Nähe von Häresie und Dogma – wobei eben Dogma nicht die offizielle kirchliche Lehre, sondern eine Privatmeinung meint – ist hier bemerkenswert, daß eine Mehrzahl von Dogmen als System von Lehren bezeichnet wird. So verstehen die Kirchenväter unter Dogma irgendeine und jedwede, nicht nur die offiziell kirchliche Lehre und verwenden den Begriff »Dogma« auch oft für häretische Auffassungen. Augustinus und fast alle anderen lateinischen Kirchenväter nennen vorwiegend die Häresien »Dogma«. Und da unter den Kirchenvätern Augustinus der große Lehrmeister des Mittelalters war, schließt sich die Scholastik durchweg seinem Sprachgebrauch an. Dogma bedeutet bis etwa 1500 schlichtweg »Lehre«.[3] Wessen Lehre jeweils gemeint ist (zum Beispiel die katholische, diejenige einer häretischen Gruppe oder eines heidnischen Philosophen), das wird durch ein Attribut spezifiziert.

Die spezielle Bedeutung von Dogma als Offenbarungswahrheit, die verbindlich und autoritativ vom kirchlichen Lehramt vorgetragen wird, hat sich erst in der Neuzeit herauskristallisiert. Vorweggenommen, wenn auch mit gewissen Unschärfen, wurde dieser Sinn des Begriffes »Dogma« schon bei *Vinzenz von Lérins*, der Dogma vorwiegend für die Glaubenslehre der Kirche verwendet. Er setzt Dogma mit Offenbarungswahrheit und depositum fidei gleich.[4] Aber wegen seiner semipelagianisch angehauchten Polemik gegen Augustinus genoß er im Mittelalter kein hohes Ansehen. Wiederentdeckt wurde er erst im 16. Jahrhundert, und er übte sowohl in der Frage nach der Tradition als auch bei der Klärung des

3 Vgl. *Becker.*
4 *Elze* 436.

Dogmenbegriffes beachtlichen Einfluß auf die Theologie zwischen dem Konzil von Trient und dem I. Vatikanum aus.

Der erste, der nach Vinzenz von Lérins eine Eingrenzung des vagen patristischen und scholastischen Sprachgebrauchs (Dogma = Lehre) auf die verbindliche, von der Kirche autoritativ vorgetragene Offenbarungswahrheit vornimmt und damit die Terminologie des I. Vatikanums wie auch heutiger Theologie anbahnt, ist Melchior Cano.[5] Dogma ist für ihn a) eine Offenbarungswahrheit, die die Kirche b) von den Aposteln empfangen hat und die c) vom Ökumenischen Konzil oder vom Papst definiert worden ist oder – damit klingt der sensus fidelium an – die einmütig und beständig vom Volk Gottes im Glauben festgehalten wurde. Gegensatz zum Dogma ist für Cano die Häresie. – In der Zeit zwischen Tridentinum und I. Vatikanum arbeitete die Theologie vor allem die Zuständigkeit des Lehramts für das Definieren von Dogmen heraus und befaßte sich mit der Verbindlichkeit und dem Gehorsamsanspruch der Dogmen.

Das *I. Vatikanum* nimmt die Ergebnisse dieser theologischen Diskussion auf. Es stellt fest (DS 3011 = NR 34), daß das Lehramt Glaubensentscheidungen sowohl in feierlicher Definition (außerordentliches Lehramt) als auch in der normalen Lehrtätigkeit (ordentliches Lehramt) fällen kann und daß diese Entscheidungen von den Gläubigen »mit göttlichem und katholischem Glauben« (fide divina et catholica) anzunehmen seien. Dabei unterscheidet das Konzil klar einerseits Dogma als authentische Erklärung des Sinnes der Offenbarung und anderseits depositum fidei als Gesamtheit des Offenbarungsinhaltes; Vinzenz von Lérins hatte diese Differenzierung noch nicht vorgenommen. So verwendet das I. Vatikanum für verbindliche kirchliche Lehren den Begriff »Dogma«, zum Beispiel für die Unfehlbarkeit des Papstes (Textbelege: DS 3041 = NR 55 und DS 3073 = NR 454). Dieser Sprachgebrauch hat sich erst seit Pius IX. beim Lehramt allgemein durchgesetzt und bis auf die Gegenwart erhalten, während er zuvor seltener ist.

Systematisch lassen sich vom gegenwärtigen theologischen Sprachgebrauch her folgende fünf Punkte als Wesensmerkmale des Dogmas feststellen:

5 *Schrodt* 156–160.

Das Dogma ist »1. seinem Inhalt nach eine Offenbarungswahrheit, 2. seiner Form nach ein Lehrsatz, 3. seiner objektiven Gültigkeit nach eine unfehlbare Glaubensaussage, 4. seinem subjektiven Geltungsanspruch nach eine jeden Gläubigen der Kirche im Gewissen verpflichtende Richtschnur und 5. seinem Werdegang nach eine im Lauf der Geschichte durch die Kirche vorgenommene Feststellung«[6]. Es ist also nicht jedwede Lehre, auch nicht jedwede Grundlehre der Kirche Dogma, auch nicht jede Offenbarungswahrheit ist Dogma, sondern diese fünf Eigenschaften müssen gegeben sein.

4.2 Dogmenentwicklung

4.2.1 Problemstellung

Daß die Lehre der Kirche einer gewissen Entwicklung und Wandlung ausgesetzt ist, dessen waren sich auch die Kirchenväter und die Scholastik bewußt. Im Mittelalter tauchte das Problem in der Frage auf: Können und, wenn ja, wie können die Glaubensartikel (die Sätze des Credo) vermehrt werden? Wie erklärt sich die Tatsache, daß das Glaubensbekenntnis des Nicaenum und des I. Constantinopolitanum länger ist als das Apostolische Glaubensbekenntnis? Wie kommt es, daß das eine vierzehn articuli fidei enthält, das andere nur zwölf? Darüber hinaus geht prospektiv die Fragestellung: Wenn einmal in der Geschichte der Kirche eine Entwicklung von zwölf zu vierzehn Sätzen möglich war, ist es dann möglich, neue Glaubensbekenntnisse mit mehr als vierzehn Sätzen aufzustellen? Anderseits stellt sich auch die Frage: Wie erklärt man, daß wichtige kirchliche Lehren (etwa die Eucharistielehre, ja die gesamte Sakramentenlehre) nicht im Credo enthalten sind? So stellte sich also das Problem einer Lehrentwicklung auch für die Scholastik. Anderseits aber ging man doch davon aus, daß im Grunde alles dasselbe bleibt, denn Glaube ändert sich nicht; was einmal wahr war, wird auch immer wahr bleiben. Und vor allen Dingen ging es der katholischen gegenreformatorischen und nach-

6 *Söll* 20.

tridentinischen Theologie darum, zu zeigen, daß der Glaube des Konzils von Trient sich von der Lehre der Urkirche nicht unterscheidet. Denn es mußte die protestantische Verfallstheorie widerlegt werden, daß es nach der Urkirche bzw. nach dem Ende des »consensus quinquesaecularis« in der Kirche tausend Jahre lang bergab ging, bis dann Luther diesem permanenten Verfall Einhalt gebot. Dagegen war zu zeigen, daß die Lehren der Kirche sich seit der Urkirche nicht entwickelt hatten, daß im wesentlichen alles beim alten geblieben war.

Erst seit dem Ende des 18. und dem Beginn des 19. Jahrhunderts wird Dogmenentwicklung als theologisches Problem bewußt. Dies hängt mit folgenden Faktoren zusammen:

1. Die Aufklärung, zum Beispiel Lessing, versteht Offenbarungswahrheiten als Vernunftwahrheiten. Offenbarung ist Erziehung. Sie vermittelt dem Menschen nichts, was er nicht auch von sich aus grundsätzlich erkennen könnte. Die Absolutheit des Christentums geht in Lessings bekannter Ringparabel von Nathan dem Weisen verloren. Das Christentum ist nur noch eine unter vielen Religionen, seine Lehren haben keine absolute Geltung mehr.

2. Mit Hegel und der Romantik setzt das moderne Verständnis für Geschichte und Geschichtlichkeit ein.

3. Der Hegel-Schüler Ferdinand Christian Baur, ein Vertreter der evangelischen Tübinger Schule des 19. Jahrhunderts, deutet nach dem Schema der Hegelschen Dialektik These-Antithese-Synthese die Dogmengeschichte, in deren Verlauf sich das Christentum immer mehr vervollkommne. Die liberale Theologie treibt Dogmengeschichte rein positiv-historisch als Unterabteilung zur Geistesgeschichte, als Geschichte der religiösen Ideen des Christentums. Dabei behauptet die liberale Theologie – also die vorherrschende Theologie des Protestantismus des 19. Jahrhunderts –, sie verfolge das Anliegen der Reformation weiter, die sich gegen kirchliche Tradition und katholisches Lehramt erhoben hatte. So erklärt Adolf von Harnack (1851–1930): »Die Reformation ist in einem ähnlichen Sinn des Dogmas Ende, in welchem das Evangelium des Gesetzes Ende ist.«[7] Zugleich weist er auf das Zentralproblem von

---

7 *A. v. Harnack*, Lehrbuch der Dogmengeschichte, Bd. 3, Tübingen ⁴1910, 689.

Dogmenentwicklung im protestantischen Verständnis hin, genauer im Verständnis dieser liberalen Theologie: »Man sucht freilich im Luthertum eifrig nach einem Zwischenbegriff zwischen reformabel und unfehlbar; aber man hat ihn bisher, soviel ich sehe, nicht zu entdecken vermocht.«[8] Der katholische, wegen des Dogmas von 1870 sich mit der Kirche überwerfende Kirchenhistoriker Ignaz von Döllinger (1799–1890) umreißt das gleiche Problem wie die protestantische Dogmengeschichtsschreibung so: »In neuerer Zeit wurde in dem Maße, als bei den Protestanten die Dogmatik in Verfall und Nichtachtung geriet, die Dogmengeschichte umso eifriger bearbeitet, weil, wie einer unserer tiefsten Denker [Franz von Baader] neulich treffend bemerkt hat, wenn es um die Sache [das Dogma] *geschehen* ist, auch nur eine *Geschichte* derselben [die Dogmengeschichte] überbleiben kann.«[9] In dieser geistesgeschichtlichen Situation stellte sich dann auch für die katholische Theologie das Problem der Dogmenentwicklung.

Worin besteht die theologische Fragestellung der Dogmenentwicklung? Tatsache ist, daß die Kirche Sätze als von Gott geoffenbart definiert, die entweder zwar im Glaubensbewußtsein vorhanden waren, aber nicht als Dogma vorgetragen wurden, oder die den traditionellen Inhalt in verschiedener, differenzierterer Terminologie aussagen oder für die sich nicht ohne weiteres gleichwertige Aussagen belegen lassen, die bis in die Urkirche zurückgehen. Daraus ergibt sich dann das Problem, die Übereinstimmung der späteren Dogmen mit der Offenbarung in Christus und den Aposteln nachzuweisen. Denn die Offenbarung endet – nach katholischer Lehre – mit der Gründergeneration der Kirche, von der die kanonischen Schriften stammen, und da keine neuen Dogmen geoffenbart werden, müssen sie irgendwie in der »alten« Offenbarung enthalten sein.

Vor allem im 19. Jahrhundert hat die katholische Theologie verschiedene Theorien der Dogmenentwicklung entfaltet. Drei Hauptrichtungen der Theologie haben sich mit diesem Problem befaßt: a) die Neuscholastik; b) die Theologen der katholischen

8 Ebd. 692.
9 *I. Döllinger*, Die Lehre von der Eucharistie in den drei ersten Jahrhunderten, München 1826, VII f.

Tübinger Schule, die sich vor allen Dingen mit der Aufklärung und dem Deutschen Idealismus und auch mit der zeitgenössischen protestantischen Theologie (zum Beispiel F. Schleiermacher, D. F. Strauß) auseinandergesetzt haben; c) der englische Konvertit und Kardinal John Henry Newman.

Die Neuscholastik hat das Problem intellektualistisch-logisch betrachtet. Für sie ist Dogmenentwicklung die Explikation einer Glaubenslehre, die zuvor unklarer und weniger präzis war. Die Frage ist dann, wie das neue Dogma in der bisherigen Lehre enthalten und wie deutlich es geoffenbart sein muß.

Andere Erklärungsversuche haben Dogmenentwicklung als geschichtlichen Prozeß verstanden. Wir greifen drei theologische Modelle des 19. und 20. Jahrhunderts heraus.

4.2.2 Theologisches Modell I: John Henry Newman

Für Newman (1801–1890) ist die Frage der Lehrentwicklung der entscheidende Anlaß gewesen, von der anglikanischen zur katholischen Kirche zu konvertieren. Newman stellt nämlich noch als Anglikaner durch historische Forschungen fest, daß man die gleichen Einwände, die man gegen das Trienter Konzil erhebt, nämlich daß es die Tradition nicht bewahre, sondern von ihr abgewichen sei, auch schon gegen das Konzil von Nizäa und das Konzil von Chalzedon machen könne. Es geht nicht an, sich auf die Väter berufend, den consensus quinquesaecularis zu akzeptieren und gleichzeitig das Trienter Konzil und die gegenreformatorische Theologie abzulehnen. Was man den Päpsten des 16. Jahrhunderts vorwerfe, müsse man in gleicher Weise denen des 4. und 5. Jahrhunderts zur Last legen; diese aber halten Newman und die anglikanische Kirche nicht für »dekadent«. So kommt Newman durch das Studium der Dogmenentwicklung zur katholischen Kirche.

Newmans Theorie der Dogmenentwicklung hat vor allem in zwei Punkten große Bedeutung. Zum einen hat er in seiner noch relativ frühen Schrift »Über die Entwicklung der Glaubenslehre« (An Essay on the Development of Christian Doctrine), zur Zeit der Konversion 1845 verfaßt, sieben Kriterien aufgestellt, nach denen sich die Lehrentwicklung vollzieht. In einer späteren Schrift, im »Entwurf einer Zustimmungslehre« (An Essay in Aid of a Grammar of Assent) aus dem Jahre 1870, hat er eine Theorie über den Erkenntnisprozeß und die Entscheidungsfindung in Glaubensfragen entwickelt. Nach den folgenden sieben Kriterien lassen sich echte Entwicklungen von Korruptionen einer Lehre unterscheiden.

Das erste Kriterium ist die *Erhaltung des Typus*. Die Analogie mit der organischen Natur und ihrem physischen Wachstum zeigt, daß die Teile und Proportionen der voll ausgebildeten Form in einem ähnlichen Verhältnis zueinander stehen wie in frühen Stadien. Die Grundgestalt bleibt gleich. Aus einem jungen Vogel wird kein Fisch. Gliedmaßen und Körperteile des Erwachsenen sind schon beim Kleinkind gegeben. Freilich, so muß Newman einräumen, darf man das Kriterium nicht pressen: Aus der Raupe wird durch organische Entwicklung ein Schmetterling, obwohl von äußerer Ähnlichkeit nichts zu entdecken ist. Und die heutigen Raubtiere, so vermutet er, seien in der Idylle des Paradieses ja wohl Vegetarier gewesen und müßten damals eine ganz andere körperliche Konstitution gehabt haben. Man sieht: unproblematisch sind die Kriterien auch für Newman selbst nicht. Für Ideen gilt die gleiche Regel der Erhaltung ihrer Grundgestalt. Daß der Gesamteindruck, den das Christentum hinterläßt, in den ersten drei Jahrhunderten und in der Gegenwart derselbe sei, weist Newman aus der Perspektive der Gegner nach: eine Religion, die in intoleranter Weise Absolutheitsanspruch erhebe, sich über die ganze Welt verbreite, ihre Anhänger in repressiver Form auf einen rational undurchschaubaren Glauben festlege – in dieser Beurteilung des Wesens des Christentums treffen sich Heiden der Antike und neuzeitliche Aufklärer. Ein Vergleich des 4. und 19. Jahrhunderts: Einheit und Katholizität sind die Merkmale, durch die die Kirche sich von anderen Religionsgemeinschaften unterscheidet.

Als zweites Kriterium nennt Newman die *Kontinuität der Prinzipien*. Nicht nur die äußere Gestalt, sondern auch die inneren Grundregeln müssen gleich bleiben. So hat es in der Kirche zum Beispiel immer intellektuell redliche Glaubensreflexion gegeben (Prinzip der Theologie), und der Kirche ging es immer um die Heiligung des Menschen (Prinzip der Gnade).

Den meisten Staub aufgewirbelt hat das dritte Kriterium, das *Assimilationsvermögen*. Jedes Lebewesen nimmt Nahrungstoffe von außen auf und wächst dadurch. Jede Idee wird mit gegensätzlichen Meinungen konfrontiert, und es ist eine Frage ihrer Lebenskraft, wie sie darauf reagiert. Anders gesagt: Wer verschlingt wen? Das Christentum ist mit anderen Philosophien und Weltanschauungen konfrontiert gewesen. Deren Anstöße und Anregungen hat es kritisch verarbeitet, ohne seine Selbstidentität preiszugeben; ein Problem, das heute mit dem Stichwort »Inkulturation« umrissen wird.

Die Bezeichnung *»logische Folgerichtigkeit«* für das vierte Kriterium weckt leicht falsche Assoziationen. Dogmenentwicklung ist für Newman ein geschichtlicher, kein logischer Prozeß. Für eine authentische Lehrentwicklung verlangt er nicht, daß sie sich in Form einer logischen Deduktion abspiele oder sich in dieser Weise auch nur darstellen lasse. Aber aus der Retrospektive muß eine innere Kohärenz zwischen früheren und späteren Entwicklungsstufen aufleuchten. Das wird im fünften und sechsten Kriterium näher erläutert.

Die *Vorwegnahme der eigenen Zukunft* besagt, daß künftige Entwicklungen bereits vorher in irgendeiner Form angelegt sein müssen, andeutungsweise, unausgereift, noch unklar. Die spätere Lehre darf nicht etwas völlig Neues sein.

Umgekehrt gilt für die Lehren späterer Jahrhunderte, daß sie eine *bewahrende Auswirkung auf ihre Vergangenheit* ausüben müssen. Bisher erreichte Einsichten dürfen nicht einfach umgestürzt oder auch nur ignoriert werden. Kontinuität, nicht Bruch mit der Vergangenheit ist Zeichen echter Entwicklung.

Siebtes und letztes Kriterium ist die *fortdauernde Lebenskraft*. Ein altes fundamentaltheologisches Argument (vgl. schon Apg 5,38 f) schimmert hier durch, das aus der wunderbaren Ausbreitung des Christentums und dessen jahrhunderte- und jahrtausendelanger Beständigkeit den göttlichen Ursprung erschloß. Korruption ist die Vorstufe zur Auflösung. Festigkeit und Zähigkeit lassen auf genuine Entwicklung schließen.

Diese Kriterien will Newman nicht exklusiv verstanden wissen; weitere könnten hinzukommen. Die Überprüfung der Geschichte der katholischen Kirche und ihrer Lehrentwicklung anhand der sieben Kriterien ergibt für ihn, daß es sich um legitime Entfaltungen handelt und daß die Kirche die Identität mit ihrem Ursprung bewahrt hat.

Newman selbst räumt ein, daß man seine Kriterien cum grano salis nehmen müsse. Das eine oder andere von ihnen passe wohl auch auf nicht-katholische Religionsgemeinschaften. Wie wenig eindeutig die Kriterien sind und wie verschieden demnach die Urteile ausfallen können, hat der Blick auf das erste Kriterium exemplarisch gelehrt. Zu fragen ist daher, wie man eigentlich die Legitimität einer Lehrentwicklung beurteilen kann, denn zu einer durch einen logischen Schluß vermittelten Evidenz kommt man ja offenbar nicht, wenn man mit den genannten Kriterien die tatsächliche Dogmenentwicklung überprüft.

Die erkenntnistheoretische Grundlage zu seiner Theorie der Dogmenentwicklung hat Newman 25 Jahre später nachgeliefert, in seinem »Entwurf einer Zustimmungslehre«. Newman nimmt ein besonderes Erkenntnisvermögen an, das er »Folgerungssinn« (illative sense) nennt. Er unterscheidet zwischen Folgerung und Zustimmung. Wenn ich zwei Prämissen habe und aus den Prämissen die Konklusion ziehe, so ist die Folgerung, die Konklusion, nicht dasselbe wie die Bejahung, die Zustimmung, der Assensus, sondern die Bejahung oder Zustimmung ist ein sich zwar auf die Folgerung stützender, aber doch in gewisser Weise ihr gegenüber selbständiger, neuer Akt. Die Zustimmung ist kein bloßes Anhängsel der Folgerung oder des deduktiven Beweises, sondern sie ist die »Anerkennung der Gültigkeit einer Erkenntnis«[10]. Diesen Akt kann ich auch dann setzen, wenn die Folgerung nicht stringent ist. Der Folgerungssinn ist die Fähigkeit des Menschen zu einer Erkenntnis auch dann, wenn kein streng logisches Gefüge von Prämissen vorliegt, sondern ein Zusammenspiel von Gründen, die aus ganz verschiedenen Bereichen stammen können und für sich allein genommen zuerst bloße Wahrscheinlichkeiten darstellen. Er ist die Voraussetzung für Erkenntnisprozesse im alltäglichen Leben, wo man auch nicht immer streng logisch argumentiert, aber trotzdem zu

10 *Artz* 220.

sicheren Ergebnissen gelangt. Er wirkt sich aus auch in wissenschaftlichen Erkenntnissen, die sich ja meistens nicht streng nach Syllogismen vollziehen; auch dort geht normalerweise eine Intuition, eine spontane Erschließung, dem ausformulierten, klaren und prägnanten Beweis voraus.

Durch eine »Häufung von Wahrscheinlichkeiten« (cumulation of probabilities), die alle in dieselbe Richtung tendieren und in der Ausrichtung auf ein gemeinsames Ziel konvergieren, entsteht eine sichere Erkenntnis. Die einzelnen Einsichten überzeugen nicht für sich allein genommen, aber wohl in ihrer Gesamtheit. Die Frage, »ob denn viele Nullen eine Eins, bzw. viele Unsicherheiten in Addition eine Sicherheit ergeben könnten«[11], ist insofern zu bejahen. Andemonstrieren läßt sich eine derart gewonnene Erkenntnis freilich niemandem. Den Schritt von der Einsicht in die Gründe zur Zustimmung muß jeder selbst vollziehen. Erkenntnis ist kein aufs Rationale beschränkter Vorgang, sondern die gesamte Persönlichkeit des Erkennenden kommt ins Spiel. Die Zustimmung hängt ab vom freien Willen und damit auch vom sittlichen Charakter des Erkennenden. Daher beurteilen verschiedene Menschen dieselben Tatsachen unterschiedlich. Der eine akzeptiert in einer persönlichen Entscheidung den Glauben der Kirche, der andere nicht. Der eine kommt wie Newman selbst zu dem persönlich gefällten und verantworteten Urteil, daß die katholische Kirche am besten die Kontinuität mit dem Ursprung gewahrt habe, ein anderer sieht in der gleichen Entwicklung eine ständig zunehmende Untreue gegenüber dem Glauben der frühen Kirche.

4.2.3 Theologisches Modell II: Johann Evangelist Kuhn

Mit Johann Sebastian Drey und Johann Adam Möhler gehört J. E. Kuhn (1806–1857) zur katholischen Tübinger Schule des 19. Jahrhunderts. Er hat sich insbesondere mit Hegel auseinandergesetzt und ist nicht so stark wie Möhler vom romantischen Denken beeinflußt. Kuhn wendet sich gegen zwei Gegner: Einmal gegen

11 Ebd. 241.

den unhistorischen Biblizismus der protestantischen Orthodoxie (das heißt der protestantischen Schultheologie des 17. und 18. Jahrhunderts), die am Wortlaut der Schrift festhält und keine Entwicklung in der Formulierung zuläßt, und zum anderen gegen den aufklärerischen Rationalismus und gegen den deutschen Idealismus, die die christliche Lehre nicht nur ihrer Form, sondern auch ihrem Inhalt nach für entwicklungsfähig halten.

Kuhn wendet das metaphysische Schema Möglichkeit/Notwendigkeit/Tatsächlichkeit auf die Dogmenentwicklung an:

a) Die *Möglichkeit* der Lehrentwicklung. Wie vereinen sich die Abgeschlossenheit der Offenbarung und die Möglichkeit der Dogmenentwicklung? Bei der Mitteilung seiner Offenbarung bedient sich Gott der Propheten Israels und der Apostel. Da die Offenbarung die menschliche Vernunft als Anknüpfungspunkt voraussetzt und die Menschen der damaligen Zeit, also auch Propheten und Apostel, in ihrem alltäglichen Erfahrungswissen und in den Kategorien ihres Denkens beschränkter, ungebildeter und weniger weit entwickelt waren als Menschen späterer Zeiten, meint der Rationalismus, vor allem der aufklärerische, daß das, was Propheten und Apostel über religiöse Fragen sagten, auch nicht unübertrefflich und endgültig sei, sondern vervollkommnet und verbessert werden könne. Die Lehre der Apostel ist für die Aufklärung *nur* der erste und vergängliche Ausdruck des Christentums. Dagegen erhebt Kuhn Einwände, mit deren Hilfe er die Endgültigkeit und Vollkommenheit der in Christus ergangenen Offenbarung verteidigt: Erstens setze diese rationalistische Position letztlich die Leugnung von Offenbarung und Inspiration voraus, und zweitens betrachteten der Rationalismus der Aufklärung und der Deutsche Idealismus das religiöse Wissen nur mehr als Teilbereich menschlichen Wissens überhaupt, sie bestritten dadurch die Eigenständigkeit der religiösen Wahrheit und höben die Differenz von Glauben und Wissen auf. Für Kuhn ist (pauschal gesagt) im Gegensatz zum Idealismus die Wahrheit dem Menschen vorgegeben, sie wird nicht durch das erkennende Subjekt konstituiert, der Mensch kann die Wahrheit immer tiefer erfassen. Insofern ist Kuhn erkenntnistheoretisch Realist. So ist auch die Offenbarungswahrheit den Menschen ganz mitgeteilt, so daß eine inhaltliche Vervollkommnung der Offenbarung unmöglich ist. Möglich ist aber die immer weiter fortschreitende Erkenntnis der Offenbarungswahrheit. Der Inhalt der Offenbarung kann sich nicht ändern, aber wohl ihre Form und ihr Ausdruck.

b) Die *Notwendigkeit* der Dogmenentwicklung. Eine Dogmenentwicklung im Sinn einer fortschreitenden Erkenntnis der Offenbarungswahrheit ist also möglich, aber ist sie auch notwendig? Höhepunkt und Abschluß aller göttlichen Offenbarung ist Christus, nach ihm gibt es keine weitere Offenbarung mehr. Deshalb hat die Verkündigung dieser Offenbarung durch die Apostel für alle künftigen Zeiten normative Bedeutung. Reicht es dann aber nicht aus, die Worte der Apostel einfach zu wiederholen, bis in den Wortlaut hinein zu repetieren? Darauf antwortet Kuhn im Gegensatz zum Biblizismus: nein. Denn außer der Normativität für immer hat die Verkündigung der Apostel noch einen zweiten Zweck, nämlich den der »unmittelbaren Wirksamkeit für *ihre* Zeit«[12]. Sie haben ihre Lehre daher nicht abstrakt und zeitlos, sondern in den Vorstellungen ihrer Zeit verkündet. In anderen Zeiten und unter anderen Umständen muß die Offenbarungswahrheit anders verkündet werden, damit sie auch Menschen anderer Zeiten erreicht und – wie Paulus sagt (1 Kor 9,22) – allen alles wird. Während also der Inhalt der Offenbarungswahrheit sich nicht ändern kann, da die Offenbarung mit Christus und den Aposteln abgeschlossen ist, muß ihre Form, der Ausdruck der Verkündigung, sich ändern. Im Gegensatz dazu stehen der biblizistische Supranaturalismus und der Rationalismus. Für den Supranaturalismus ist nicht nur der Inhalt, sondern auch die Form und der Ausdruck der apostolischen Verkündigung absolute Norm für alle Zukunft und daher unveränderlich; der Rationalismus hingegen schließt »aus dem Zeitbedingten des Ausdrucks auf das Zeitbedingte und Relative auch des Inhaltes der christlichen Verkündigung in seinem Anfang und fordert seine Entwicklung«[13], wobei außer der Form auch der Inhalt vervollkommnet werden soll. Die Verkündigung Jesu ist für den Rationa-

---

12 *Kuhn* 131.
13 *J. R. Geiselmann*, Die lebendige Überlieferung als Norm des christlichen Glaubens ... dargestellt im Geiste der Traditionslehre von Joh. Ev. Kuhn, Freiburg 1959, 195.

lismus nur zeitlicher, nicht normativer Anfang; er kann inhaltlich und formal überholt werden.

c) Die *Tatsächlichkeit* der Dogmenentwicklung. Wie hat sich die faktische Dogmenentwicklung vollzogen? Wenn die göttliche Wahrheit den Menschen durch Offenbarung mitgeteilt wird, wird sie konfrontiert mit den geistigen und sittlichen Störmungen, von denen die Menschen beeinflußt sind. Auf diese Strömungen muß die Wahrheit sich einlassen, ihnen muß sie ihre Ausdrucksform anpassen, damit sie überhaupt verstanden wird. Bei dieser Akkomodation an die jeweilige Zeit muß aber eine Verfälschung der Wahrheit vermieden, subjektiven Deutungen und Irrtümern gewehrt und die Wahrheit selbst »in ihrer reinen Objektivität«[14] erhalten werden. Wie Vinzenz von Lérins ist Kuhn dabei der Ansicht, daß die Dogmenentwicklung in ihrem tatsächlichen Verlauf nicht das Werk von Individuen ist – Kuhn spricht in Anlehnung an die Terminologie Hegels vom »subjektiven Geist«[15] –, sondern daß sie das Werk des vom Heiligen Geist geführten Lehramtes ist. Die objektive kirchliche Entwicklung der christlichen Wahrheit, das heißt also die tatsächliche Dogmenentwicklung, ist nach Auffassung Kuhns ein Werk des kirchlichen Lehramts. Die Funktion der Gläubigen, den sensus fidelium, bedenkt Kuhn dabei nicht.

Wie verhält sich die Lehre der heutigen Kirche zur Lehre Christi und der Apostel ? Gegen den Rationalismus und besonders gegen Hegel erklärt Kuhn, die Lehre Christi und der Apostel habe den doppelten Charakter der Geschichtlichkeit und der Absolutheit. Sie ist nicht nur das erste Glied in der Kette der Erscheinungsformen des Christentums und seiner Lehre, sondern zugleich Prinzip, Quelle und Norm aller weiteren Ausdrucksweisen. Die Verbindung von Absolutheit und Geschichtlichkeit im Wort Christi und der Apostel ergibt sich daraus, daß sie ihre Lehre »aller Zeit *und* (also auch) ihrer Zeit«[16] verkündet haben. Leugnet man die Geschichtlichkeit ihres Wortes und versteht dieses nur als Prinzip der weiteren Entwicklung, so verfällt man in die absurde Behauptung, Chri-

14 *Kuhn* 150.
15 Ebd. 155.
16 Ebd. 177.

stus und die Apostel hätten sich nicht an die Menschen ihrer eigenen Zeit gewandt. Leugnet man die Absolutheit ihres Wortes, so bleibt als Prinzip der Dogmenentwicklung nur der menschliche Geist, wie die Aufklärung meinte, oder aber die direkte und dauernde Inspiration des menschlichen Geistes durch den göttlichen, was auf eine andauernde Offenbarung hinausliefe. Unterscheidet man zwischen der Idee und ihrer begrifflichen Fassung, »zwischen dem Geist des Christentums und seiner geschichtlichen Erscheinung und konkreten Ausgestaltung (Verkörperung)«[17], so ist die Lehre Christi und der Apostel sowohl Idee als auch deren erster geschichtlicher Ausdruck. Beide Aspekte der Lehre Christi und seiner Apostel sind nun noch etwas näher zu betrachten.

Die Lehre Christi und der Apostel als *Prinzip der Lehrentwicklung*: *Daß* die Lehre Christi und der Apostel die aller weiteren Entwicklung zugrunde liegende Norm und ihr Prinzip sei, ist für Kuhn theologisch unbestreitbar. Zu klären bleibt für ihn nur, inwiefern und wodurch sie diese Rolle spielt. Die Tatsache der Normativität besteht in ihrer Unüberholbarkeit – sie enthält die Offenbarung vollständig und endgültig – und darin, daß sie Quelle und Regel der folgenden Entwicklung ist. *Wodurch* ist sie das? Nicht allein durch das Wort Christi und der Apostel und dessen schriftlichen Ausdruck im Neuen Testament, sondern auch durch die Tätigkeit des Geistes in der Kirche. Durch die Mitteilung Christi und der Apostel ist uns die Offenbarungswahrheit gegeben. Um diese Wahrheit zu verstehen, braucht man auch den Geist, aus dem heraus sie gesagt ist. Daher ist das Denken, das diese Offenbarungswahrheit erkennt und ihre Entwicklung vorantreibt, ein »Denken im Geist dieser Wahrheit«, das heißt »das vom hl. Geiste geleitete Denken«[18]. Christus und seine Apostel haben uns nicht nur die Offenbarungswahrheit, sondern auch den Geist dieser Wahrheit, der der Kirche beisteht, geschenkt.

Den Inhalt der Offenbarungswahrheit finden wir in der apostolischen Tradition und in dem sich auf sie stützenden Glauben der

17 Ebd. 183.
18 Ebd. 101.

Kirche. Der Geist der Wahrheit aber wirkt im Lehramt. Da beide Komponenten der Lehrentwicklung uns durch Christus und die Apostel gegeben sind, ist ihr Wort Prinzip und Grundlage dieser Entwicklung.

Gerade in der Betonung des Geistes unterscheidet sich Kuhn von den anderen Tübingern, insbesondere von Möhler. Dogmenentwicklung ist nämlich für ihn nicht, wie es für den jungen Möhler im Anschluß an die Romantik war, lebendiges und organisches Wachstum, das der Geist der Gemeinde als eine Art Volksgeist schafft, sondern Dogmenentwicklung ist ein Fortschritt im Denken, besonders im begrifflichen und spekulativen Denken. Wenn Kuhn von lebendiger Überlieferung spricht, wie das die anderen Tübinger auch tun, also von der lebendigen Überlieferung, die uns Quelle des Glaubens ist, so bezeichnet ›lebendig‹ nicht das organische Leben in seinem ungestörten Wachstum, sondern die Tätigkeit des Geistes, die durch Auseinandersetzung und damit durch Dialektik geprägt ist. Grund für die Lehrentwicklung ist ja, daß die Offenbarungswahrheit mit dem Geist einer Zeit konfrontiert und in seinen Vorstellungen und seiner Denkweise ausgesagt wird. Und wenn Kuhn konkrete Beispiele von Dogmenentwicklung bringt, schildert er, wie und warum verschiedene Denkmodelle sich ablösten, wie eine neue Frage zu einer neuen Deutung der Offenbarungswahrheit führte.

Die Lehre Christi und der Apostel als *erster geschichtlicher Ausdruck* der Idee des Christentums – das ist der zweite Aspekt. Christus und die Apostel haben die Offenbarungswahrheit konkret in der Denkweise ihrer Zeit ausgesprochen, denn eine abstrakte Ausdrucksform spricht nur den Verstand, nicht den ganzen Menschen an, und auch eine abstrakte Lehrweise hätte das Lehramt der Kirche nicht ersetzen können. Normativ aber ist das Wort Christi und seiner Apostel nicht als einmal fixiertes, »nicht an und für sich als totes Wort, sondern als lebendiges aus dem Munde des kirchlichen Lehramtes«[19]. Christus, die Apostel und der Heilige Geist einerseits und die Kirche und ihr Lehramt anderseits sind gegenseitig aufeinander verwiesen. Das Wort Christi muß vom Lehramt leben-

19 Ebd. 184f.

dig verkündet werden, das Lehramt aber benötigt dazu den Beistand des Geistes.

Vergleich der Position Kuhns mit den Auffassungen anderer Theologen:
Gegen zwei Richtungen setzt Kuhn sich immer wieder ab, und er betrachtet seine eigene, die katholische Lehre als Mittelweg zwischen beiden. Gegen den Biblizismus, den protestantischen Supranaturalismus, insistiert er auf dem Traditionsprinzip und läßt die Bibel, rein für sich betrachtet, ohne kirchliche Interpretation nicht als Glaubensquelle gelten. Anderseits verteidigt er gegen den aufklärerischen und idealistischen Rationalismus die Übernatürlichkeit der Offenbarung und wehrt sich gegen den Abbau der Grenze zwischen göttlichem und menschlichem Geist, durch den für den Rationalismus Dogmenentwicklung nur noch ein Werk des menschlichen Geistes wird.

Auch von den anderen Tübingern, Drey und Möhler, unterscheidet sich Kuhn. Anders als für Drey ist für ihn Dogmenentwicklung keine fortgesetzte Offenbarung, und anders als der junge Möhler versteht er Dogmenentwicklung nicht als organisches Wachstum, sondern als Frucht einer geistigen Auseinandersetzung zwischen der christlichen Botschaft und verschiedenen Zeitströmungen.

Der Unterschied von Kuhn zu Newman besteht in folgendem: Newman hat zwei Gedanken, von denen einer bei Kuhn ganz fehlt, der andere nur ansatzweise vorhanden ist. Zum einen stellt Newman eine Reihe von Kriterien auf, nach denen sich die Legitimität von Lehrentwicklungen beurteilen läßt. Bei Kuhn finden sich derartige Kriterien nicht. Der andere Unterschied betrifft die Frage, wie der Christ Lehrentwicklungen erkennen könne. Daß hierzu eine besondere Erkenntnisfähigkeit nötig sei, sieht Kuhn genauso wie Newman. Doch rekurriert Kuhn nur auf den Beistand des Heiligen Geistes, während Newman eine ausführliche Theorie vom »illative sense« entfaltet.

Stark unterscheidet sich Kuhns Theorie auch von der Neuscholastik. Denn die Neuscholastik versteht Dogmenentwicklung nach dem Modell der logischen Deduktion einer Konklusion aus Prämissen und streitet sich darüber, in welcher Form der Schlußsatz in den Vordersätzen logisch enthalten sein müsse, um als Dogma definiert werden zu können. Die Kritiker dieser neuscholastischen Positionen haben daran vor allem folgendes auszusetzen: a) Dogmenentwicklung ist im Gegensatz zur Auffassung der Neuscholastik kein syllogistischer Prozeß, b) Tradition besteht nicht in der Weitergabe wörtlicher Formulierungen, und c) Dogmenentwicklung ist ein geschichtlicher Prozeß, sie vollzieht sich, indem die Offenbarungswahrheit in den verschiedenen Epochen der Geschichte mit verschiedenen Kulturen, Denkweisen usw. konfrontiert wird. All diese Einsichten, die die Neuscholastik nicht berücksichtigt, finden sich bereits in der Tübinger Schule.

Schließlich noch ein Vergleich in einem Punkt mit Karl Rahners Auffassung der Dogmenentwicklung. Träger der Dogmenentwicklung ist nach Kuhn das Lehramt. Das Lehramt hat nach Rahner[20] nicht die Aufgabe, einen Fortschritt in der Erkenntnis der Dogmen zu bewirken, sondern dies ist Aufgabe der Theologen. Die Aufgabe des Lehramtes besteht darin, nachträglich festzustellen, ob die konkrete Dogmenentwicklung, eine bestimmte neue theologische Ansicht, eine legitime Interpretation des christlichen Glaubens ist. Aufgabe des Lehramtes ist es aber nicht, aus sich heraus selbst Theologie zu treiben und neue theologische Einsichten zu entfalten.

4.2.4 Theologisches Modell III: Karl Rahner

Die Theorien der Dogmenentwicklung im 19. und 20. Jahrhundert haben sich vorwiegend mit dem Wesen der Dogmenentwicklung beschäftigt, um – retrospektiv – die Identität des christlichen Glaubens in seiner Geschichte zu erklären. Karl Rahner fragt in seinem Aufsatz »Dogmen- und Theologiegeschichte von gestern für morgen« (1977)[21] nicht mehr retrospektiv nach der bisherigen Dogmenentwicklung, sondern prospektiv nach der künftigen. Er möchte aus dem bisherigen Verlauf der Dogmengeschichte und Dogmenentwicklung Kriterien entwickeln, Leitgedanken formaler Art, nach denen man zwar keine inhaltlichen Voraussagen machen, wohl aber die Formalstrukturen künftiger Dogmenentwick-

20 Vgl. *K. Rahner*, Überlegungen zur Dogmenentwicklung, in: Schriften IV (1961) 11–50, hier 25–29. 45–49.
21 Jetzt in: *K. Rahner*, Schriften XIII (1978) 11–47.

lung prognostizieren kann. Diese heuristischen Prinzipien sollen die Beurteilung der Legitimität künftiger Lehrentfaltung ermöglichen. Denn in der Dogmengeschichte hat es immer wieder neue Lehren gegeben, die vom Lehramt als legitim anerkannt wurden. Implizit mitanerkannt – so Rahner – wurde vom Lehramt dabei der Weg, auf dem diese Lehren sich durchsetzten. Sind derartige Wege der Dogmenentwicklung aber in concreto in der Vergangenheit legitim gewesen, so sind sie auch in der Zukunft grundsätzlich auf andere Fälle der Dogmenentwicklung applizierbar. Es gilt insofern die Normativität des Faktischen.

Die Dogmenentwicklung ist bisher durch Auseinandersetzungen, weniger durch freundlich-friedlichen Dialog als vielmehr durch engagierten Disput, nicht nur durch bloße Meinungsverschiedenheiten, sondern durch vehement ausgetragene Meinungskämpfe vorangetrieben worden; das wird in Zukunft nicht anders sein. Hier taucht bei Rahner ein Gedanke auf, den schon Kuhn vertritt: Dogmenentwicklung ist kein organisches Wachstum, das wie in idyllischer Natur sich harmonisch entfaltet, sondern etwas, das in Auseinandersetzung mit den geistigen Strömungen einer Zeit und mit anderen Positionen sich erst durchsetzen muß. Was sich am Ende als kirchlich-offizielle Lehre herauskristallisiert, das war zwar irgendwie schon am Anfang da als Auffassung mindestens eines der Kontrahenten, aber nicht in einer gleich präzisen begrifflichen Artikulation und nicht mit gleicher Exaktheit. Die Gegenposition (die Häresie) ist kein überflüssiges und vermeidbares, sondern ein notwendiges (!) Durchgangs(!)stadium der in Rede und Gegenrede, also dialektisch, sich abzeichnenden Wahrheit. Die kirchliche Lehre sieht nach einer Infragestellung durch eine Häresie anders aus als zuvor: Begriffe und Denkschemata der Häresie haben das nunmehr formulierte Dogma zumindest negativ geprägt und zu dessen klarerer Erkenntnis und eindeutigerer Formulierung geführt. In diesem Sinn gilt: »oportet et haereses esse« (1 Kor 11,19). Dann aber darf man nach der lehramtlichen Entscheidung nicht so tun, als sei auch früher schon die kirchliche Lehre genauso eindeutig gewesen, sondern man muß die Kritik am Dogma als konstruktiv für die präzisere Erkenntnis des Dogmas würdigen. Der Kritiker darf nicht als böswilliger Mensch diffamiert werden, der den Streit grundlos oder aus niedrigen Motiven vom Zaun gebrochen habe. Konsequenz für die Zukunft nach Rahner: Die Verteidigung der Wahrheit darf den Respekt vor den Überzeugungen des Kritikers nicht ausschließen, der ja zur Wahrheitsklärung oft erst die Initialzündung lieferte.

Dogmenentwicklung ist, wie gesagt, keine harmonisch-organische Selbstentfaltung von Lehren, in der es *nur* Fortschritt zu immer klareren und eindeutigeren Formulierungen gibt. Eine Totalrevision im Sinn einer völligen Preisgabe einer einmal definitiv erreichten Glaubenseinsicht geschieht zwar nicht. Aber im Streit der Meinungen gibt es Rückschläge, und auch das Lehramt hat zurückstekken und Positionen räumen müssen, die es zuvor unbeirrbar verteidigte und erst später als überzogen erkannte. Das Lehramt gibt zwar zu, daß vergangene lehramtliche Entscheidungen revidiert wurden, aber nicht, daß gegenwärtig ergehende revidierbar seien. Den lehramtlichen Entscheidungen wird vom Lehramt selbst keine Qualifikation beigegeben, aus der ersichtlich wird, für wie verbindlich es seine gerade ergehende Entscheidung hält. Indirekt aber, zum Beispiel durch Verweis auf lange Tradition, wird insinuiert, die jetzt ergehende Entscheidung sei unabänderlich. Rahner vermutet dafür »pädagogische«[22] Gründe. Seine Folgerung: Der Verbindlichkeitsgrad lehramtlicher Entscheidungen muß präziser gefaßt werden. Und wenn das Lehramt selbst nach einiger Zeit frühere Äußerungen revidiert (hat), wenn – frei nach dem auf Augustinus zurückgehenden Wort – Rom gesprochen hat, aber die Sache für Rom selbst damit noch nicht erledigt ist, sondern wenn das Lehramt sich später doch wieder zum gleichen Thema, aber anders äußert, dann dürfte bei bloß authentischen Lehramtserklärungen den Theologen nicht mit der Begründung »Roma locuta causa finita« jede Kritik untersagt sein.

Auch verbindliche Lehren der Kirche werden unter bestimmten zeitgebundenen Vorstellungen und Interpretamenten (etwa gewissen naturwissenschaftlichen Auffassungen) ausgesagt, die unreflektiert und wie selbstverständlich mitgedacht und mitgeglaubt werden. Diese geschichtlich bedingten Vorstellungsmodelle nennt Rahner »Amalgame«[23]. Sie waren früher unlösbar mit einer be-

22 Ebd. 19.   23 Ebd. 20.

stimmten Lehraussage verbunden, gehören aber nicht zum eigentlich Gemeinten, zum verbindlichen Inhalt des betreffenden Glaubenssatzes. Aufgrund der geistesgeschichtlichen Situation konnten in einer bestimmten Epoche bestimmte Glaubenssätze nur unter gewissen Vorstellungsmodellen gedacht werden. Beispiele: Für Augustinus wurde die Erbsünde durch die väterliche Zeugung und die damit verbundene Libido übertragen; bei Pius XII. war die Erbsünde noch eng mit dem Monogenismus verknüpft; das Beispiel par excellence: die Naherwartung des vorösterlichen Jesus als zeitbedingter Ausdruck seines einmaligen Gottesverhältnisses. Bei der Ausscheidung eines derartigen Amalgams rutscht aber oft ein anderes, das ebenfalls zeitgebunden ist, in die Lehrformulierung hinein. Dogmenentwicklung ist zu einem guten Teil der immer wieder neu erforderliche Trennungsprozeß von verbindlichem eigentlichem Glaubensinhalt und unreflektiert mitüberlieferten, nicht verbindlichen oder gar falschen Denkmodellen. Dieser Vorgang der Ausscheidung des zeitgebundenen Amalgams und der Präzisierung der bleibenden Offenbarungslehre »darf nicht grundsätzlich verdächtigt werden als faules und feiges Arrangement zwischen einem verbalen Festhalten an einer traditionellen Lehre und deren Formulierungen einerseits und einer neuen Erkenntnis anderseits, die, wenn ehrlich ausgesagt, die bisherige Lehre angeblich als irrig ablehnen müßte«[24]. Das Durchdenken, was an herkömmlichen Glaubensvorstellungen verbindliche Lehre und was Interpretament ist, fordert Zeit. Daher Rahners Desiderat gele-

24 Ebd. 22. Das richtet sich wohl gegen Hans Küng, der Rahners Methode genau diesen Vorwurf macht: »Aus Gründen der Orthodoxie soll [bei Rahner] ... der Wortlaut der Glaubenssätze beibehalten, ihr aber in denkerischer Neudeutung ein für die Menschen der neuen Zeit verständlicher, assimilierbarer Sinn erschlossen werden. ... Man wird in Rahners Dogmeninterpretation die hohe dialektische Kunst ...zweifellos bewundern.« Aber: »In manchen Fällen wurden die Sätze und Formeln ungeschichtlich vergewaltigt und in ihr Gegenteil hinein interpretiert. Den alten Termini wurde im dialektischen Prozeß geschickt und gescheit ein neuer Sinn unterlegt, bis schließlich die alte Formel in einem neuen und erstaunlich modernen Glanz wiedererstrahlte. ... Beinahe jede Distanzierung vom ursprünglichen Sinn der Formel war durch diese Dialektik möglich geworden, solange nur die Formel als solche beibehalten wurde« (H. Küng, Im Interesse der Sache. Antwort an Karl Rahner, in: Fehlbar? Eine Bilanz, hrsg. von H. Küng, Einsiedeln 1973, 19–68, hier 52 f).

gentlicher »Besinnungspausen«[25], in denen das Lehramt der Theologie Zeit zum Ausreifenlassen neuer Theoreme gewähren solle, ohne noch unausgegorene Vorschläge als vermeintliche Angriffe auf den Glauben sogleich zu verurteilen.

Bei diesem ganzen Klärungsprozeß ist in Betracht zu ziehen, daß Lehramtsäußerungen oft nur »Sprachregelungen«[26] sind, die den Charakter einer Konvention haben. Oft wird zwar suggeriert, die vom Lehramt benutzten Begriffe seien entweder der optimale, unübertreffbare Ausdruck des Gemeinten oder doch von der Lehramtsentscheidung an allein zulässig. Beispiel: In der katholischen Theologie ist von »Erbsünde« die Rede. Erbsünde ist aber nur in analogem Sinn Sünde, weil sie das für Sünde wesentliche Merkmal der subjektiven, personalen Schuld nicht enthält. Analogie besagt aber nicht nur Identität, sondern auch Differenz. Statt in dem analogen Verhältnis von Sünde und Erbsünde die partielle Identität zu betonen – was das Lehramt tat, indem es von Erbsünde sprach –, hätte man auch die partielle Differenz hervorheben und den Begriff »Erbsünde« verbieten können. Daraus folgt, daß man nicht ohne weiteres jeden, der sich dieser Sprachregelung nicht anschließt, als Häretiker bezeichnen darf, sondern daß immer zu berücksichtigen ist, worin die jeweilige Aussageintention sowohl des Lehramts als auch eines ihm widersprechenden Theologen liegt.

Die Aussageintention lehramtlicher Texte läßt sich durch Anwendung der bisher nur in der Exegese üblichen historisch-kritischen Methode herausfinden. Verschiedene literarische Gattungen, die jeweils anderes sagen wollen, gibt es nicht nur in der Bibel, sondern auch unter den Lehramtstexten. Das ziemlich starre Schema der herkömmlichen theologischen Qualifikationen differenzierte zwar bisher schon die Gewißheits- und Verpflichtungsgrade, doch müßte die Hermeneutik der Lehramtsaussagen noch wesentlich nuancierter ausfallen, damit die Klärung des Glaubensinhalts in Abhebung von falschen oder zeitgebundenen Auffassungen geschehen kann.

Nach welcher inhaltlichen (und nicht bloß methodischen) Regel

25 *Rahner* (s. Anm. 21) 24.
26 Ebd. 36.

soll dieser Prozeß der Lehrentwicklung vor sich gehen? In dieser Frage klingen Newmans Kriterien einer legitimen Dogmenentwicklung an, mit dem Unterschied freilich, daß bei Rahner entsprechend der veränderten Intention kein Maßstab für vergangene, sondern eine Norm für künftige Entwicklung eingeführt wird. Rahners Kriterium ist das, was das I. Vatikanum den »nexus mysteriorum« (DS 3016 = NR 39) nennt und was das II. Vatikanum als »hierarchia veritatum«[27] bezeichnet: die Einbindung einzelner Dogmen in das Ganze des christlichen Glaubens. Die vielen einzelnen Glaubenssätze müssen gedeutet werden von ihrem inneren Zusammenhang, nicht von isolierten und peripheren Bibel- oder Lehramtssätzen her, sondern sie müssen bezogen sein auf das zentrale Mysterium des Christentums, das für Rahner die Selbstmitteilung Gottes ist. Die Mitte des Glaubens wird damit eingesetzt als der Standpunkt, von dem aus sich die Legitimität einer Lehrentwicklung beurteilen läßt. Von hier aus wagt Rahner eine eher inhaltlich orientierte Prognose über die künftige Dogmenentwicklung. Sie werde nicht wie die bisherige ein immer differenzierteres Hervortreten neuer Einsichten aus der einen Mitte des Glaubens sein, sondern die umgekehrte Richtung einschlagen als Konzentration auf das Wesen des Christentums in einer nichtchristlichen Umwelt und als Inkulturation der christlichen Botschaft in höchst heterogene Denkschemata. Eine Detailprognose ist selbstverständlich nicht möglich. Die ständige Neuorientierung am Glaubenszentrum wird aber zu einer Verlagerung des Gewichtes führen, das den einzelnen Lehren im Glaubensganzen zukommt.

Zur Tatsache der Dogmenentwicklung und deren Implikationen hat die Kongregation für die Glaubenslehre sich mit der Erklärung »Mysterium ecclesiae« (1975) geäußert,[28] die bisher die deutlichste *lehramtliche Stellungnahme* zu diesem Thema bildet. Dogmenentwicklung ist danach auch nach vorn offen; es hat sie nicht nur in der Vergangenheit gegeben, sondern die dogmatischen Formeln wer-

---

27 Ökumenismus-Dekret 11.
28 Kongregation für die Glaubenslehre, Erklärung »Mysterium ecclesiae« zur katholischen Lehre über die Kirche und ihre Verteidigung gegen einige Irrtümer von heute, hrsg. und kommentiert von *K. Lehmann*, Trier 1975. Darin zur Dogmenentwicklung: Nr. 5.

den sich auch in Zukunft ändern. Eine lehramtliche Entscheidung ist kein Ende der Dogmenentwicklung; die vom Lehramt gebrauchten Formeln können durch adäquatere ergänzt oder ersetzt werden, sofern dadurch keine Abstriche am »Sinn« des Dogmas gemacht werden.

Literatur

Artz, J., Der Folgerungssinn (illative sense) in Newmans Zustimmungslehre (Grammar of Assent), in: Newman-Studien II, Nürnberg 1954, 219 bis 245 ff

Becker, K. J., Dogma. Zur Bedeutungsgeschichte des lateinischen Wortes in der christlichen Literatur bis 1500, in: Gregorianum (1976) 307–350. 658–701

Elze, M., Der Begriff des Dogmas in der Alten Kirche, in: Zeitschrift für Theologie und Kirche 61 (1964) 421–438

Hammans, H., Die neueren katholischen Erklärungen der Dogmenentwicklung, Essen 1965

Kuhn, J., Katholische Dogmatik, Bd. 1: Einleitung in die katholische Dogmatik, Tübingen ²1859

Newman, J. H., Entwurf einer Zustimmungslehre (Ausgewählte Werke 8), Mainz ²1969

Rahner, K./ *K. Lehmann*, Geschichtlichkeit der Vermittlung, in: Mysterium Salutis, Bd. 1, Einsiedeln 1965, 727–787

Rahner, K., Dogmen- und Theologiegeschichte von gestern für morgen, in: Schriften XIII (1978) 11–47

Schrodt, P., The Problem of the Beginning of Dogma in Recent Theology, Frankfurt 1978

Schulz, W., Dogmenentwicklung als Problem der Geschichtlichkeit der Wahrheitserkenntnis, Rom 1969

Söll, G., Dogma und Dogmenentwicklung (HDG I 5), Freiburg 1971

Wolfinger, F., Johann Evangelist von Kuhn, in: Katholische Theologen Deutschlands im 19. Jahrhundert, hrsg. von H. Fries / G. Schwaiger, Bd. 2, München 1975, 129–162

5 Das Lehramt

5.1 Vorbemerkung: Die drei Ämter der Kirche

Ein Amt ist die Befähigung und Aufgabe, die jemand kraft institutioneller Ermächtigung erhalten hat. Weil es eine personale Wirklichkeit ist, kann sein eigentlicher Träger nur ein einzelner Mensch sein. Analog dazu spricht man aber auch von der Kirche als Trägerin von Ämtern, weil sie der Vermittlungsraum aller sich auf Christus berufenden Vollmacht einzelner Amtsträger ist. Die Theologen kennen drei Ämter Christi: Als »Prophet« offenbart er Gottes Wahrheit; als »König« leitet er die Menschen auf ihrem Weg; als »Priester« bringt er Gott Kult dar. Dem entspricht die geläufige Trilogie des Lehr-, Hirten- und Priesteramtes der Kirche. Diese Funktionen sind, jede für sich, biblisch begründet. Die Kirchenväter sprechen von ihnen vielfach. Die Trias als solche aber stammt aus der protestantischen Theologie des 17. Jahrhunderts. Sie fand in Anwendung auf die Kirche erst im 19. Jahrhundert Eingang in die katholische Theologie. In der Gegenwart wird diskutiert, ob eine Ämterzweiheit statt der Dreiheit nicht angemessener wäre, entsprechend etwa dem von Gott zum Menschen herabsteigenden, vollmächtigen Wort und der Antwort des Menschen im Werk des priesterlichen Dienstes. Es gibt im Kirchenrecht den Unterschied zwischen Jurisdiktionshierarchie und Weihehierarchie. So kommt es dann auch zu den bloßen Weihbischöfen. Es würde danach die Lehr- und Hirtenfunktion unter den Oberbegriff »Leitung« zusammengefaßt und dem Priesteramt gegenübergestellt. Aber wir können hier diese Frage »Zwei oder drei kirchliche Grundämter?« der dogmatischen Ekklesiologie überlassen.

5.2 Lehre als Grundfunktion der Kirche

Jesus berief die Zwölf. Sie sollten mit ihm sein und von ihm zur Verkündigung ausgesandt werden (Mk 3,14). Das dürfte durchaus jesuanisch sein. Andere Stellen können eher Überarbeitung durch die Gemeinde zeigen, etwa daß die Jünger Jesu sein sollen Licht der Welt und Salz der Erde (Mt 5,13), daß man auf sie hören soll wie auf Jesus selbst (Lk 10,16), und nachösterlich ist ohnehin der Missionsauftrag Mt 28, 18–20, alle Völker zu Jüngern zu machen und sie alles halten zu lehren, was – sagt Jesus – »ich euch aufgetragen habe«. Neben Mt 28 wären Mk 16,15; Lk 24,47f zu nennen. Immer ergeht der Auftrag des Auferstandenen an die, die sein Werk weiterführen. Sie sollen das tun – das erste Wesensmerkmal! – in der Vollmacht, die Gott selbst Jesus übertragen hat (Mt 28,18.20; ähnlich Gal 1,8f; Paulus beruft sich auf die unmittelbare apostolische Sendung durch Gott). Zweitens ist der Gegenstand des Auftrags: das Überlieferte weiterzugeben als treue Zeugen (Mt 28,20; Apg 1,8; 10,41). Der Auftrag ist drittens universal, was den Adressatenkreis – alle Völker – angeht; und er dauert auch bis ans Ende der Zeit (Mt 28,18–20). Die Apostelgeschichte berichtet, wie man begann, diesen Auftrag auszuführen. Petrus und andere werden genannt in den ersten Kapiteln, später vor allem Paulus. Das Charisma des Lehrens in Vollmacht und letztlich auch in Unfehlbarkeit kommt der ganzen Kirche zu, sosehr die einzelnen Verkünder des Glaubens – nach 2 Kor 4,7 – zerbrechlichen irdischen Gefäßen gleichen. Sie, die ganze Kirche, wird allerdings vertreten durch die Apostel als Kollegium, denen Jesus seine Vollmacht zuspricht; nicht nur Mt 28, auch Mt 18 ist von dieser Vollmacht der Apostel insgesamt die Rede, ähnlich wie Mt 16 von Petrus allein. Mt 18 dürfte allerdings vom Sendungsbewußtsein der Gemeinde Zeugnis geben. Aber es geht uns nicht nur um ipsissima verba et facta Jesu, sondern auch um die ganze frühe Kirche. Ähnlich Lk 24,47–49; Apg 1,8. Nach der Theologie der johanneischen Gemeinden (»Abschiedsreden« Joh 14–17) führt der Geist Gottes die Kirche in alle Wahrheit ein. 1 Tim 3,15 wird die Kirche »Säule und Grundfeste der Wahrheit« (stýlos kai hedraíōma tēs alētheías) genannt. Daß die Kirche als Hort der Wahrheit das Erbe des Glaubens besitzt und bewahrt, ist auch die Überzeugung der nachapostolischen Zeit: siehe deren erste erhaltene Äußerungen Klemensbrief und Ignatiusbriefe.

Der innere Grund für die Lehrvollmacht der Kirche: Die Unbedingtheit der Glaubensforderung, die von Gott her an den Menschen ergeht, verlangt, daß der Glaubensgehalt unverfälscht und unverkürzt weitergegeben wird; das muß sozusagen göttlich garantiert sein. Gott kann sonst nicht eine absolute, unwiderrufliche Zustimmung zu dem, was uns in der Kirche Jesu verkündet wird, von uns fordern. Gott muß bürgen für die Möglichkeit der absoluten Glaubenszustimmung, die über Heil und Unheil für ewig entscheidet. Dieses Muß tut Gott keinen Zwang an, es ist eine hypothetische Notwendigkeit: *Wenn* Gott sich in seiner unbegreiflichen Freiheit auf so etwas einläßt wie Offenbarung, die Glauben einfordert, dann kann er nicht anders, als Sorge dafür tragen, daß sein Wort uns Menschen im wesentlichen unverkürzt und unverfälscht erreicht. (Es sei nicht verschwiegen: Neben der Verkürzung ist auch die »Verlängung«, nämlich ein durch das Offenbarungswort nicht gedecktes Hinzufügen zum Glauben, eine weniger beachtete, aber ebenso bedrohliche Gefahr.) Gott ist es sich, seiner Würde und seinem Wesen selbst schuldig: zu gewährleisten, daß sein Wort durch die Geschichte hindurch in einem wesentlich-entscheidenden vollen Maß und reinen Sinn bewahrt und gedeutet wird.

Dazu, was die Bürgschaft Gottes bewirkt und daß das Wort »Unfehlbarkeit« auf diese Wirkung nicht besonders gut paßt, hat sich schon die bisherige Fundamentaltheologie[1] kritisch geäußert: Sosehr die Sache der unfehlbaren Lehre in unserer Kirche festzuhalten ist, das Wort verleitet doch dazu, den Bereich der Unfehlbarkeit – wie das bei allen Negationen sich ergebe – uneingeschränkt weit auszudehnen, als ob *jede* Fehlleistung der Kirche ausgeschlossen wäre, was ja tatsächlich nicht der Fall ist. Auch kommt leicht die Meinung auf, Unfehlbarkeit sei eine *persönliche* Eigenschaft von Amtsträgern; der Beistand des Geistes wird jedoch gegeben zu bestimmten, qualifizierten Vollzügen des Amtes.

1 Vgl. *Lang* 230f, Anm. 3.

Schließlich denke man allzuleicht an eine »infallibilitas activa« aus- schließlich der kirchlichen Hierarchie, der ein nur passives (unfehl- bares) Hören des Rests der Kirche entspreche. Daß dieses Verhält- nis in Wirklichkeit dialektischer zu fassen ist, als Wechselverhältnis auch in Sachen Lehre, wird später dargelegt. Statt von »Unfehlbar- keit« (infallibilitas) würde man wohl besser von der Untrüglichkeit oder *Unverbrüchlichkeit* (indefectibilitas) des Glaubens der Kirche als ganzer – als der einen großen Gemeinschaft der an den Gott Jesu Christi Glaubenden – sprechen. Anderseits hat es etwas für sich, in bezug auf die Kirche dasselbe Wort »Unfehlbarkeit« beizu- behalten, mit dem das I. Vatikanum die päpstlichen »ex-cathedra«- Äußerungen qualifizierte (vgl. DS 3074 = NR 454 und LG 25): Es wird dadurch unterstrichen, daß darin, wie auch in Konzilsdefi- nitionen, nichts anderes zu (menschlichem) Wort kommt als die durch Gottes Wort getragene Grundfunktion der Lehre der Kirche selbst. Die Kirchenkonstitution des II. Vatikanums[2] spricht vom »charisma infallibilitatis ipsius Ecclesiae«!

5.3 Träger und Funktionsweisen des Lehramts

5.3.1 »Ordentliches« und »außerordentliches« Lehramt

Das *ordentliche* Lehramt wird vollzogen im normalen Leben der Kirche durch die Verkündigung des Glaubens, mit der zunächst und zumeist die *Bischöfe* beauftragt sind durch die Sendung Jesu, kraft unmittelbarer göttlicher Bevollmächtigung. Jeder *einzelne* Bischof ist Träger des ordentlichen Lehramtes. Dieses wird ihm also nicht etwa nur vom Papst übertragen (delegiert), als ob er des- sen Beamter in Sachen Verkündigung wäre; er hat es vielmehr un- mittelbar durch die Weihe von Gott erhalten. Die Ausübung dieses Lehramtes unterliegt allerdings auch rechtlichen Regelungen von seiten der Gesamtkirche, konkret von seiten ihrer päpstlichen Lei- tungsspitze. Auch und vor allem der *Gesamt*episkopat wird als Trä- ger des ordentlichen Lehramtes tätig in den Hirten der über den »orbis catholicus« verstreuten Ortskirchen. Sein ordentliches

2 LG 25.

Lehramt übt auch der *Papst* aus, wenn er lehrend als Bischof von Rom zu seiner Diözese oder – nicht »ex cathedra«, also nicht definitiv-unfehlbar – zur Gesamtkirche spricht. Der einzelne Bischof (auf fehlbare Weise) und der Gesamtepiskopat sowie der Papst (auf unter Umständen unfehlbare Weise: siehe 5.3.2) sind also die Träger des ordentlichen Lehramtes. – Anteil am bischöflichen Lehramt als beauftragte Mitarbeiter haben die *Priester* und wer immer sonst im Dienst der kirchlichen Verkündigung steht.

Vom »magisterium ordinarium« wird das *außerordentliche* Lehramt abgehoben. Dieser Ausdruck ist nicht geradezu kirchenoffiziell; er wird von den Theologen gebraucht. Das I. Vatikanum (DS 3011 = NR 34) hat das so formuliert: daß neben dem »ordinarium et universale magisterium« ein »solemne iudicium« ausgeübt werden kann vom ökumenischen Konzil und von dem »ex cathedra« lehrenden Papste. Das sind die Träger des außerordentlichen Lehramtes: die universale Kirchenversammlung – auch wenn sie nicht »feierlich urteilt«! – und der feierlich unfehlbar lehrende Papst (über das »ex cathedra« später!).

5.3.2 *»Unfehlbares« und »authentisches« Lehramt*

Unfehlbar glaubensverbindlich ist das *bischöfliche* Lehramt – abgesehen von dem »ex cathedra« lehrenden Papste – unter zwei Bedingungen: Die erste, sozusagen materielle oder quantitative Bedingung besteht darin, daß der Gesamtepiskopat, die Gesamtheit der Bischöfe mit und unter ihrem Haupte, das Lehramt ausübt. Dazu kommt eine zweite, formale oder qualitative Bedingung: daß die betreffende Lehre als von Gott geoffenbart faktisch geglaubt oder ausdrücklich zu glauben vorgelegt wird, und zwar ebendeshalb auf definitive Weise[3]. Die beiden Bedingungen können zutreffen sowohl für das ordentliche Lehramt der Bischöfe, die »über die Welt verstreut« lehren, als auch für ihren außerordentlichen Lehramtsvollzug auf einem ökumenischen Konzil. Der faktische Konsens der einzelnen Ortsbischöfe ist die konkrete Auswirkung der unfehlbaren Lehre der Gesamtkirche in ihrem lebendigen Glaubens-

3 LG 25 sagt: »tamquam definitive tenendam«.

vollzug. Die Übereinstimmung muß im »moralischen« Sinne vollständig sein. Moralische Einstimmigkeit schließt nicht aus, daß es den einen oder andern Außenseiter gibt, der von der gemeinsamen Lehre abweicht. Eine Lehre ist also unfehlbar glaubensverbindlich, wenn sie vom Gesamtepiskopat in moralischer Geschlossenheit getragen wird. (Zum Gesamtepiskopat gehört natürlich auch der Papst als Bischof von Rom und als Haupt des Bischofskollegiums, das er auch dann ist, wenn dieses Kollegium nicht in räumlicher Einheit versammelt ist.) Damit anderseits ein Konzil ökumenisch sei, ist nicht eine – sei es auch nur »moralische« – Vollzähligkeit der auf ihm anwesenden Bischöfe erforderlich, die auf den als ökumenisch anerkannten Versammlungen der früheren Zeiten tatsächlich nie gegeben war. Es genügt, daß die Konzilsväter die Gesamtkirche auf eine maßgebliche Weise repräsentieren; aber es gilt zugleich: je universaler, desto repräsentativer, desto maßgeblicher.

Die Bedingungen für die Unfehlbarkeit von ex-cathedra-Lehramtsäußerungen des *Papstes* hat das I. Vatikanum (DS 3074 = NR 454) so umschrieben: Wenn der Papst ex cathedra spricht, das heißt, wenn er 1. in Ausübung seiner höchsten Amtsvollmacht als Hirt und Lehrer aller Christen 2. eine Lehre über Glauben oder Sitten 3. als von der gesamten Kirche festzuhalten definiert, dann kommt ihm kraft des ihm im heiligen Petrus verheißenen göttlichen Beistands jene Unfehlbarkeit zu, mit der der Erlöser seine Kirche ausgestattet hat.

Hier bedarf besonders der etwas schwierige Begriff des »*authentischen*« Lehramts der Erklärung. Was ist damit gemeint? »Authentisch« ist ursprünglich ein juristischer terminus technicus, der die Urschrift eines Dokumentes (im Gegensatz zur Abschrift) bezeichnet. Später ist das Wort im Sinne von gültig oder rechtskräftig gebraucht worden in bezug auf Gesetze und deren Sammlungen, auch für Übersetzungen, sowie zur Bestätigung der Echtheit einer Relique. Wird »authentisch« vom Lehramt ausgesagt, so bedeutet es Autorität und bindende Kraft. Das II. Vatikanum (LG 25) nennt die Bischöfe »authentische, das heißt mit der Autorität Christi ausgestattete Lehrer«. Selbstverständlich ist auch das unfehlbare Lehramt in diesem Sinne authentisch; es ist dies ja im höchsten Maße.

Deshalb müßte man eigentlich zur Abhebung vom unfehlbaren Lehramt das nicht-unfehlbare Lehramt als *nur*-authentisches bezeichnen. Aber ganz deutlich wäre auch diese Redeweise nicht. Zur Schwierigkeit der Benennung kommt die Strittigkeit des Umfangs dieses Lehramtes. Wie weit erstreckt sich das derart authentische Lehramt? Welches ist sein Gegenstandsbereich? Gelegentlich wird dieser stark eingeschränkt, nämlich auf »die nicht unfehlbaren, aber doch lehramtlichen Weisungen des Papstes an die ganze Kirche«, die »hauptsächlich in Enzykliken niedergelegt« sind.[4] Aber authentisches Lehramt kann ausgeübt werden auf verschiedenen Ebenen qualifizierter kirchlicher Lehrverkündigung: vom einzelnen Bischof für seine Diözese, von Partikularsynoden diözesaner, provinzialer, nationaler und (übernational-)regionaler Art jeweils für ihren Einzugsbereich. Sie alle verkünden mit Autorität und entsprechender Verbindlichkeit christliche Lehre. Auch ein ökumenisches Konzil oder der Papst müssen nicht unfehlbar sprechen, und sie tun es dann nicht, wenn sie das nicht einsetzen, was wir die zweite, formale Bedingung unfehlbarer Lehrverkündigung nannten, nämlich ihre höchste Autorität endgültiger Definition. Das II. Vatikanum hat darauf zur Gänze verzichtet und hat das auch ausdrücklich erklärt; es wollte nur auf nicht-unfehlbare, »nur-authentische« Weise sprechen (abgesehen von den Stellen, an denen es definitive Lehräußerungen anderer Konzilien, etwa des Tridentinums oder des I. Vatikanums, wiederholt).

Der Umfang des nur authentischen Lehramtes ist sozusagen auch nach unten hin kontrovers. Man ist sich ziemlich einig, daß die Papstenzykliken, die es seit etwa 1840 gibt und die sich vor allem unter Pius XII. stark vermehrten, unter den Begriff »authentisches Lehramt« fallen. Aber es gehören wohl auch Apostolische Konstitutionen und andere qualifizierte Äußerungen dazu, so auch Verlautbarungen der höchsten vatikanischen Gremien, zum Beispiel der Glaubenskongregation (früher »Sanctum Officium«) oder der Bibelkommission, wenn ihre Dokumente vom Papst ausdrücklich, in »spezifischer Form«, approbiert sind. Nicht werden darunter fal-

---

4 *E. Gutwenger,* Welche Rolle spielt das Magisterium im Glauben der Kirchengemeinschaft? in: Concilium 6 (1970) 18–25; hier 21.

len Reden des Papstes oder Briefe, die sich nur an einzelne Ortskirchen wenden, und zwar auch dann nicht, wenn sie in den
»Acta Apostolicae Sedis« abgedruckt werden. Diese Umfangs-
frage ist für uns allerdings weniger wichtig, da mag es durchaus einen Spielraum des Gutdünkens geben, was nun in bischöflichen
oder päpstlichen Verlautbarungen mehr oder weniger authentisch sei.

Unsere Frage ist: Was hat es mit diesem authentischen Lehramt
überhaupt auf sich? Wie funktioniert es? Welcher Grad von Verbindlichkeit kommt ihm zu? Das läßt sich meines Erachtens nützlich erörtern anhand einer Stellungnahme des früheren Inns-
brucker Fundamentaltheologen E. Gutwenger[5] aus dem Jahr
1970:

»Das magisterium authenticum verzichtet darauf, in unfehlbarer Weise zu
sprechen. ... Wenn der Papst seine Unfehlbarkeit nicht in die Waagschale
wirft oder nicht werfen kann, setzt er seine Autorität als fehlbare ein, d. h.
die Möglichkeit eines Irrtums bleibt prinzipiell offen. Entscheidend sind
jetzt die Gründe, die er für seine Lehransicht vorbringt. Sind diese Gründe
durchschlagend, dann ergibt sich aus der Natur der Sache, daß seine Lehre
angenommen wird. Stehen gegen die vom Papst vertretenen Gründe besse-
re zur Verfügung, so wird seine Enzyklika bald überholt sein. Kann der
Papst für seine Lehransicht probable Gründe angeben, gegen die aber probable Gründe gleichen Gewichts stehen, so kann sich jeder, wo es sich um
Sittenfragen handelt, im Sinne des Probabilismus pro oder contra entscheiden.«

Die ›Gretchenfrage‹ ist: Steht und fällt das authentische Lehramt mit
den von ihm vorgebrachten sachlichen Gründen? Oder hat seine
›formale‹ Autorität ein Eigengewicht? Wir müssen etwas weiter aus-
holen. Für Gutwenger gilt als Grundsatz: »Durch die Autorität wird
keine Wahrheit konstituiert, die Wahrheit wird von der Autorität
vorgefunden.«[6] Autorität in der Lehre besage nichts anderes als die
Autorität der Wahrheit, der für den einzelnen einsichtigen Wahrheit.
Aber die moderne Sprachphilosophie kennt nicht nur informierende
Wahrheitsübermittlung, wonach sich etwas hier und jetzt so und so
verhält, und zwar ganz und gar vorgängig zu dieser Aussage darüber.

5 s. Anm. 4; hier 23.
6 Ebd. 19.

Sie kennt auch sogenannte performative Wahrheit, die durch das Sagen (mit-)konstituiert wird: wenn eine bestimmte Handlung befohlen oder wenn ein Sakrament vollzogen wird, das erwirkt, was es besagt. Da wird im Sagen nicht bloß etwas als vorgegeben wahrgenommen und festgestellt, sondern es wird in Wirklichkeit erst in Gang gebracht und so wahr *gemacht*. Schon das Wort »Autorität« deutet darauf hin, daß diese nicht nur Wahrheit informierend feststellt, sondern auch performativ herstellt oder hinstellt. Denn der Autor (auctor von augere = mehren) ist der Urheber. Allerdings kann und darf es sich in unserem Falle einer Lehräußerung nicht um Neuschöpfung von Wahrheit handeln: es steht ja gerade die Offenbarungsgemäßheit – und deshalb Glaubensverbindlichkeit – einer lehramtlichen Verlautbarung zur Frage. Dennoch gibt es zwischen »Vorfinden« und »Konstituieren« von Wahrheit (siehe oben das Zitat!) ein Drittes: nämlich ihre Vermittlung an andere; und darum geht es ja wohl gerade. Gutwenger rechnet jedoch nur mit der Alternative, daß die Autorität entweder »auf unfehlbare göttliche Führung bauen kann« oder »mit menschlichen Denkmitteln zu arbeiten und mit menschlichen Irrtumsmöglichkeiten zu rechnen hat«.[7] Wieder scheint es: datur tertium – zwischen sozusagen *rein* göttlicher und *bloß* menschlicher Wahrheitsfindung und -vermittlung. Müssen und dürfen wir nicht zuversichtlich hoffen, daß der Geist Gottes, der zwar nicht immer – und normalerweise nicht! – Unfehlbarkeit verbürgt, doch die qualifizierten Träger des kirchlichen Amtes nicht nur ihrer (prekären) individuellen Intelligenz nebst ihrem theologischen Fleiß, ihrer »rationes« suchenden »ratio« überläßt, sondern sie in seine vorsehende Lenkung einbezieht, in eine Leitung sozusagen ›lässiger‹, zweiter Qualität, die unter Umständen ein Übergewicht menschlichen Fehlverhaltens, Gedankenlosigkeit oder Übereifer ... zuläßt (und zwar auch »ohne daß er [der Heilige Geist] unmittelbar in den Verstand des Trägers der Lehrautorität hineinspricht«, was in der Tat eine »mythische Vorstellung« wäre[8]). Danach kann von einer sich auf Gott berufen-

---

7 Ebd.
8 Zugunsten unfehlbarer Lehrverkündigung geschieht ja auch nicht etwas derartiges, nämlich eine direkte Offenbarung, sondern – vgl. DS 3070 = NR 451 – nur ein Irrtum abhaltender, negativer Beistand des Heiligen Geistes.

den Autorität auch dann die Rede sein, wenn diese nicht mit Unfehlbarkeitsanspruch auftritt. Gutwenger wendet hiergegen ein:

»Bei der Frage nach der Wahrheit einer Lehre darf die Autorität nur dann als entscheidender Faktor ins Treffen geführt werden, wenn sie sich dadurch ausweist, daß sie Gewißheit stiftet. Aber gerade darauf verzichtet der Papst, wenn er seine Autorität als fehlbare einsetzt. Die Berufung auf den Heiligen Geist kann auch hier nicht überzeugen. Sich auf seinen Beistand berufen und zugleich zugeben, daß dieser Beistand vielleicht nichts nützt (denn nach der Voraussetzung können Entscheidungen des magisterium authenticum dem Irrtum ausgesetzt sein), geht kaum an.«

Vielleicht doch! (Sehen wir von der etwas schiefen Formulierung ab, daß der Papst »seine Autorität als fehlbare einsetzt«: er setzt vielmehr seine nicht-unfehlbare Autorität als Autorität ein.) Die Frage kehrt wieder, ob das Lehramt nur Autorität in einem eigentlichen Sinne hat, wenn es definitiv-unfehlbar spricht, und ob drum alles andere lehramtliche Sprechen nur aufgrund der den Theologen überantworteten Argumentation Geltung erlangen kann, also eine Frage des ausdrücklichen Spieles der Gründe und Gegengründe ist. Da kann man wohl anderer Meinung sein, und es sei versucht, sie zugunsten der weiteren Diskussion zu begründen: Auch dort, wo das Lehramt nicht mit vollem Einsatz seiner Autorität, wo es also auf »nur-authentische« Weise spricht, wo deshalb ein Irrtum grundsätzlich nicht ausgeschlossen ist, geht es doch nicht *nur* um die Vorlage möglichst guter Gründe, die der theologischen Erörterung ausgesetzt werden sollen. Auch dort bringt es vielmehr echte (authentische!) Autorität mit ein, die man oft etwas abschätzig formal nennt im Gegensatz zur materialen ›Autorität‹ der Gründe, also der vorgelegten Sache selbst. Und weshalb scheint das so zu sein? Weil nach katholischer Glaubensüberzeugung im Lehramt überhaupt der Geist Gottes am Werk ist! Daß damit keine einseitige Beziehung vom Lehramt herab zur hörend-glaubenden Gemeinde gesetzt ist, so daß die Nicht-Lehramtsträger insgesamt bloß passiv gehorchende Objekte der Glaubensunterweisung wären, das wird noch auszuführen sein (siehe 5.6.2). Zunächst ist festzuhalten, daß es das gibt: Wirken des Geistes in den Instanzen unserer Kirche, die von Gott und von Jesus her in dieser Kirche den

Auftrag haben, die christlicheLehre möglichst rein und möglichst voll zu verkünden.

Ein »Schreiben der deutschen Bischöfe an alle, die von der Kirche mit der Glaubensverkündigung beauftragt sind« vom 23. 9. 1967 sagt[9]: »Zur Wahrung der eigentlichen und letzten Glaubenssubstanz muß sie [die Kirche], selbst auf die Gefahr eines Irrtums im einzelnen hin, Lehrweisungen aussprechen, die einen bestimmten Verbindlichkeitsgrad haben und doch, weil keine Glaubensdefinition, eine gewisse Vorläufigkeit bis zur Möglichkeit eines Irrtums an sich tragen.« Das ist eine differenzierte Aussage. Es ist notwendig, daß es auch diesen Zwischenbereich authentisch-verbindlicher Lehramtsaussagen gibt, die jetzt gelten, aber mit dem Bewußtsein und unter dem Vorbehalt, daß sie – weil keine unfehlbare Äußerung – eine Vorläufigkeit besitzen, weil immer eine etwaige Möglichkeit des Irrtums besteht. Würde alles Wahrheitsgewicht einzig den beigebrachten Gründen zugeschrieben, so würde dieser Zwischenbereich der nicht-unfehlbaren Autorität eines auf allgemeine Weise geist-gewirkten Lehramtes übersprungen, das Lehramt letztlich nur auf den – doch hoffentlich seltenen – Grenzfall der unfehlbaren feierlichen Definition festgelegt. Warum soll es neben dem absolute Wahrheit garantierenden, speziellen Beistand des Geistes nicht auch diesen – unter Umständen auch einmal sozusagen verweigerten und drum versagenden – nicht unfehlbaren, allgemeinen Beistand des Geistes geben? Es geht wohl nicht an, daß man so ›auf Nummer Sicher‹ fahren will, indem man sagt: Nun ja, die unfehlbaren Äußerungen muß man eben schlucken, aber der ganze große Rest – darüber befinde ich mit meinem höchsteigenen bißchen Verstand, oder ich lasse ein Theologenkollektiv das für mich ausmachen.

Der allgemeine Beistand des Geistes ist derart, daß gewöhnlich die Wahrheit gelehrt wird, aber in einem Ausnahmefall die Träger der authentischen Lehrgewalt ihrer menschlichen Irrtumsfähigkeit überlassen werden. Etwa dann, wenn sie zu stark nach ihrem eigenen Sinn und Geist vorgehen, sich zuviel auf ihre (formale!) Auto-

9 S. 12f.

rität zugute tun, ihre eigene Vollmacht zu selbstherrlich-souverän verstehen und unkontrolliert ausüben. Dann ›paßt‹ eben einmal der – *Heilige* Geist. Der Zweck der Einrichtung ist durchaus der, daß die Menschen zur Wahrheit gelangen, und dieser Zweck wird auch in den meisten Fällen erreicht. Die Gläubigen erhalten eine wirkliche Hilfe, eine klärende Weisung. Das ist jedenfalls vorauszusetzen bei unserer Überlegung. Wenn diese Lehramtshilfe auch nicht Unfehlbarkeit verbürgt, so kann sie doch im allgemeinen fürs praktische Leben genügen, in dem auch sonst kaum je letzte Gewißheit zu haben ist. Das genannte Schreiben der deutschen Bischöfe[10] weist darauf hin, daß auch jeder Arzt in seiner Diagnose eine fehlbare Autorität ausübt. Der Moraltheologe B. Schüller[11] hat das näher erläutert:

»Indem ein Kranker sich einem Arzt anvertraut, unterstellt er sich dessen Autorität, erklärt er sich bereit, sich nach den Anordnungen des Arztes zu richten, obwohl er sich normalerweise aus eigener Einsicht kein Urteil darüber bilden kann, ob die vom Arzt getroffenen Anordnungen im Einzelfall auch richtig sind. Umgekehrt: indem ein Arzt die Behandlung eines Kranken übernimmt, spricht er sich selbst dem Kranken gegenüber Autorität und Vertrauenswürdigkeit zu. Nun wird kein Arzt von sich behaupten können, er sei als Arzt unfehlbar, er könne sich absolut dafür verbürgen, daß er nie eine verkehrte Diagnose stelle und auch nie eine falsche Therapie anwende. Kein Arzt, auch nicht der tüchtigste, wird bestreiten wollen, daß er auch bei äußerster Gewissenhaftigkeit einmal irren kann und dann unter Umständen wider Willen das Leiden eines Kranken eher verschlimmert als bessert. Wie kann der Arzt trotz dieser nicht ausschließbaren Eventualität dem Kranken gegenüber Autorität und Vertrauenswürdigkeit beanspruchen? Das kann er tun, insofern er sich sagen darf: Es sind wirklich ›Ausnahmefälle‹, daß ich einmal eine falsche Diagnose stelle oder eine falsche Therapie anwende; ›in der Regel‹ treffe ich das Richtige, helfe ich tatsächlich dem Kranken, sofern ihm überhaupt geholfen werden kann.«

Daraus ergibt sich dann aber auch für das authentische Lehramt der Kirche, für dieses nur-authentische Lehramt mit seiner prinzipiellen Irrtumsfähigkeit: Es muß erwartet werden, daß es in der Regel nicht irrt, daß der Irrtum vielmehr ein Ausnahmefall bleibt.

10 S. 12.
11 *Schüller* 537.

Diese Formel gibt Raum für ein sehr unterschiedliches Ausmaß an Autorität. Die Kirchenkonstitution von 1964 verlangt von den Gläubigen »religiösen Gehorsam des Willens und des Verstandes« [12]. Dabei ist die (fehlbare) Autorität um so größer, je seltener der Ausnahmefall ihres Versagens vorkommt. Und sie nimmt ab in dem Maß, als die Fälle des Versagens häufiger werden. Sie würde schließlich aufhören, überhaupt noch Autorität zu sein, wenn die Ausnahmefälle ihrer Häufigkeit nach sich dem Regelfall annähern und damit keine Ausnahmefälle mehr sind. Deshalb plädiert denn auch Schüller dafür, daß man historisch genauer erforschen solle, wie es in der Vergangenheit der Kirche damit stand. Man könne vermuten, gar so selten seien irrige Entscheidungen des authentischen Lehramtes in der Vergangenheit nicht gewesen. Eine etwas kritischere Haltung der Theologen gegenüber dem Apostolischen Stuhl sei deshalb angebracht – daran fehlt es inzwischen nicht mehr (Schüllers Artikel stammt aus dem Jahr 1967) ... Wer eine nicht unfehlbare Lehraussage als irrtümlich erkennt, mit guten, durchschlagenden Gründen, kann nicht gehalten sein, sie weiterhin anzunehmen. Früher hat man gemeint, er müsse dann wenigstens ein »silentium obsequiosum«, ein gehorsames Schweigen, bewahren, um das Prestige, die Autorität der lehrenden Kirche nicht zu mindern. Wir würden (mit 2 Kor 13,8) sagen: »Wir können nichts gegen die Wahrheit, sondern *nur mit der Wahrheit*!« Irrtum kann nie im Sinne der Kirche sein, und deshalb muß er aufgedeckt und zurückgenommen werden. Wenn E. Gutwenger [13] die Konsequenz zieht, daß »Äußerungen des ›magisterium authenticum‹ im letzten Grunde Einladungen zum Dialog sind, in welchem das Gewicht der Gründe einer Klärung zugeführt wird« – so ist dem insofern zuzustimmen, als diese kritische Aufgabe die Theologen *letzten Endes* haben (sie untersuchen ja auch das Gotteswort der Heiligen Schrift mit wissenschaftlicher Kritik), immer vorausgesetzt, daß sie wie jeder christkatholische Glaubende – und auch die Theologen *glauben* als Christen an den in der Kirche wirkenden Geist Gottes –

---

12 LG 25; mit der Steigerung, gegenüber dem (nicht-unfehlbaren) obersten Lehramt des Papstes, zu »ehrfürchtiger Anerkennung und aufrichtiger Anhänglichkeit«.
13 Siehe Anm. 4: 23f.

zunächst, *zu Anfang*, auch die nicht unfehlbaren Kundgaben des Lehramtes mit Bereitschaft, zu horchen und zu gehorchen, aufnehmen.

5.4 Das Objekt des Lehramts

Lehramtsgegenstand ist »der Inhalt der christlichen Offenbarung selbst und all das, was zur Verkündigung und Verteidigung dieser Offenbarung ... notwendig oder nützlich ist«[14]. Bei der Feststellung dieses Inhaltes und seiner Abgrenzung gegenüber Aussagen, hinsichtlich deren das Lehramt nicht zuständig ist, beansprucht das Lehramt selbst die Kompetenz der Kompetenz; es gibt keine übergeordnete Instanz. Daß das Lehramt bei der Forderung einer absoluten Glaubenszustimmung dann diese Kompetenz nicht überschreitet, dafür – und nur dafür – ist nach katholischem Glaubensverständnis der Beistand des Geistes für die Kirche die alleinige letzte, aber auch ausreichende Garantie. (Daß es den Beistand des Geistes auch in anderen Fällen des nur-authentischen Lehramtes gibt, suchten wir vorher zu zeigen.)
Es werden primäre und direkte Objekte des Lehramtes und sekundäre, indirekte Objekte unterschieden.

5.4.1 Das direkte Objekt des Lehramts

Das ist die von Gott um ihrer selbst willen geoffenbarte Wahrheit der christlichen Offenbarung. Das »depositum fidei«, die »doctrina de fide vel moribus« – so sagen das I. Vatikanum (DS 3020.3074 = NR 44.454) und »Lumen gentium« 25. »Depositum fidei« wird manchmal im Deutschen übersetzt mit »Glaubenshinterlage«, gemeint ist der Grundbestand des christlichen Offenbarungsglaubens, und in der näheren Inhaltsangabe »fides et mores« meint »Sitte« (beim I. und II. Vatikanum) nicht Prozessionen oder Wallfahrten, sondern Grundorientierung des christlichen Lebens. Diese Gegenstandsbestimmung präjudiziert nichts darüber, wie die Offenbarung selbst genauer zu verstehen ist. Nicht so, als ob im

---

14 *K. Rahner*, Art. Lehramt, in: Sacramentum Mundi III (1969) 184.

»depositum fidei« eine unübersehbare Menge von Sätzen göttlicher Offenbarung gegeben wäre, die rein doktrinär vom Lehramt verkündet, gar indoktriniert werden müßten. Offenbarung können wir zu fassen versuchen als ein Geschehen in Wort und Tat Gottes, soweit sich dieses im Glauben, auch in Glaubensaussagen, reflektiert. Als das primäre Objekt des Lehramtes werden auch die »per se« (anundfürsich) geoffenbarten Wahrheiten bezeichnet, deren Inhalt *direkt* heilsbedeutsam ist. Thomas von Aquin sagt zum Beispiel: »Per se ad fidem pertinent illa, quae directe nos ordinant ad vitam aeternam.«[15] Die direkte Hinordnung zum ewigen Leben, zur Gemeinschaft mit Gott, ist die Grundstruktur des Glaubensvollzugs. Aussagen darüber machen den Inhalt des Glaubens aus. Nicht ins Gewicht fällt, ob die direkte Offenbarung *explizit* erfolgt, das heißt in ausdrücklichen Worten und klaren Formulierungen, oder *implizit* in teilweise verhüllter Ausdruckweise, in Bildern, Gleichnissen, Typoi.

5.4.2 Indirekte Objekte des Lehramts

Dazu gehören sekundäre Wahrheiten, die nicht ihrer selbst wegen geoffenbart sind, aber auf irgendeine indirekte, beiläufige Weise, »per accidens«, »zur Verkündigung oder Verteidigung der Offenbarung notwendig oder nützlich«[16] sind. Sie werden auch als das virtuell (im Gegensatz zu formell) Geoffenbarte bezeichnet. Mit der Frage, welche Arten von Aussagen dazu gehören, geraten wir auf schwankenden Boden. Jedenfalls muß eine qualifizierte Verbindung zur Offenbarung selbst vorliegen. Aufgezählt werden traditionellerweise folgende Möglichkeiten solcher Verbindung:
1. *Theologische Konklusionen.* Sie stehen in logischer Verbindung mit geoffenbarter Wahrheit als Folgerung daraus, genauer: als Konklusion (Schlußsatz) aus einem geoffenbarten Satz und einem zweiten, nicht geoffenbarten Satz, etwa einem philosophischen Prinzip. Dabei muß es sich um einen wirklichen, synthetischen Erkenntnisfortschritt handeln, im Gegensatz zu bloßer analytischer

15 S. th. II-II 1,6 ad 1.
16 Vgl. oben S. 163 das Rahner-Zitat.

Explikation von formaliter Implizitem. Die Geltung der theologischen Konklusion hängt auch von der Wahrheit der auf menschlichem Wissen ruhenden Prämisse und von der Richtigkeit des angewandten Schlußverfahrens ab. Deshalb spricht man von nur virtuell geoffenbarten Wahrheiten. (Aber ebendiese Unterscheidung formell – virtuell ist ziemlich unnütz: wir überrollen sie anschließend wieder!) Man stellt sich das etwa so vor: Es könne sich eine theologische Konklusion nur zur Hälfte auf Offenbarung berufen, und was sich nur zur Hälfte auf unverbrüchliche Wahrheit stütze, könne auch falsch sein, selbst wenn jemand *meint*: das, was ich dazugetan habe, war ein höchst wahres metaphysisches Prinzip.

Mit einiger Mühe läßt sich ein in etwa plausibles Beispiel für eine theologische Konklusion finden bei M. J. Scheeben[17]: »Gott Vater und Gott Sohn haben eine gemeinschaftliche Natur; nun ist aber die Natur das nächste Prinzip der Tätigkeit; folglich haben Vater und Sohn eine gemeinsame Tätigkeit nach außen.«

2. *Praeambula fidei.* Auch sie haben eine innere logische Beziehung zur Offenbarungswahrheit. Jetzt nicht als Folgerung oder Konklusion, sondern als Voraussetzung für deren verantwortliche, begründete Annahme. Sie betreffen beispielsweise die Existenz Gottes, das Fortleben des Menschen nach dem Tod, die Möglichkeit von Wundern und derart mehr. Vgl. I. Vatikanum: DS 3004 f (= NR 27–30)!

3. *Facta dogmatica.* Schon in der Schrift finden sich Mitteilungen, die nur in äußerer Beziehung zu den Heilswahrheiten stehen, indem sie zur Kennzeichnung und Veranschaulichung des geschichtlichen Hintergrundes des Offenbarungsgeschehens dienen. Solche Mitteilungen sind nur indirekt, per accidens, geoffenbart. Im Verlauf der Kirchengeschichte hat es sich als notwendig erwiesen, dogmatische Tatsachen verbindlich zu fixieren, etwa den tatsächlichen ökumenischen Charakter eines Konzils oder auch die Rechtmäßigkeit eines Papstes; denn nur dann, wenn das Konzil bzw. der Papst tatsächlich das sind, was sie zu sein beanspruchen, können sie verbindlich lehren. Man sagt schon einmal, da liege ein schlechtes Zirkelverfahren vor: Konzil oder Papst, deren Ökumenizität bzw. Le-

---

17 *Scheeben* 32.

gitimität in Frage stehen, behaupten selber, sie seien ökumenisch bzw. legitim. Aber man kann auch denken, daß dies oder jenes Gegenstand des unverbrüchlichen kirchlichen Bewußtseins ist. – Ein klassischer Fall war der lange Streit mit den Jansenisten. Rom verurteilte Sätze aus den Schriften des Jansenius – die Jansenisten sagten: Die Sätze verurteilen auch wir, aber sie stehen nicht bei Jansenius. Rom reagierte: Sie stehen bei ihm.

4. Als indirekte Gegenstände des Lehramts werden auch traditionell angesehen *Heiligsprechungen*, die die ganze Kirche zur Anerkennung verpflichten, während die Seligsprechungen kein endgültiges Urteil seien und nicht die gesamte Kirche zur Verehrung des betreffenden Seligen anhalten. Außerdem werden dazugezählt wichtige Disziplinargesetze und liturgische Satzungen, aber nur in bezug darauf, daß sie nicht gegen »fides et mores« verstoßen, so etwa die feierliche Approbation von Orden. Zwar meint A. Lang[18] noch 1968, feierlichen Heiligsprechungsdekreten komme »nach der allgemeinen Ansicht der Theologen« Unfehlbarkeit zu, aber diese allgemeine Ansicht ist inzwischen ja wohl mehr und mehr abgebröckelt ... Und den gewichtigen disziplinarrechtlichen Lehramtsäußerungen komme Unfehlbarkeit »nach der vorherrschenden Ansicht der Theologen« zu, aber Lang[19] selber macht dann ganz vernünftige Einschränkungen.

5.5 Zur Verbindlichkeit lehramtlicher Verlautbarungen

Es ist zu unterscheiden – und das ist mehr schwierig als wichtig – zwischen *Gewißheitsgrad* und *Qualität der Lehre* (und der entsprechenden Zustimmung)[20].

18 *Lang* 250.
19 Ebd. 251. – Für die Aktualität der Frage, ob das unfehlbare Lehramt mit LG 25 »tantum patet, quantum divinae Revelationis *patet* depositum«, oder wie die offizielle deutsche Übersetzung ›übersetzt‹: »... so weit, wie die Hinterlage der göttlichen Offenbarung es *erfordert*«, und wie dies auch die Enzyklika »Mysterium Ecclesiae« von 1975 mit der früheren Schultheologie festhält, siehe: *L. Oeing-Hanhoff* in: Theologische Quartalschrift 161 (1981) 56–66, besonders 63 f, Anm. 33.
20 *Lang* sagt kurz, aber etwas mißverständlich: zwischen Gewißheitsgrad und Gewißheitsqualität.

5.5.1 Zu den Gewißheitsgraden

Deren gibt es verschiedene schon im Bereich der natürlichen menschlichen Erkenntnis. Die *metaphysische* Gewißheit der erfahrungshaften geistigen Einsicht in ein Denk- und Seinsprinzip logisch-ontologischer Art (wie: Nicht-Widerspruchsprinzip, Prinzip vom zureichenden Grund, Kausalitätsprinzip) ist höher als die *physische* Gewißheit eines induktiv gewonnenen Naturgesetzes und die *moralische* Gewißheit, die von dem erfahrungsgemäß zu erwartenden, aber doch in sich freien Verhalten von Menschen abhängt. Übrigens muß die moralische Gewißheit nicht, wie man früher wohl zumeist annahm, hinter der physischen zurückstehen, sondern kann diese, gerade weil sie personaler Natur ist, übertreffen. Auf der moralischen Gewißheit beruht die Geschichtswissenschaft, die neben der intellektuellen Kapazität (Wahrheitsbefähigung) vor allem über die sittliche Integrität (Wahrhaftigkeit) ihrer Zeugen sich vergewissern muß; denn daß jemand die Wahrheit sagt, steht nur dann fest, wenn er sie sagen *kann* (= nicht irrt, nicht sich selber täuscht) und – das ist dabei das Neue – sie sagen *will* (= nicht lügt, nicht andere täuscht). So gibt es im Bereich des natürlichen menschlichen Wissens eine Abstufung der Gewißheitsgrade.

Äußerungen des Lehramts gewinnen ihre spezifische Gewißheit nicht von der so gestuften Leistungsfähigkeit des menschlichen Geistes, sondern vom Wirken des Geistes Gottes in der Kirche. Der Heilige Geist verbürgt, daß die Kirche allverbindlich-unwiderruflich, das ist: unfehlbar, lehren kann. Solcher Lehre kommt eine Gewißheit zu, die jedenfalls nicht geringer ist als die objektiv höchste philosophische Gewißheit. Subjektiv gesehen, möchte ich der Vernunft der Glaubensgemeinschaft Kirche, die vom Geist Gottes lebt, entschieden mehr trauen als meinem eigenen begrenzten Verstand, der sich auch bei vermeinter metaphysischer Gewißheit irren kann. Die Gewißheit, die Gott gibt durch seine Kirche und in ihr, ist objektiv und vor allem subjektiv gesehen, die höchste Gewißheit für Menschen. Jedoch auch die Träger des Lehramtes begründen, entsprechend ihrer Stellung und dem jeweiligen Einsatz ihrer Autorität, verschieden gestufte Gewißheit. Vor allem besitzt die nur-authentische Lehre des »Magisterium ordinarium« natürlich geringere Gewißheit als das unfehlbare Lehramt.

5.5.2 Zur Qualität der Lehre und der ihr entsprechenden Zustimmung

Vor allem geht es hier um die Frage: Ist etwas direkte Offenbarung oder nicht? Entsprechend ist die Antwort des Menschen eigentlicher übernatürlicher, göttlicher Glaube – oder nicht. Zwei Feststellungen lassen sich diesbezüglich zuversichtlich machen; ein dritter Punkt ist sehr problematisch und kontrovers.

Mit Bestimmtheit läßt sich erstens sagen: Die direkt und formell geoffenbarten Wahrheiten sind zu glauben »fide divina«, mit einer absoluten, das heißt unwiderruflich endgültigen Glaubenszustimmung. Man spricht von »veritates de fide«. Es ist dabei nicht erforderlich, daß der Offenbarungscharakter dieser Wahrheiten durch eine unfehlbare Erklärung der Kirche gesichert wird, also durch eine mehr oder weniger feierliche Definition, wodurch eine »veritas de fide definita« zustande kommt.

Kein Zweifel besteht zweitens daran, »daß unfehlbare Entscheidungen der Kirche über Wahrheiten oder Tatsachen, die nicht in der Offenbarung enthalten und daher auch nicht von Gott selbst bezeugt sind (facta dogmatica, Heiligsprechungen usw.), *nicht* fide divina zu glauben sind. Die Unfehlbarkeit der Kirche, die diese Wahrheiten verbürgt und zwar mit absoluter Gewißheit verbürgt, ändert nichts an der Tatsache, daß es sich um Wahrheiten handelt, die durch menschliche Erkenntnisarbeit und menschliche Erkenntnismittel gewonnen wurden. Das Lehramt der Kirche erhält keine Offenbarungen und keine göttliche Inspiration. Das Charisma der Unfehlbarkeit vermittelt keine neuen Erkenntniskräfte, sondern garantiert [nur] die irrtumsfreie Anwendung der zu Gebote stehenden Kräfte.«[21] Darin besteht die Wirkung des Geistes, sein »negativer«, den Irrtum fernhaltender Beistand. Das Charisma der Unfehlbarkeit steigert die Sicherheit der Erkenntnis, den Gewißheits*grad*, ändert aber nicht die *Qualität* der unfehlbar verkündeten Wahrheit.

21 *Lang* 253.

Schwierig ist die dritte Frage, welche Qualität in bezug auf Offenbarung und damit auch welche Zustimmungsqualität den *theologischen Konklusionen* zukommt. Darüber schreibt A. Lang[22] ziemlich viel. Wenn die hier S. 164 ff gegebene Strukturbeschreibung zutreffen würde, könnte auch bei unfehlbarer Vorlage durchs Lehramt die Antwort bestenfalls so etwas sein wie unwiderrufliche Zustimmung, die man als »fides ecclesiastica« bezeichnet hat, ohne eigentlichen, ›göttlichen‹ Glaubenscharakter – eben weil es um eine halbtheologische und halbphilosophische Erkenntnis gehe. Manche geben einer solchen Wahrheit einen eigenen Namen: »veritas catholica«. Besonders von Karl Rahner[23] wurde aber geltend gemacht, daß sogenannte theologische Konklusionen, die das Lehramt definiert, verstanden werden können als unter Beistand des Heiligen Geistes gereifte Entfaltungen der bereits ergangenen Offenbarung, die durch sie ›nur‹ voller und tiefer erfaßt wird. Sie könnten deshalb volle Glaubensgewißheit beanspruchen. Dabei sei es belanglos, ob diese Entwicklung auf spekulative Weise, durch logische Aufschließung der Offenbarung, herbeigeführt wurde, wie man früher vorwiegend meinte, oder auf dem vor- und überrationalen Wege eines durch Erfahrung und Intuition gelenkten Glaubenslebens. Wenn Gott spricht, ist »die sachliche Lebendigkeit und Dynamik seiner unmittelbaren Mitteilung . . . ihm notwendig bewußt und von ihm bis in alle ihre Virtualitäten und Konsequenzen gewußt«. Gott weiß sozusagen, wie wir Menschen diese seine Offenbarung ausdenken werden, und auch etwas, was streng auf der rational-logischen Ebene virtuelles Weiterdenken ist, ist doch in der von Gott tatsächlich ergangenen Mitteilung schon mitgewollt. Gott »hat auch von vornherein die Absicht und den Willen, in seinem Geist diese Explikation zu veranlassen und zu leiten. Er selbst sagt also auch das, was sich *als* gesagt erst in der lebendigen Geschichte des (unmittelbar) Gesagten enthüllt. Und darum ist auch das bloß virtuell implizit Gesagte sein Wort . . . Was *wir* so ›deduzieren‹, hat Gott zwar in den Ausgangssätzen, von denen unsere Deduktion ausgeht, nicht formell *gesagt* (d. h. in deren unmittelbarem Satzsinn ausgesprochen), wohl aber ›mit-geteilt‹, so daß es durchaus als *sein*

22 Ebd. 253–259.
23 Schriften I (1954) 49–90: Zur Frage der Dogmenentwicklung; bes. 72–74.

Wissen geglaubt werden kann.«[24] Was bloß *virtuell gesagt* wurde, kann danach *formell mitgeteilt* sein. Es ist dann auch zur formellen – natürlich nur impliziten – Offenbarung zu rechnen. Die Schwierigkeit der »theologischen Konklusion« wird also von Rahner dadurch gelöst, daß diese als nur *virtuell* geoffenbart nur bezeichnet werden muß in bezug auf das unmittelbar Gesagte, das unabhängig vom Kontext kontrolliert werden kann, daß sie aber doch im Vorgang der ganzen Mitteilung so enthalten ist, daß sie beurteilt und beantwortet werden kann, wie das im traditionellen Sinne *formell* Geoffenbarte, nämlich mit eigentlicher Glaubenszustimmung.

Schlußbilanz: Unwiderrufliche eigentliche Glaubenszustimmung erstreckt sich auf das von Gott Geoffenbarte, zu dem – mit K. Rahner – auch gezählt werden kann, was man theologische Konklusion nannte. Die unwiderrufliche Zustimmung, die einem von der Kirche definierten »factum dogmaticum« oder, wenn es das gibt, einem rein philosophischen »Präambel«-Satz geschuldet wird, soll man wohl besser nicht mit dem großen Namen »Glauben« belegen, auch nicht mit dem Kompromißausdruck »fides ecclesiastica«. Der nur-authentischen Lehramtsäußerung ist eine echte, aber widerrufliche Zustimmung zu geben. A. Lang [25] scheint eine Bereitschaft zu Gehorsam und Gefolgschaft zu verlangen, B. Schüller [26] spricht von einem »Vertrauen unter Vorbehalt«. Dabei muß die Widerruflichkeit der Zustimmung keineswegs im Vordergrund des Bewußtseins stehen, sie darf aber – und soll gegebenenfalls auch – im Randbewußtsein da sein und ›rumoren‹; das wäre gut katholisch. Auch das Schreiben der deutschen Bischöfe [27] meint, daß »die Gläubigen unter Umständen über das Wesen und die begrenzte Tragweite einer solchen vorläufigen Lehrentscheidung zu unterrichten sind«.

5.5.3 Theologische Qualifikationen

In den Dogmatikhandbüchern, vor allem der zweiten Hälfte des 19. Jahrhunderts, sind die einzelnen Lehrsätze oder Thesen mit der

---

24 Ebd. 73.
25 *Lang* 251.
26 *Schüller* 545.
27 S. 13; s. hier S. 160.

Beurteilung ihrer jeweiligen Qualität versehen. Diese theologischen Qualifikationen werden, wenn positiv gefaßt, *notae* oder notationes genannt, wenn negativ gefaßt, also in bezug auf das kontradiktorische Gegenteil des betreffenden Lehrsatzes, heißen sie *Zensuren.* Diese Methode, die der Sache nach um 1300 aufkam, tritt heute wieder zurück. Damals allerdings war Zensurieren eine Routineaufgabe der Universitäten, vor allem auf der berühmten Sorbonne, später auch in Köln und Löwen. Immerhin steht Derartiges schon im Galaterbrief (1,8f) des Apostels Paulus zweimal: Selbst wenn ein Engel euch ein anderes Evangelium brächte, als ich euch gebracht habe – anáthema éstō! In den Paulusbriefen gibt es auch einige ähnlich entschiedene Aussagen gegen die falsche Gnosis. Das berühmt-berüchtigte Anathem hat sich im nachhinein breit gemacht im Tridentinum, wobei es aber dort gar nicht so schwergewichtig war, denn anathematisiert wird dort auch, wer »geschlossene Zeiten«, in denen man nicht feierlich heiraten darf, ablehnt oder wem das Messelesen in lateinischer Sprache nicht paßt.[28] Wenn auch die ganze Angelegenheit für uns an Interesse verloren hat, ist es doch nicht unnütz, schon um frühere theologische Werke lesen zu können, sich das Schema[29] auf der folgenden Seite vor Augen zu führen. Unter den positiven »notae« stehen in Klammern die Zensuren.

Eine differenziertere Reihenfolge der positiven Qualifikationen stellt A. Kolping[30] auf:

1. de fide (divina et catholica) definita
2. de fide divina et catholica
3. de fide divina
4. fidei proximum
5. de fide ecclesiastica
6. theologice certum
7. sententia communis
8. sententia pia
9. sententia probabilis
10. sententia tolerata

28 DS 1811.1759 = NR 745.614.
29 Es ist etwas einfacher als bei *Lang* II 260.
30 LThK VIII (1964) 917f.

	Lehrqualität	
	direkter Lehrbereich = Offenbarungs- wahrheit	indirekter Lehrbereich = zusammenhängend mit der Offenbarung
feierliche Definition des außer- ordentlichen Lehramts	»de fide definita« (offenkundige Häresie)	definierter Satz (verurteilter Satz)
vom ordent- lichen Lehr- amt als geoffenbart gelehrt	»de fide« (Häresie)	wahrer Satz (falscher Satz oder Irrtum)
von Theologen vertreten	»fidei proximum« (häresie-nah)	»sententia theologice certa« (falsche oder irrige Meinung)

(linke Randspalte: Gewißheitsgrad)

Eine gewisse Gegenbewegung gegen die analysierende und summierende Methode der theologischen Qualifikationen, die vor allem nach unten ausufern und nach oben von scharfen Definitionen gekrönt sind, stellt das heutige Bemühen um *Kurzformeln des Glaubens* dar.[31]

31 Vgl. *R. Bleistein*, Kurzformeln des Glaubens, 2 Bände, Würzburg 1971; und z. B. *W. Kern*, Jesus – Mitte der Kirche, Innsbruck 1979, 101–138.

5.5.4 Exkurs über den »Denzinger«[32]

Heinrich Denzinger (1819–1893, Dogmatikprofessor in Würzburg und Anhänger der Römischen Schule) gab 1854 erstmals das »Enchiridion symbolorum et definitionum de rebus fidei et morum« heraus. Er war bemüht um die Wiedergabe repräsentativer Dokumente aus den verschiedenen Epochen. Die späteren Auflagen wurden ab [6]1888 von fünf Theologen, darunter vier Jesuiten, betreut. Sie tendierten dahin, vor allem aktuelle Lehramtsäußerungen abzudrucken. Seit [10]1908 soll der Titelzusatz». . . et declarationum« verdeutlichen, daß es sich nicht um eine Sammlung nur unfehlbarer Dogmen handelt; damals wurde gegen den »Modernismus« der päpstliche Primat sehr betont. Die 32. Auflage (1963) hat A. Schönmetzer grundlegend überarbeitet; er verzichtete auf den Papalismus und nahm auch ›schwierige‹ Dokumente auf. Seine neuen (!) Randnummern beginnen für bestimmte Konzilien einprägsam mit 125 = Nizäa, 150 = Chalzedon, 1500 = Trient, 3000 = I. Vatikanum.

Zur Problematik des »Denzinger«:

– Er enthält vorwiegend *judizielle* Akte des Lehramts gegen Häresien, kaum »normale« Äußerungen der Glaubensverkündigung.

– Er besteht vorwiegend aus *päpstlichen* Erklärungen.

– Er ist inhaltlich *einseitig*: manche Texte stehen nicht im »Denzinger«, obwohl sie zu der Zeit, als sie erlassen wurden, mit der gleichen Autorität dekretiert wurden wie in ihm enthaltene Texte.

– Von den zehn loci theologici des Melchior Cano erfaßt der »Denzinger« nur drei: allgemeine Konzilien, römische Kirche, Symbola (= Glaubensbekenntnisse).

– Im »Denzinger« fehlen die theologischen Qualifikationen, da die Texte undifferenziert nebeneinander stehen; er suggeriert, alle Texte seien gleich wichtig.

– Er isoliert die Texte vom historischen Kontext.

– Die Terminologie der Texte, vor allem älterer, kann sich gegenüber heute gewandelt haben.

---

32 Vgl. *J. Schumacher*, Der »Denzinger«, Freiburg 1974.

5.6 Zum Verhältnis Lehramt – Theologie – Glaubensgemeinschaft

Die abschließende Erörterung des angesprochenen Dreiecksverhältnisses wirft nochmals Licht auf das gesamte Hauptstück theologischer Erkenntnislehre und besonders auf dessen erstes Kapitel über die Theologie, in dem bereits von der Kirchlichkeit der Glaubenswissenschaft und der sie betreibenden Theologen die Rede war, also von der (befreienden) Rückbindung der Theologie an die Glaubensgemeinschaft. Stärker ins Blickfeld soll jetzt noch der »Glaubenssinn« der Gesamtgemeinde gerückt werden, während wir früher ex professo von der Theologie und zuletzt vom Lehramt gehandelt haben. Der »sensus fidelium« ist der Wurzelgrund der großen Gemeinschaft Kirche, aus dem sowohl das Lehramt der Hierarchie als auch die kritische Arbeit der Theologen leben und für den sie beide da sind. Zunächst noch einige Hinweise speziell zum Verhältnis von Lehramt und Theologie.

5.6.1 Lehramt und Theologie

Was früher gesagt wurde über die für die Kirche notwendige Wissenschaftlichkeit der Theologie und ihre von der Wissenschaft selbst zu fordernde Kirchlichkeit: das gilt zugespitzt in etwa auch von der Konkretform jenes Verhältnisses Theologie – Kirche: vom Verhältnis Theologie – Lehramt.

Damit – und auch durch unsere Überlegungen über das »magisterium authenticum« – ist die heute manchmal zu hörende Auffassung zurückgewiesen, die die drei Ämter der Kirche – Lehre, Hirtendienst, Priestertum – zwischen Hierarchie und gelehrten Theologen so aufteilt, daß nun den Theologen *das* Lehramtsmonopol zufällt. Man kann den Bischöfen aber den amtlichen Auftrag, die christliche Glaubenslehre zu bewahren und zu verkünden, nicht bestreiten. Anderseits muß man nicht mit dem Tübinger Dogmatiker J. R. Geiselmann[33] ins andere Extrem falscher Selbstbescheidung fallen: »Die Schrifterklärung des einzelnen Dogmatikers ist ... nicht dog-

---

33 Die lebendige Überlieferung ..., Freiburg 1959, 202.

matisch, sondern wissenschaftlich, weil der Dogmatiker das Charisma des Geistbesitzes nicht hat.« Hat denn die Wissenschaft nichts mit dem Geist und der Geist nichts mit der Wissenschaft zu tun? Die Internationale Theologenkommission hat 1975 »Thesen über das Verhältnis von kirchlichem Lehramt und Theologen zueinander«[34] verabschiedet. Danach haben Lehramt und Theologen eine *gemeinsame* Aufgabe: Das Lehramt hat die göttliche Offenbarung zu schützen, die Theologen haben die Glaubenslehre auszulegen. Beide Instanzen sind gebunden durch das Wort Gottes, den Glaubenssinn der Kirche (siehe hier den nächsten Punkt!), die Dokumente der Überlieferung, schließlich durch die pastorale und missionarische Sorge der Kirche für die Welt; gemeinsam ist auch die zugleich kollegiale und persönliche Ausübung der Aufgabe. Die – interessanteren – *Unterschiede* betreffen die Funktionen: Dem den Glauben schützenden Lehramt kommt ein gewisser negativer Charakter zu: es soll Abgrenzungen treffen, in Notfällen. Die Theologen sollen vermitteln zwischen dem Lehramt und dem ›Gottesvolk‹ und haben sich dabei nicht nur um die treuen ›Schafe‹ zu kümmern, sondern auch um die räudigen ›Böcke‹: das heißt um den Geist der Zeit überhaupt, seine Objektivationen in Natur- und Geschichtswissenschaft, Psychologie, Soziologie … Die Erkenntnisse oder auch Bestrebungen der jeweiligen Gegenwart muß der Theologe aufgreifen, um die Glaubensverkündigung übersetzen zu helfen in die zeitgemäßen Denk- und Empfindungsweisen, soweit dies möglich ist. Die Thesen von 1975 sprechen schließlich von der Eigenart der Autorität, die das Lehramt, vertreten vor allem durch die Bischöfe, hat aufgrund der sakramentalen Weihe (diese Autorität wurde von uns oben anvisiert durch das nicht ganz glückliche Prädikat ›formal‹). Die spezifische Autorität der Theologen stammt aus ihrer wissenschaftlichen Qualifikation, die allerdings nicht getrennt werden kann vom eigentümlichen Charakter der Theologie als Glaubenswissenschaft. Sie kann nicht ausgeübt werden ohne lebendige Erfahrung und Praxis des Glaubens.
Auf dem 3. Symposion europäischer Bischöfe im Herbst 1975 in

---

34 Mit Kommentar von *K. Lehmann* und *O. Semmelroth*, in: Theologie und Philosophie 52 (1977) 57–66.

Rom, auf dem der damalige Kardinal K. Wojtyła über die theologischen Grundlagen des Lehramtes sprach, versuchte der französische Erzbischof von Albi, Robert Coffy, sich »auf die Seite der Theologen zu stellen«[35]: »Die Akkulturation des Glaubens fordert ein neues Statut für die Theologie.« Sie »muß vom Statut einer Disziplin, die sich durch Repetition und Präzisierung althergebrachter Formeln lehren läßt, hinüberwechseln zu einem Statut der Forschung und einer gewissen Neuerung«. Denn »die Menschen von heute sind nicht mehr in der kulturellen Welt, die die Glaubenssätze und die großen theologischen Systeme hervorgebracht hat, beheimatet. ... Aber die Erarbeitung einer neuen Glaubenssprache ist ein heikles Unterfangen. Daß die Theologen nicht auf Anhieb die treffende Formel finden, darf niemanden erstaunen.« Auch sind sie »nicht immer verantwortlich für den Gebrauch, den gewisse neuerungssüchtige Christen von der lehrmäßigen Hilfeleistung machen, insofern bei ihnen aus einer Arbeitshypothese zu leicht ein Glaubensdogma wird«. Anderseits kann die Sorge der Theologen um Genauigkeit der Methoden zum Konflikt mit dem Lehramt führen. »Wie könnten wohl Theologen Interventionen akzeptieren, die ... anscheinend den methodologischen Erfordernissen nicht Rechnung tragen?« Neben die Schwierigkeiten auf seiten der Theologie treten Konfliktursachen von seiten des Kontextes, in dem heute das Lehramt ausgeübt werden muß: Es stößt auf Kritik, wenn Autorität geltend gemacht wird, ohne daß ein Dialog voraufging. Die Pluralität der Theologien erschwert eindeutige Maßnahmen des Lehramtes. Es wird als zu äußerlich empfunden, daß die formale Amtsautorität »mitunter als einziges Fundament für die Glaubwürdigkeit des Glaubens dargestellt wurde«, ohne daß der Sinn der Offenbarung zum Vorschein kam: »Das Lehramt ist folglich dazu geführt worden, sich aus seiner zentralen Stellung zu verlagern, um sich auf das Wort Gottes als Mitte einzustellen, dessen Diener es von nun an sein will.«[36] Schließlich wird seit dem Konzil

35 Text in: Orientierung 40 (1976) 63–66.
36 Etwas zwiespältig in diesem Zusammenhang: Das Lehramt »muß von jetzt an die Qualität der Begründungen daran erweisen, wie weit sie treffend sind. Und wenn es interveniert, muß es zu seiner Rechtfertigung eher [!] angeben, warum, als sich auf ein formelles Interventionsrecht zu berufen, welches übrigens nicht ausgeschlossen ist [!]«. Siehe dazu hier oben S. 155–163.

die geschichtliche Dimension der Wahrheit besser erkannt, und das beeinträchtigt die scharfe Grenzziehung zwischen Irrtum und Wahrheit: »Die Interventionen des Lehramtes können nicht mehr so klar und unwiderruflich sein, wie sie zu sein beansprucht haben ... Es muß im Verhältnis zum Absoluten des Geheimnisses Christi die Relativität jeder Formulierung zugeben.«

Papst Johannes Paul II. hat in einer Ansprache bei der Begegnung mit deutschen Theologieprofessoren in Altötting am 18. 11. 1980 die Einbeziehung der Theologie in die staatlichen Universitäten als ein trotz einiger Konflikte immer wieder bewährtes Modell bezeichnet; es gibt »die Chance, Philosophie und Theologie in Kontext und Kooperation mit allen Wissenschaften einer modernen Universität treiben zu können«. Die Theologie selbst »ist eine Wissenschaft mit allen Möglichkeiten menschlicher Erkenntnis. Sie ist in der Anwendung ihrer Methode und Analysen frei. Gleichwohl muß die Theologie darauf achten, in welchem Verhältnis sie zum Glauben der Kirche steht. ... Sie kann ihn erhellen und fördern, aber sie kann ihn nicht produzieren. Auch der Theologe steht immer schon auf den Schultern der Väter im Glauben. Er weiß, daß sein Fachgebiet nicht rein historische Gegenstände oder Objekte in einer künstlichen Retorte sind, sondern daß es um den gelebten Glauben der Kirche geht. Er soll und muß neue Vorschläge zum Verständnis des Glaubens machen, aber diese sind nur ein Angebot für die ganze Kirche. Vieles muß im brüderlichen Gespräch korrigiert und erweitert werden, bis die ganze Kirche es annehmen kann. Theologie ist zutiefst ein sehr selbstloser Dienst an der Gemeinschaft der Gläubigen.« – »Seien Sie erfinderisch im Glauben, damit wir alle zusammen den vielen Menschen, die nicht mehr am Leben der Kirche teilhaben, mit einer neuen Sprache Christus und seine Kirche wieder näherbringen können!«[37]

Die vom derzeitigen Papst so entschieden betonte Funktion der Theologie, die Glaubensüberlieferung zu vermitteln mit Empfinden und Denken der Gegenwart, hat vor mehr als hundert Jahren

37 Predigten und Ansprachen von Papst Johannes Paul II. bei seinem Pastoralbesuch in Deutschland ..., Offizielle Ausgabe, Bonn o. J. (1981), 167–172.

John Henry Newman[38] dadurch unterstrichen, daß er auf die fundamentale Bedeutung der »schola theologorum« in der Kirche hinwies. Für ihn führt sie geradezu das prophetische Amt Christi weiter! Newman meint aber wohlgemerkt nicht einzelne Theologen, auch nicht eine bestimmte theologische Schule, sondern die Pluralität der Theologie in ihren verschiedenen Richtungen: in dieser Vielfalt üben sie eine notwendige kritische Aufgabe aus, auch am Lehramt und für das Lehramt unserer Kirche.

5.6.2 Lehramt und Glaubensgemeinschaft

Die Größe, vielmehr die lebendige Kraft, die zwischen dem Lehramt und der Gesamtkirche als Gemeinschaft der an den Gott Jesu Christi Glaubenden vermittelt, ist in erster Linie der »Glaubenssinn«. Was ist damit gemeint? Es war wieder J. H. Newman, der 1859, in einer kleinen Schrift, »On consulting the faithful in matters of doctrine«[39], auf die fundamental-universale Bedeutung des »sensus fidelium« hinwies.

5.6.2.1 Über den Begriff »Glaubenssinn«

Der Glaubenssinn (sensus fidei, sensus fidelium) ist – nach M. Seckler[40] – ein aus dem Glauben hervorgehender Sensus für alles, was den Glauben betrifft. Er ermöglicht eine Art instinktiven Urteils über Glaubensgehalte. Mit diesem Sinn ist vom Grund der eigenen geistigen Organisation her begabt, wer den Geist des Glaubens in sich trägt. Er wird deshalb mehr verspüren als rational ableiten und reflex begründen, was eigentlich zum Glauben gehört und was nicht. Der Glaubenssinn ist also eine Art spontaner Einstellung des Gespürs, die dann ebenso unreflex ablehnend oder

38 Vgl. *W. Klausnitzer*, Päpstliche Unfehlbarkeit bei Newman und Döllinger, Innsbruck 1980, 111–113. 240–245.–Davor, das ›Amt‹ der Theologen, den ›locus theologicus‹ der Theologie selber schlecht-utopisch zu überfordern, warnt *M. Seckler* (Kirchliches Lehramt und wissenschaftliche Theologie, in: Die Theologie und das Lehramt 37f. 48f.).
39 Unter dem Titel »Über das Zeugnis der Laien in Fragen des Glaubens« in: Ausgewählte Werke 4, Mainz 1959, 253–292.
40 LThK IV (1960) 945–948.

aufnehmend zu urteilen vermag. Analogien dafür sind die Intuition des Künstlers und der diagnostische Blick des Arztes. Da das Licht des Glaubens eine innere Wesensverwandtschaft mit der Glaubenswelt herstellt, ist für den Glaubenden in ›Sachen‹ des Glaubens ein »iudicium secundum connaturalitatem«, wie Thomas von Aquin das nennt[41], möglich.

Die folgende emphatischere Umschreibung gibt M. D. Koster[42], der in der jüngeren Vergangenheit als erster wieder mit großem Nachdruck die Bedeutung des Glaubenssinnes hervorhob: »Der Glaubenssinn ist das ›geistgewirkte‹ Organ, durch das der Heilige Geist die gesamte Kirche und den einzelnen Menschen in ihr innerlichst verwandt macht mit den Dingen der gesamten Glaubensüberlieferung, sie in deren stets reifere und vollendetere Kenntnis einführt und dadurch die unerläßliche subjektive Voraussetzung innerhalb der Kirche und ihrer Glieder schafft für ... das immer reifer werdende Leben aus dem heiligen Glauben. Er ist es, durch den die gesamte Kirche ihre Heimatstätte findet in der Wahrheit Gottes. ... Er ist einfachhin das Organ für die Glaubensüberlieferung und der Grundfaktor des Lebens in und mit der Kirche. ... Er gibt die gesinnungsmäßige Verwurzelung in der Kirche. Er ist der ›katholische Sinn‹, der ›Geist vom Heiligen Geiste‹, der da sein muß, um überhaupt in der Gesinnungseinheit mit den Gläubigen zu stehen.«
C. Dillenschneider[43] definiert den Glaubenssinn so: »der intuitive übernatürliche Sinn des Glaubenden, Frucht und Kraft seines Glaubens und der Gaben des Hl. Geistes, wodurch er in der Gemeinschaft der Kirche fähig ist, die Virtualitäten des Offenbarungsgutes zu unterscheiden, das ihm objektiv durch das Lehramt vorgelegt wird«.

Man mag versuchen, den Glaubenssinn von verwandten Begriffen abzugrenzen. Er ist nicht dasselbe wie der *Glaubensinstinkt*, der in etwa die religiöse Anlage des Menschen bezeichnet. Dieser ist ein Weg zum Glauben, während der Glaubenssinn aus dem Glauben erwächst. Der *Glaubenskonsens* ist die aus dem Glaubenssinn der vielen sich ergebende einheitlich-gemeinsame Glaubensäußerung; er ist ein Resultat, das den Glaubenssinn voraussetzt. Wir erhielten

41 Vgl. S. th. II–II 45,2. Sogar die Enzyklika »Humani generis« von 1950 verweist auf diese »connaturalitas« (D[S][28] 3024).
42 Volk Gottes im Wachstum des Glaubens, Heidelberg 1950, 142 f. Kritisch – zu kritisch? – dazu: *J. Beumer*, Glaubenssinn der Kirche? in: Trierer Theol. Zeitschrift 61 (1952) 129–142. Hier 129, Anm. 1 frühere Publikationen von Koster.
43 Le sens de la foi ..., Rom 1954, 327.

demnach die folgenden Stufen der ›Glaubensgenese‹: Glaubensinstinkt ist Basis und Motor für die Aufnahme des Glaubens; er führt
zum Glaubenssinn der einzelnen Glieder der Kirche; aus dessen
›Multiplikation‹ entsteht auf der ganzen Breite der Glaubensgemeinschaft der Glaubenskonsens. »Der consensus fidelium ist sta-
tistisch festzustellen, der sensus fidei theologisch zu begründen.«[44]
Das Subjekt des Glaubens ist das individuelle Bewußtsein in seiner
vom Glaubenslicht bestimmten Erkenntnisstruktur. Der Gesamt-
träger des Glaubenssinnes ist das kollektive Bewußtsein der Kirche: Die organische Einheit ihres »Glaubenskörpers« (M. J.
Scheeben) bildet in sich eine Art »Gesamtsinn« (J. A. Möhler) des
Glaubensverständnisses aus. Das zeigt an, daß die getroffenen Un-
terscheidungen nicht gepreßt werden dürfen: Es geht um die viel-
eine Bewegung des Glaubens der Kirche.

5.6.2.2 Zur theologischen Begründung des Glaubenssinnes

Das Neue Testament bezeugt vielfach, daß es ein geistgewirktes
Organ des Glaubens und des Glaubensverständnisses im einzelnen
Christen und in der Kirche Jesu gibt. Kol 1,9 erbittet für die Brief-
empfänger »geistliches Verstehen« (sýnesis pneumatikḗ). 1 Kor
2,16 sagt: »Wir besitzen den Sinn Christi« (hēmeîs de nun Christú
échomen). Nach Eph 1,18 »sind die Augen eures Herzens erleuchtet (pephōtisménus tus ophthalmús tēs kardías hymṓn), um die
Hoffnung seiner [Christi] Berufung zu erkennen«.[45] Im Anschluß
an diese Epheser-Stelle spricht die Tradition von den »Augen des
Herzens« oder den »Augen des Geistes« oder den »Augen des
Glaubens« – von Klemens von Alexandrien im frühen 3. Jahrhundert bis zu Pierre Rousselots Glaubenstheorie von 1910[46]. Damit
verwandte Ausdrücke sind: »sensus christianus«, »sensus catholicus«, »kirchliches Bewußtsein«[47]. Bonaventura[48] (13. Jahrhun-

---

44 M. Seckler in LThK IV 946.   45 Vgl. Joh 14,17; 16,13; Phil 1,9 ...
46 Les yeux de la foi; deutsch: Die Augen des Glaubens, Einsiedeln 1963.
47 Eusebius, Historia ecclesiastica 5,28 (PG 20,513): »to ekklēsiastikón phrónēma«;
    Vinzenz von Lérins, Commonitorium 2 (PL 50,640): »ecclesiastica intelligentia«,
    »ecclesiasticus et catholicus sensus«.
48 3 Sent. 25, dub. 2: Das »Sprechen des Heiligen Geistes« ist mit dem »Ohr des
    Herzens« zu hören.

dert) sprach, in gewissem Sinne damit dem christlichen Verständnis der Offenbarungsübermittlung näher als die Redeweise von den »Augen«, von dem »*Ohr* des Herzens«. Vom Tridentinum [49] wird die Tradition »universus ecclesiae sensus« genannt. Melchior Cano [50], der Begründer der modernen theologischen Erkenntnislehre, kannte und würdigte im selben Zusammenhang der Tradition das ›Phänomen‹. Heutige Theologen erinnern auch an Pascals Unterscheidung zwischem dem »esprit de géometrie« und dem ursprünglicheren, vor- und überrationalen »esprit de finesse«. Bezeichnenderweise haben gerade die Mariendogmen von 1854 und 1950 zur theologischen Erörterung des Glaubenssinnes herausgefordert. [51] Sie warfen ja das dogmengeschichtliche Problem auf, wie aufgrund weniger Andeutungen der Heiligen Schrift und trotz langen Schweigens der Überlieferung von Maria die volle Freiheit von Erbsünde und die leibliche Aufnahme in den Himmel ausgesagt werden können ... Vielleicht ist für uns heute eindrucksvoller, daß dem Arianismus, der im 4. Jahrhundert bei Bischöfen und Theologen überhand genommen hatte, der Glaubenssinn des Volkes Widerstand leistete ...

Die Kirchenkonstitution des II. Vatikanums lehrt: »Das heilige Gottesvolk nimmt auch teil an dem prophetischen Amt Christi, indem es sein lebendiges Zeugnis vor allem durch ein Leben in Glauben und Liebe weiterträgt. ... Die Gesamtheit der Glaubenden, welche die Salbung vom Heiligen [Geiste] haben (vgl. 1 Joh 2,20.27), kann im Glauben nicht irren. Diese ihre besondere Eigenschaft macht sie mittels des übernatürlichen Glaubenssinnes des ganzen Volkes kund, wenn sie ›von den Bischöfen bis zu den letzten gläubigen Laien‹ [52] ihre allgemeine Übereinstimmung (universalem suum consensus) in bezug auf Glauben und Sitten äußert. Durch jenen Glaubenssinn nämlich, der vom Geist der Wahrheit geweckt und genährt wird, hält das Gottesvolk unter der Leitung des Lehramtes ...den einmal den Heiligen übergebenen Glauben (vgl. Jud 3) unverbrüchlich fest, dringt mit rechtem Urteil immer tiefer in ihn ein und wendet ihn im Leben voller an.« [53]

49 Nach *J. A. Möhler* (s. Anm. 54) 357, Anm. 1.
50 Loci theologici 3,3, ed. Venedig 1567, 179.
51 *Hammans* 252f, Anm, 47 zählt für die Jahre um 1950 gleich 23 Autoren auf.
52 *Augustinus,* De praedestinatione sanctorum 14,27 (PL 44,980).
53 LG 12; vgl. LG 35.

Der theologische Grund für Existenz und Funktion des Glaubenssinnes ist die von Gott verheißene und erwirkte *Gegenwart des
Geistes* im Glaubenden. Sie, und sie allein, verbürgt die Unverbrüchlichkeit der christlichen Lehre als Grundfunktion der Kirche, von der wir in diesem Kapitel ausgingen. Mit dem *Geist*, der
»es unserem Geiste bezeugt, daß wir Kinder Gottes sind«, indem
er »sich unserer Schwachheit annimmt ... mit wortlosem Seuf-
zen« (Röm 18, 16.26), mit dem »Geist Gottes, den wir empfangen
haben, um zu erkennen, was uns von Gott geschenkt ward«
(1 Kor 2,12) – mit ihm werden dem Glaubenden auch die »Gaben
des Geistes« zuteil, aus deren Siebenzahl die Gaben des Verstandes, der Wissenschaft und der Weisheit von den Theologen auf
den Glaubenssinn hin ausgedeutet werden. Von solcher Geistes-
Gegenwart sind in der Kirche Glaubensverständnis und Dogmenentwicklung getragen, die sich vollziehen nicht zuletzt kraft der
mitschaffenden Subjektivität der einzelnen Glaubenden und der
umfassenden Glaubensgemeinschaft. Der Geist, der vom Vater
und vom Sohne ausgeht, pulsiert in der Gemeinde der vielen Brüder und Schwestern Jesu. Wie der Mensch Person-in-Gemein-
schaft ist, so ist der Glaubenssinn, individuell und kollektiv zugleich, das Organ des lebendigen und deshalb auch wachsenden
und fruchttragenden Glaubens.

5.6.2.3 Über die Wirkweise des Glaubenssinnes

Die Bedeutung des Glaubenssinnes sei bis heute weder historisch
noch systematisch, weder theoretisch noch praktisch ausgelotet, so
wurde gesagt. Deshalb seien zu seiner Funktion nochmals die Stimmen schon zitierter Theologen gehört.
Johann Adam Möhler[54] stellt die Frage: »Wie gelangt der Mensch
zum Besitze der wahren Lehre Christi?« Die gemein-katholische
Antwort »durch die Kirche« verdeutlicht und vertieft er: »Auf daß
nun bei dem Übergange des Göttlichen der heiligen Schrift in un-
sern menschlichen Besitz keine schwere Täuschung oder vielleicht
gar eine gänzliche Entstellung stattfinde, wird gelehrt: der göttli-

---

54 Symbolik ..., Mainz ²1833, 350f. 352f.

che Geist, welchem die Leitung und Belebung der Kirche anvertraut ist, wird in seiner Vereinigung mit dem menschlichen [Geiste] ein eigentümlich christlicher Takt, ein tiefes, sicher führendes Gefühl, das, wie es in der Wahrheit steht, auch aller Wahrheit entgegenleitet [!]. Durch vertrauensvolles Anschließen an das fortwährende Apostolat, durch die Erziehung in der Kirche, durch das Hören, Lernen und Leben in ihr, durch die Aufnahme des sie ewig befruchtenden höheren Prinzipes wird ein tief innerlicher Sinn gebildet, der zum Vernehmen des geschriebenen Wortes einzig geeignet ist, weil er mit jenem, in dem die heiligen Schriften selbst verfaßt wurden, zusammenfällt: wird mit solchem in der Kirche gewonnenen Sinne das heilige Buch gelesen, so geht es in seinem wesentlichen Gesamtinhalte auf die Leser ungetrübt über.« – »Was ist also Tradition? Der eigentümliche in der Kirche vorhandene und durch die kirchliche Erziehung sich fortpflanzende Sinn, der jedoch nicht ohne seinen Inhalt zu denken ist. ... Die Tradition ist das fortwährend in den Herzen der Gläubigen lebende Wort. Diesem Sinn als Gesamtsinne ist die Auslegung der heiligen Schrift anvertraut.«

John Henry Newman hat dafür plädiert, daß auch den Laien, also dem ganzen Kirchenvolk, in Fragen des Glaubens ein Mitspracherecht zukommt, »weil die Gemeinschaft der Gläubigen einer der Zeugen für die Tatsache der Überlieferung geoffenbarter Wahrheiten ist und weil ihr consensus in der ganzen Christenheit die Stimme der unfehlbaren Kirche ist«[55]. Für Newman ist der »sensus fidelium« eine Art Instinkt, der tief verwurzelt ist im Wesen des mystischen Leibes Christi; er steht unter der Führung des Heiligen Geistes, die eine Antwort darstellt auf die Gebete der Glaubenden; so verstanden, legt der Glaubenssinn Zeugnis ab für den apostolischen Charakter des überlieferten Glaubens, indem er zugleich, sozusagen eifersüchtig, wacht gegen das Aufkommen von Irrtum, den er sofort als ein Ärgernis empfindet.[56] Struktur und Funktion, die Newman dem Glaubenssinn der Gesamtkirche zuschreibt, sind abzulesen an dem, was er in der »Grammar of Assent« über

55 Siehe Anm. 39; hier 262.
56 Vgl. ebd. 269–271.

den »illative sense« darlegt.[57] »Was spätere Theologen über den Glaubenssinn sagen, ist ohne den Einfluß Newmans nicht zu denken.«[58]

Zum Beschlusse sei verwiesen auf *Matthias Josef Scheeben*, der auf einigen wenigen Seiten seines Dogmatik-Handbuchs[59] in bedächtig-gewichtiger Ausdrucksweise sich überraschend aufgeschlossen zeigt für die Rückbindung von Lehramt und Theologie an die eine große Gemeinschaft der Glaubenden, an den »Glaubenskörper«, wie er sagt. In ihm ist die Unverbrüchlichkeit der kirchlichen Glaubenslehre in gewissem Sinne noch unmittelbarer begründet als in den Lehramtsträgern (dem »Lehrkörper«), die die Lehre zwar vermitteln, aber dies eben insofern tun, als sie das äußere Organ des zugleich unmittelbar in den Glaubenden insgesamt wirkenden Heiligen Geistes sind. So stellt sich die Lehre Christi in doppelter Weise dar: als Glaubensbekenntnis und als offizielle Lehre. Und beide Weisen bedingen und durchdringen einander. Der »Glaubenskörper« verhält sich keineswegs nur passiv-empfangend zum Lehramt. Der »sensus fidelium« ist nach Scheeben – und dasselbe gilt für Möhler und Newman – vielmehr ein Faktor der *aktiven* Überlieferung und Entwicklung von Lehre und Glauben. Denn er ist Wirkung und Widerhall der die Kirche durchwaltenden Glaubensbewegung.

Der »sensus« der einzelnen Glaubenden und der »consensus« ihrer Gesamtheit bilden die lebensvolle Basis des Glaubens – auch für das Lehramt als das Hauptorgan der bewahrenden Kontrolle und Korrektur sowie auch für die Theologie als Motor des kritischen Fortschrittes. Bewahrende Kontrolle hat den Auftrag der Festlegung der überlieferten Lehre und ihres Schutzes im Maße der Notwendigkeit; der Theologie ist aufgegeben, auch wagemutig experimentierend die Entfaltung des Glaubensverständnisses kritisch zu fördern. So soll nirgends Einbahnverkehr herrschen, sondern lebendiger Austausch der Triebkraft zwischen den »Häuptern« der

---

57 Belege bei: *H. Fries*, J. H. Newmans Beitrag zum Verständnis der Tradition, in: Die mündliche Überlieferung, hrsg. von M. Schmaus, München 1957, 63–122; hier 119–122. Über den »illative sense« siehe oben S. 135 f.
58 *Hammans* 244.
59 *Scheeben* 97–104.

Lehrverkündigung, den Organen theologischer Forschung und dem »corpus« der Glaubensgemeinschaft.

Literatur

Beumer, J., Das authentische Lehramt der Kirche, in: Theologie und Glaube 38 (1947/48) 273–289

Congar, Y., Die Rezeption als ekklesiologisches Problem, in: Concilium 8 (1972) 500–514

Hammans, H., Die neueren Erklärungen der Dogmenentwicklung, Essen 1965, 242–262: 15. Kap. »Der Glaubenssinn«

Lang, A., Fundamentaltheologie, Bd. 2, München ⁴1968, 221–264

Lehmann, K., Zum Verhältnis zwischen kirchlichem Amt und Theologie, in: Begegnung. Festschrift für H. Fries, hrsg. von M. Seckler u. a., Graz 1972, 415–430

Lehramt und Theologie. Unnötiger Konflikt oder heilsame Spannung?, hrsg. von M. Seckler, mit Beiträgen von W. Beinert, W. Kampe, M. Seckler und P. Stockmeier, Düsseldorf 1981

Rahner, K., Kirchliches Lehramt und Theologie nach dem Konzil, in: Schriften VIII (1967) 111–132

Ders., Art. Lehramt, in: Sacramentum Mundi III (1969) 177–193

Ders., Das kirchliche Lehramt in der heutigen Autoritätskrise, in: Schriften IX (1970) 339–365

Ders., Theologie und Lehramt, in: Stimmen der Zeit 198 (1980) 363–375

Scheeben, J. M., Handbuch der katholischen Dogmatik, Bd. 1 (1874), Freiburg 1948, 41–115

Schüller, B., Bemerkungen zur authentischen Verkündigung des kirchlichen Lehramtes, in: Theologie und Philosophie 42 (1967) 534–551

Seckler, M., Art. Glaubenssinn, in: LThK IV (1960) 945–948; weitere Literatur dazu in: Gegenwart des Geistes, hrsg. von W. Kasper (QD 85), Freiburg 1979, 21, Anm. 43 f

Die Theologie und das Lehramt, hrsg. von W. Kern, mit Beiträgen von M. Seckler, F. Hahn, P. Eicher, R. Schaeffler und W. Kasper (QD 91), Freiburg 1982

Literaturnachtrag zur 2. Auflage

1 Die Theologie

Fries, H., Fundamentaltheologie, Graz 1985, bes. 105–150
Kasper, W., Theologie und Kirche, Mainz 1987
Ders., Die Wissenschaftspraxis der Theologie, in: HFth IV (1988)
Ders., Zustimmung zum Denken. Von der Unerläßlichkeit der Metaphysik für die Sache der Theologie, in: Theol. Quartalschrift 169 (1989) 257–271
Ratzinger, J., Theologische Prinzipienlehre. Bausteine zur Fundamentaltheologie, München 1982
Seckler, M., Die schiefen Wände des Lehrhauses. Katholizität als Herausforderung, Freiburg 1988, bes. 79–104 (zu »loci theologici«)
Ders., Theologie als Glaubenswissenschaft, in: HFth IV (1988) 179–241
Waldenfels, H., Kontextuelle Fundamentaltheologie, Paderborn 1985, bes. 21–90. 407–495
Ders., Im Dienst an der Verbindlichkeit christlichen Glaubens. Anmerkungen zur Kirchlichkeit der Theologie, in: Stimmen der Zeit 207 (1989) 723–734

2 Die Heilige Schrift

Berger, K., Hermeneutik des Neuen Testaments, Gütersloh 1988
Drewermann, E., Tiefenpsychologie und Exegese, 2 Bde., Olten 1984/85
Limbeck, M., Die Heilige Schrift, in: HFth IV (1988) 68–99
Ratzinger, J. (Hrsg.), Schriftauslegung im Widerstreit, Freiburg 1989
Weder, H., Neutestamentliche Hermeneutik, Zürich 1986

3 Die Tradition

Boeckler, R., Der moderne römisch-katholische Traditionsbegriff, Göttingen 1967
Pottmeyer, H. J., Normen, Kriterien und Strukturen der Überlieferung, in: HFth IV (1988) 124–152
Rahner, K./J. Ratzinger, Offenbarung und Überlieferung (QD 25), Freiburg 1965
Seckler, M., Tradition und Fortschritt, in: CGG 23 (1982) 5–53
Waldenfels, H., Kontextuelle Fundamentaltheologie, Paderborn 1985, 21–90. 407–495
Wiederkehr, D., Das Prinzip Überlieferung, in: HFth IV (1988) 100–123

4 Dogma und Dogmenentwicklung

Gauthier, P., Newman et Blondel. Tradition et développement du dogme, Paris 1988

Küng, H. / D. Tracy (Hrsg.), Theologie – wohin? Zürich – Gütersloh 1984

Dies., Das neue Paradigma von Theologie, Zürich – Gütersloh 1986

Kustermann, A. P., Die Apologetik Johann Sebastian Dreys (1777 – 1853), Tübingen 1988

Löser, W. / K. Lehmann / M. Lutz-Bachmann (Hrsg.), Dogmengeschichte und katholische Theologie, Würzburg [2]1988

5 Das Lehramt

Dulles, A., Lehramt und Unfehlbarkeit, in: HFth IV (1988) 153 – 178

Kern, W., Wahrheit und Freiheit. Das Spannungsfeld des christlichen Glaubens, in: Wahrheit und Geschichtlichkeit, hrsg. von U. Horst, Düsseldorf 1989, 102 – 133

Pesch, O. H., Dogmatik im Fragment. Gesammelte Studien, Mainz 1987, 206 – 293

Rheinbay, G., Das ordentliche Lehramt. Die Konzeption Pius' XII. und das Modell Karl Rahners im Vergleich, Trier 1988

Schatz, K., Der päpstliche Primat. Seine Geschichte von den Ursprüngen bis zur Gegenwart, Würzburg 1990

Schwager, R., Kirchliches Lehramt und Theologie, in: Zeitschrift für Kath. Theol. 111 (1989) 163 – 182

Sullivan, F. A., Magisterium. Teaching Authority in the Catholic Church, Dublin 1983

Personenregister